Hannah Engelmann

Antiqueere Ideologie

UNRAST

Hannah Engelmann ist als Trans*-Beraterin und Bildungsarbeiterin in queerfeministischen, ökologischen und antikapitalistischen Kontexten aktiv. Sie hat Psychologie und Erziehungswissenschaft in Bielefeld, Braunschweig und Hildesheim studiert. Als Teil des I.L.A.-Kollektivs veröffentlichte sie 2017 das Dossier *Auf Kosten Anderer? Wie die imperiale Lebensweise das gute Leben für Alle verhindert.*

Hannah Engelmann

Antiqueere Ideologie

Die Suche nach identitärer Sicherheit – und was politische Bildung dagegen ausrichten kann

UNRAST

Bibliografische Information der Deutschen Bibliothek
Die Deutsche Bibliothek verzeichnet diese Publikation in der Deutschen Nationalbibliografie; detaillierte bibliografische Daten sind im Internet über http://dnb.ddb.de abrufbar.

Hannah Engelmann: Antiqueere Ideologie
1. Auflage, Oktober 2019
ISBN 978-3-89771-326-0

www.unrast-verlag.de – kontakt@unrast-verlag.de
Mitglied in der assoziation Linker Verlage (aLiVe)

Umschlag: UNRAST Verlag, Münster
Satz: UNRAST Verlag, Münster
Druck: Multiprint, Kostinbrod

Inhalt

Warum dieses Buch? 7

Einleitung:
Figuren, Themen und Akteur/innen des anti-queeren Feldes 10
Politische Mobilisierungen 14
Breite Bündnisse 18
Anti-queere Ideologie 19

1. Wurzeln und Wirkungsweisen anti-queerer Ideologie 24
1.1 Die Ebene der Ökonomie 25
1.2 Die Ebene der Kollektive 33
1.3 Die Ebene der Einzelnen 49
1.4 Zusammenfassung zu Teil 1 67

2. Potenziale politischer Bildungsarbeit 71
2.1.1 Grundbegriffe der politischen Bildung:
Politik – Bildung – Emanzipation 72
2.1.2 Bildung gegen Ideologie? Exkurs zum Beutelsbacher Konsens 80
2.1.3 Diversity Education als Form politischer Bildung 83

2.2 Expert*inneninterviews:
Transfermöglichkeiten im Feld der politischen Bildung 92
2.2.1 Anregungen aus der geschlechterreflektierten
Rechtsextremismusprävention:
Interview mit Andreas Hechler 92
2.2.2 Anregungen aus der antirassistischen Bildungsarbeit:
Interview mit Mutlu Ergün-Hamaz 102
2.2.3 Anregungen aus der geschlechterreflektierenden
gewerkschaftlichen Bildung:
Interview mit Ute Neumann 112

3. Diversity Education gegen anti-queere Ideologie:
Zusammenfassung und pädagogische Schlussfolgerungen 121
3.1 Bildung zu Genese und Narrativen der anti-queeren Ideologie 121
3.2 Bildung zur Ebene der Ökonomie 126
3.3 Bildung zur Ebene der Kollektive 128
3.4 Bildung zur Ebene der Einzelnen 131
3.5 Bildung als Empowerment und Stärkung von Alternativen 135
3.6 Abschluss 137

Danksagung 139

Verzeichnis der Tabellen und Abbildungen 140

Literaturverzeichnis 141
Quellen 141
Literatur 147

Warum dieses Buch?

Januar 2019, Andalusien: Die neue Regionalregierung hat nur eine Minderheit im Parlament, wird aber durch die *Vox*-Fraktion toleriert. Diese junge rechte Partei fordert unter anderem, ein Gesetz zum Schutz vor häuslicher Gewalt aufzuheben, keine öffentlichen Gelder mehr für feministische Gruppen zur Verfügung zu stellen und die gesetzliche Gleichstellung sexueller Minderheiten zurückzunehmen. Tausende Menschen protestieren in ganz Spanien gegen Sexismus und Patriarchat.

Februar 2019, Deutschland: Der Stadtrat Hannovers macht bundesweit Schlagzeilen mit einem Erlass, nach dem in der Behördenkommunikation nach Möglichkeit geschlechterneutrale Formulierungen zu verwenden sind.
Der bekannte Historiker und Kolumnist Götz Aly nennt die Hannoveraner Reform eine »tendenziell totalitäre Entpersönlichung« der Sprache, hinter der sich »autoritäre Barbarei verbirgt«.

März 2019, Deutschland: Der *Verein Deutsche Sprache e.V.* veröffentlicht unter dem Titel »Schluss mit Gender-Unfug!« einen »Aufruf zum Widerstand« gegen geschlechtergerechte Sprache, der von 72.000 Menschen unterzeichnet wird.
Am 8. März, dem internationalen Frauenkampftag, beteiligen sich Tausende an Streiks und Demonstrationen für Gleichberechtigung und sexuelle Selbstbestimmung.

April 2019, Estland: Die rechte Partei *EKRE* wird Teil der Regierungskoalition. Ein Kernbestandteil der jungen Partei ist seit ihrer Gründung die Ablehnung der eingetragenen Lebenspartnerschaft gleichgeschlechtlicher Paare. *EKRE* fordert, die Ehe gesetzlich als Pakt zwischen Mann und Frau zu definieren.

Mai 2019, Deutschland/Europa: Die Partei *Alternative für Deutschland* fordert in ihrem Europawahlprogramm unter anderem die Streichung aller öffentlichen Gelder für Geschlechterforschung, die Abschaffung aller *Gender-Mainstreaming*-Maßnahmen und die Förderung von Mehrkindfamilien. Sie kann ihr Ergebnis auf 11% verbessern; in absoluten Zahlen haben sich ihre Stimmen von gut zwei Millionen auf über vier Millionen verdoppelt.

Juni 2019, Welt/Vatikanstadt: Millionen Menschen weltweit zelebrieren mit *Christopher Street Days* und *Pride Parades* den 50. Jahrestag der Stonewall Riots, bei denen eine Razzia in einer queeren Bar erbitterten Widerstand von trans* Frauen of Color und anderen nach sich zog. Die Kongregation für katholische Erziehung konstatiert derweil zu Pfingsten einen »Bildungsnotstand«: Katholische Pädagog/innen sind dazu aufgerufen, die »Würde« des Kindes und die »anthropologische Grundlage« der Familie gegen das »verwirrte Freiheitskonzept« der »Gender-Theorie« zu schützen.

Dafür, wie oft sie als Privatsache, Selbstverständlichkeit oder Naturgegebenheit bezeichnet werden, sind Geschlechterthemen bemerkenswert umstritten.

In diesem Buch nehme ich eine Facette des Geschlechter-Diskurses unter die Lupe, die ich als anti-queere Ideologie bezeichne: eine spezifische Denk- und Argumentationsweise, mit der seit einigen Jahren verstärkt gegen alles angegangen wird, was die Grenzen der Geschlechter kritisch untersucht, hinterfragt oder transzendiert. Dass Forschungsprojekte, Verwaltungsstrategien und schulische Rahmencurricula die öffentliche Aufmerksamkeit auf sich ziehen, ist an und für sich selten. Sobald sie jedoch geschlechtliche und sexuelle Vielfalt und Fluidität zum Thema haben, finden sich in jüngerer Vergangenheit zuverlässig Artikel, Kommentare und Petitionen, die von Skepsis und Polemik bis zu Hass und Morddrohungen reichen. Vielfach vermischen sich diese Reaktionen mit nationalistischen, rassistischen und klassistischen Ressentiments. Auch der Attentäter von Christchurch, der am 15. März 2019 in zwei Moscheen um sich schoss, dabei 51 Menschen ermordete und 49 weitere verletzte, griff in seinem Bekennerschreiben anti-queere Denkfiguren auf. Er argumentierte mit den verschiedenen Geburtsraten verschiedener Bevölkerungsgruppen; strikte Familien- und Geschlechternormen waren zentrale Bestandteile seiner rassistischen Zukunftsvision einer weißen Nation.

Woher kommt die emotionale Überfrachtung des Themas? Was bewegt Menschen, andere zu verurteilen, wenn diese in ihrer trans* Identität gesehen oder als gleichgeschlechtliche Ehepartner/innen anerkannt werden möchten? Wie funktioniert es, aus sprachlichen Interventionen, queeren Repräsentationen oder liberalen Gesetzesreformen eine Bedrohung von Familie, Volk und Vaterland zu konstruieren? Und was könnte eine kritische politische Bildung diesen identitären, anti-queeren Tendenzen entgegensetzen? Das sind Fragen, die ich mir im vorliegenden Text stelle.

Dabei verbinde ich theoretische Erkenntnisse verschiedener Provenienzen, kombiniere Poststrukturalismus und historischen Materialismus und greife mit großer Dankbarkeit das Wissen auf, dass erfahrene Akteur*innen der politischen Bildungspraxis mit mir geteilt haben. Sprachlich bemühe ich mich um gute Verständlichkeit, ohne dabei die Komplexität des Gegenstandes zu unterschlagen. Bei Bezeichnungen, die Menschen ein Geschlecht zuschreiben, halte ich mich nach Möglichkeit an Selbstbezeichnungen: Leute, die in der Logik der Zweigeschlechtlichkeit argumentieren, gendere ich mit Schräg/strich; alle anderen mit Sternchen*.

Einleitung: Figuren, Themen und Akteur/innen des anti-queeren Feldes

Gender-Mainstreaming als Feindbild

Diskurse gegen Gleichstellung, Geschlechterforschung und die Freiheit des geschlechtlichen Ausdrucks haben eine lange Geschichte. Während sie auf anti-emanzipatorischen Denkfiguren aufbauen können, wie sie schon den Feministinnen im Kaiserreich entgegenschlugen, hat der spezifische Diskurs um das Feindbild *Gender* in den 1990er-Jahren Form angenommen. In dieser Zeit riefen die Vereinten Nationen (UN) eine neue Devise im Sinne der Geschlechtergerechtigkeit aus: die stetige Thematisierung geschlechtsspezifischer Bedarfe und Interessen. Im englischen Original hieß das: »the mainstreaming of gender perspectives in all spheres of society« (Fourth World Conference on Women 1996:11) oder, zusammengezogen: »gender mainstreaming« (General Assembly 1997, Punkt I.A). Die Weltkonferenz empfahl damit, was Frauenbewegungen seit jeher gefordert hatten: Geschlecht als politische Kategorie zu bedenken, anstatt von einer fälschlichen Universalität faktisch männlicher Subjekte auszugehen. Profitieren sollten davon, so die Definition der General Assembly, alle.

Und tatsächlich war Gender bald in aller Munde, auch in denen der Kritiker/innen.[1] Ausgehend von John Moneys sexualwissenschaftlichen Arbeiten der 1950er-Jahre hatte der Begriff stets die soziale Seite der Geschlechtlichkeit betont, aber erst ab den 1970er-Jahren vermehrt das Interesse feministischer Autorinnen auf sich gezogen. Ab den 1980ern kam es zu einer Verwässerung, sodass Gender zum Teil synonym zu *Sex* (englischsprachig im Sinne des biologischen Geschlechts) verwendet wurde. Andererseits wurde auch gewissenhafte Begriffsarbeit betrieben. So hob Judith Butler (1990/2002) in einer queerfeministischen Radikalisierung die Unterscheidung eines vermeintlich rein biologischen Sex und des sozial konstruierten Gender auf: Sie stellte infrage, ob Körperlichkeit je unabhängig von sozialen Kategorien wahrgenommen werden könne, ob sie in einem philosophischen Sinne also außerhalb des Diskurses existiere.

1 Den Werdegang dieses Begriffs hat Haig (2004) empirisch untersucht und nachgezeichnet.

Weit von einer solchen Stringenz entfernt, nutzten die UN-Resolutionen den Begriff ohne jede klare Definition. Ihre Gegner im Vatikan allerdings hoben auf sein subversives Potenzial ab, das sie als Angriff auf ihre Grundwerte ansahen.[2] Dem globalen Gleichstellungsstreben stellte der Heilige Stuhl nun ein *Lexicon* entgegen, um die Deutungshoheit über Begrifflichkeiten von Geschlecht, Sexualität und Familie zurückzuerlangen und die Gefahren der Gender-Perspektive zu erklären (Pontifical Council for the Family 2003). Mit zunehmender Deutlichkeit sprachen die Kirchenväter über den Genderbegriff. Er laufe auf die »Selbstemanzipation des Menschen von der Schöpfung und vom Schöpfer« hinaus und stehe für ein Leben »gegen die Wahrheit«, verkündete Papst Benedikt XVI (2008). Nicht nur die Regenwälder müssten als bedrohte Ökosysteme geschützt werden, sondern auch die Zweigeschlechtlichkeit als Natur des Menschen, räsonierte das Kirchenoberhaupt. Die anti-queere Argumentation katholischer Machart wurde weiter verfeinert, bis sie sich im Abschlussbericht der Bischofssynode 2015 voll entfaltete:

> »Eine kulturelle Herausforderung, die heute von großer Bedeutung ist, geht von der ›Gender‹-Ideologie aus, welche den Unterschied und die natürliche Aufeinander-Verwiesenheit von Mann und Frau leugnet. Sie stellt eine Gesellschaft ohne Geschlechterdifferenz in Aussicht und höhlt die anthropologische Grundlage der Familie aus. Diese Ideologie fördert Erziehungspläne und eine Ausrichtung der Gesetzgebung, welche eine persönliche Identität und affektive Intimität fördern, die von der biologischen Verschiedenheit zwischen Mann und Frau radikal abgekoppelt sind. Die menschliche Identität wird einer individualistischen Wahlfreiheit ausgeliefert.« (Bischofssynode 2015: Relatio finalis, Punkt 8)

Die Bischöfe sprechen von einer »Herausforderung« mit recht bedrohlichem Charakter: Wo »natürliche« Gegebenheiten negiert, »anthropologische Grundlagen« ausgehöhlt und die »menschliche Identität« als solche »ausgeliefert« werden, wird es existenziell. Ehe und Familie als sakrale Formen des Zusammenlebens stehen auf dem Spiel. Die dahintersteckende Ideologie hat offenbar Zugriff auf staatliche Institutionen der Bildung und Legislative und vermag es, auf die emotionalen Beziehungen der Menschen einzuwirken. Als Ziele der »›Gender‹-Ideologie« werden

2 Ein Überblick zum Verlauf dieser räuberpistolenartig anmutenden Geschichte, in der der Vatikan das Feindbild Gender-Mainstreaming unter die Leute brachte, findet sich bei David Paternotte & Roman Kuhar (2017). Exemplarisch für die kirchliche Sicht auf Geschlecht stehen Papst Paul VI (1968); Kardinal Ratzinger (1989) und Papst Johannes Paul II (1995).

Gleichmacherei, aber auch Individualismus und eine zügellose Freiheit ausgemacht.

Papst Franziskus (2016: Punkt 56) folgte der Einschätzung seiner Bischöfe vollumfänglich. Ihre bislang größte Schärfe erreichte die heilige Polemik kurz darauf, als Franziskus auf einer Kaukasus-Reise gegenüber Journalist*innen die »Gender-Theorie« als den »großen Feind der Ehe« bezeichnete, der einen »weltweiten Krieg« mittels »ideologische[r] Kolonisierung« führe und sich dabei selbst Schulbücher für seine »hinterlistige Indoktrinierung« zunutze mache.

Mit ihrer Haltung sind der Pontifex und seine Glaubensbrüder schon längst nicht mehr allein.

Von Rom ausgehend, hat die Verdammung der Infragestellung von geschlechtlichen Sicherheiten ihren Weg in diverse europäische Länder gefunden. Hier dient sie nun als »symbolischer Klebstoff« (Kováts & Põim 2015), um »unheilige Allianzen« (Billmann 2015) zwischen konservativen Katholik*innen, fundamentalistischen Evangelikalen und neurechten Populist*innen in der vermeintlich notwendigen Verteidigung von Natürlichkeit, Normalität und Nation zusammenzuhalten. Dass der Anti-gender-Diskurs sich in eigenen politischen Mobilisierungen niederschlägt, ist allerdings erst seit circa 2012 zu beobachten.[3]

In Deutschland begann es mit zwei Büchlein. 2006 veröffentlichte *FAZ*-Redakteur Volker Zastrow in der *Frankfurter Allgemeinen* und im Manuscriptum-Verlag seinen Essay *Gender: Politische Geschlechtsumwandlung*. Darin stellte er die These auf, Gender-Mainstreaming beruhe auf den Partikularinteressen lesbischer Feministinnen und werde mittels Kaderpolitik nach dem Top-Down-Prinzip durchgedrückt. Das Ziel der dahinterstehenden »hidden agenda« (S. 19) greife hoch hinaus:

> »Es will nichts weniger als den neuen Menschen schaffen, und zwar durch die Zerstörung der ›traditionellen Geschlechterrollen‹. [...] Und möglichst schon in der Krippenerziehung soll mit der geistigen Geschlechtsumwandlung begonnen werden.«

Am rechten Rande dieser Argumentation knüpfte Gabriele Kuby an.[4] Die katholische Soziologin gilt als hervorragend vernetzte Aktivistin. 2006

---

3 Eine Zusammenstellung spannender Einblicke in die geschlechterpolitischen Debatten verschiedener europäischer Länder bietet der Sammelband *Anti-Gender Campaigns in Europe*, herausgegeben von Kuhar & Paternotte (2017).

4 Der fruchtbare Boden, auf den der Anti-Gender-Diskurs in der Neuen Rechten fiel, war schon vom Antifeminismus in einem Grundlagenwerk der Bewe-

veröffentlichte sie unter Bezugnahme auf Zastrow ihr Buch *Die Gender Revolution.* Darin verortet sie eine dekonstruktivistische und trans*-positive Perspektive auf Geschlecht an der »Front des uralten Kampfes zwischen zwei unversöhnbaren Positionen«, nämlich zwischen biblischer Wahrheit und Relativismus (Kuby 2011:52). In einem folgenreichen Artikel in der rechten Wochenzeitung *Junge Freiheit* prangerte Kuby im Folgejahr eine Broschüre der Bundeszentrale für gesundheitliche Aufklärung (BzgA) als Versuch des Staates an, sich »der Kinder [zu] bemächtigen und sie so früh wie möglich [zu] sexualisieren« (Kuby 2007a). Der damit gemeinte, erst kurz zuvor positiv evaluierte BzgA-Ratgeber *Körper, Liebe, Doktorspiele* (Philipps 2000) wurde kurz darauf eingestellt. Im gleichen Jahr erschien der schmale Band *Verstaatlichung der Erziehung: Auf dem Weg zum neuen Gender-Menschen*, in dem Kuby die dunklen Ahnungen Zastrows radikalisierte:

> »Es zeigt sich: Gender Mainstreaming ist das politische Programm zur Aufhebung der Geschlechtsidentität von Mann und Frau. Es ist das Zerstörungsprogramm der Familie. Es ist das Zerstörungsprogramm des Christentums. [...] Gender Mainstreaming ist die neue, *globale* ›Ideologie des Bösen‹ [...] Das Wesensmerkmal des neuen Gender-Menschen ist es, seine geschlechtliche Identität und sein sexuelles Verhalten losgelöst von jeder moralischen Norm ›frei‹ zu bestimmen und auszuleben – von Kindesbeinen an.« (Kuby 2007b:45f.)

Mit der Thematisierung kindlicher Sexualität, die sie als übergriffige ›Frühsexualisierung‹ deutete, hatte Kuby der Gender-Debatte eine neue Facette hinzugefügt. Sie stieß damit auf Resonanz. Im Folgejahr stießen Sozialarbeiter der Berliner Arche ins gleiche Horn, als sie die »sexuelle Tragödie« einer ›verwahrlosten‹ Jugend beklagten (Siggelkow & Büscher 2008). In einer kritischen Analyse ordnet Alexandra Klein (2017) diese medialen Verwahrlosungs-Diskurse als eine Reaktion auf die wirtschaftlichen Verunsicherungen seit der Jahrtausendwende ein. Ebenso wie die ökonomischen Krisen aber sollten auch die anti-queeren Moralpaniken erst noch richtig an Fahrt aufnehmen.

---

gung, *Die selbstbewußte Nation* (Schwilk & Schacht 1994), bereitet worden. Darin schrieb etwa Felix Stern über den »Krieg der Geschlechter«. Vgl. für eine Analyse der Geschlechter-Metaphorik verschiedener Autoren des Bandes Kämper (2005).

Politische Mobilisierungen

Den breitenwirksamen Anfang machten 2012 die französischen Demonstrationen unter dem Motto *Manif pour tous.* Sie wandten sich gegen die Öffnung der Ehe für gleichgeschlechtliche Paare und brachten Hunderttausende Menschen auf die Straße. Das hinterließ international Eindruck.

Als 2014 ein neuer Bildungsplan in Baden-Württemberg die Akzeptanz für sexuelle und geschlechtliche Vielfalt zum Querschnittsthema erheben sollte, übersetzten seine Gegner/innen das mobilisierungsstarke Motto aus Frankreich und sammelten sich zur *Demo für alle.*[5] Auch das pink-blaue Corporate Design der *Manif* fand sich in Stuttgart wieder. Die Organisierung ging dabei von der *Initiative Familienschutz* aus dem Netzwerk des Ehepaars Beatrix und Sven von Storch aus. *Familienschutz*-Mitgründerin Hedwig von Beverfoerde löste diese Aktivitäten 2015 aus dem Verbund heraus und gründete ein eigenes Bündnis, das sich gemäß seines Hauptfokus *Demo für alle* nennt.[6] Dieses führt weiterhin Straßenproteste durch, setzt aber inzwischen stärker auf digitale Mobilisierung.

Europaweit sind Petitionen eine zentrale Aktionsform der anti-queeren Szene. So hatten 2014 gut 192.000 Personen ihre Unterschrift gegen den »Bildungsplan unter der Ideologie des Regenbogens« in Baden-

5 Neben der *Demo für alle* waren in den Jahren 2013-2015 auch Besorgte Eltern e.V. gegen den Bildungsplan aktiv. Sie warnten: »Unter dem Deckmantel der Vielfalt scheint es für manche entfesselte Sexualpädagogen keine Tabus mehr zu geben« (Besorgte Eltern 2015:4) und identifizierten als Wurzel des Problems: »Gender – eine Ideologie-Gehirnwäsche« (ebd. S. 9). Dagegen luden sie Sprecher wie den völkischen Verschwörungstheoretiker Jürgen Elsässer oder den katholischen Fundamentalisten Alain Escada ein (vgl. Bassin 2014; Kramer 2015). Weitere Hintergründe zur Demo für alle liefern Schmincke (2015) und Tuider (2016).

6 Sven von Storch vertritt laut jeweiligem Impressum u.a. die *Initiative Familienschutz* sowie die rechte Internetplattform die *FreieWelt.net*. Beatrix von Storch (geb. von Oldenburg) ist stellvertretende Vorsitzende der AfD-Bundestagsfraktion und Beisitzerin des AfD-Bundesvorstands. Das Ehepaar ist seit der gemeinsamen Studienzeit politisch aktiv (vgl. Arendt 2010). Hedwig Freifrau von Beverfoerde (geb. Freiin von Lüninck) war gemeinsam mit den von Storchs Mitbegründerin der *Initiative Familienschutz*, trennte sich aber 2015 von der Organisation, wie sie auf der Internetplattform *kath.net* 2016 erklärte.

Weitreichende Recherchen zu diesen und angrenzenden Netzwerken der neuen Rechten hat Andreas Kemper angestellt (unter anderem 2014b).

Württemberg gegeben.[7] Zahlreiche andere einschlägige Unterschriftensammlungen finden über die transnationale Plattform *CitizenGo* Verbreitung. Dort versuchten 2015 über 170.000 Menschen eine Initiative der EU zu verhindern, mit der sie »unseren Schulen Gender-Ideologie aufzwingen« wolle (EuropeForFamiliy 2015). Ebenfalls auf *CitizenGo* sprachen sich knapp 195.000 Personen gegen die Öffnung der Ehe aus (Petition »Ehe bleibt Ehe«, Demo für alle 2015).

Auch völkische Bewegungen wie die *Patriotischen Europäer gegen die Islamisierung des Abendlands – PEGIDA* oder die Partei *Alternative für Deutschland – AfD* haben sich von jeher gegen den »Genderwahn« positioniert. So findet sich dieser Ausdruck im Pegida-Grundsatzpapier von 2014. Im selben Jahr argumentierte Partei-Mitbegründer Alexander Gauland in der *FAZ* für die Notwendigkeit eines rechten Flügels in der AfD mit dem Verlust des früher selbstverständlichen Familienbildes, »ganz zu schweigen von den Torheiten des modernen Feminismus wie des Gender-Mainstreamings«. Dass er sich damit in der Partei durchgesetzt hat, zeigt der Blick ins AfD-Grundsatzprogramm *Programm für Deutschland.* Darin bringt sich die Partei gegen die »Gender-Ideologie und die damit verbundene Frühsexualisierung, staatliche Ausgaben für pseudowissenschaftliche ›Gender-Studies‹ […] und eine Verunstaltung der deutschen Sprache« in Stellung (2016:55; für eine kritische Chronik der AfD-Geschlechterpolitik vgl. Siri 2016).

Damit ist die AfD in der europäischen Parteienlandschaft mitnichten allein. Im Leitfaden für ihre Funktionäre und Mandatsträger schreibt etwa die blaue Partei des Nachbarlands Österreich dem Gender-Mainstreaming als »hidden agenda […] die Zerstörung der Identitäten – sowohl in gesamtgesellschaftlicher, kultureller Hinsicht als auch auf individuellgeschlechtlicher Ebene« zu (FPÖ 2013:136). Aber auch CDU und FDP beteiligten sich an einer Kampagne gegen die Handreichung *Murat spielt Prinzessin, Alex hat zwei Mütter und Sophie heißt jetzt Ben* des Berliner Senats und der Bildungsinitiative *Queerformat* (SFBB 2018), in der Respekt gegenüber geschlechtlicher und sexueller Vielfalt als Bestandteil von Inklusionspädagogik verhandelt wird. Die CDU forderte, die Broschüre zurückzuziehen; AfD und FDP schlossen sich an. Zu diesem Zeitpunkt hatten bereits Tausende Bürger/innen eine *CitizenGo*-Petition der *Demo*

7 URL zur Petition: https://www.openpetition.de/petition/online/zukunft-verantwortung-lernen-kein-bildungsplan-2015-unter-der-ideologie-des-regenbogens#petition-main

für alle unterzeichnet, die den Stopp der Handreichung forderte. Die Zustimmung zur Petition stieg noch bis über die 50.000er-Marke weiter. In den Medien reicht die Front der vehementen Kritik an der Broschüre von *PI-News* über *Tichys Einblick* bis zu *Welt*, *Merkur* und *Berliner Zeitung*.[8]

Heiß diskutiert werden immer wieder auch sprachliche Interventionen aus Queerfeminismus und Gender Studies. Peter Eisenberg, ehemaliger Vorsitzender der Deutschen Gesellschaft für Sprachwissenschaft und ehemaliges Mitglied im deutschen Rechtschreibrat, meint in einem Gastbeitrag in der *Süddeutschen Zeitung* 2017: »Mit dem Gendern gehen sprachpolizeiliche Allüren einher«. Ihm geht es primär um queere Formen wie Gender-Sternchen* und Gender-Gap_, die eine Offenheit für nicht-binäre Geschlechter signalisieren. Trotz ihrer Signifikanz hätten sie »keine sprachliche Bedeutung«, so Eisenberg in einem Interview im *Deutschlandfunk* (2018a). Sie verlangten vielmehr eine »Anerkennungsgeste. Und ich interpretiere das als Unterwerfungsgeste«. Das, unkt der Linguist in einem weiteren Radiointerview, könne »der deutschen Sprache gefährlich werden« (2018b).

Inzwischen ist in Deutschland ein heterogener Block von katholischen Kirchenvertretern und Evangelikalen über Neoliberale und Rechtskonservative bis hin zu völkischen Nationalsozialen in der Frage geeint: ›Gender‹ muss gestoppt werden. Unter diesem Schlagwort fassen die Akteur/innen eine lange Reihe nur bedingt zusammenhängender Phänomene: Gender Studies und geschlechtergerechtes Sprechen (als ›Gender-Ideologie‹ und ›Sprachvergewaltigung‹), Gender-Mainstreaming und Gender-Budgeting (als ›Political Correctness‹ und ›Gender-Verschwörung‹), das Aufbrechen von klaren Geschlechterrollen und Heteronormativität (als ›Verlust der Identität‹ und ›Tod der Familie‹, bei den nationalen Kräften mitsamt des ›Volkes‹), die Aufklärung in Bildungseinrichtungen und Medien (als ›Frühsexualisierung‹ und ›Kindesmissbrauch‹). Der Diskurs entspringt klerikalen Kreisen, hat sich aber längst in bürgerlichen wie rechten Medien festgesetzt. Dass diese sich in der ›Gender‹-Kritik bisweilen wenig nehmen, verwundert nur auf den ersten Blick. Denn letztlich entlehnt noch die äußerste Rechte ihre Familien- und Geschlechterbilder gutbürgerlichen Traditionen, die sie

8 Die entsprechenden Artikel finden sich im Quellenverzeichnis unter Daniels 2018a, Kraus 2018, Becker 2018, mke 2018 und Schupelius 2018. Die Zitation per Autor*innen-Kürzel (wie hier: mke) wende ich an, wenn mir der volle Name eines Redaktionsmitglieds nicht bekannt ist.

in einer »konformistische[n] Rebellion« (Hechler & Stuve 2015a:21) lediglich zuspitzt.[9] Die Mitte mit ihren »alltäglichen Grenzpolitiken« (Hechler & Stuve 2015b:51) der Normsetzung und der Markierung von Abweichungen bietet radikalen Kräften eine Fülle anti-queerer Anknüpfungspunkte.

Minderheiten, Aktivist*innen und Forscher*innen sind derweil mit Angriffen und Verbotsforderungen konfrontiert, wie sie international[10] teilweise bereits Regierungspolitik sind. Diese Entwicklungen voranzutreiben, hat sich unter anderem ein transnationales Netzwerk von antifeministischen und anti-queeren Organisationen unter dem Namen *Agenda Europe* auf die Fahnen geschrieben (vgl. Datta 2018).

---

9 Gelegentlich, darauf weist Meike Günther im selben Band hin, kommt es zu pikanten Dopplungen: So warb die FDP zur Bundestagswahl 2013 mit derselben Videosequenz einer heteronormativen weißen Familie wie die NPD (vgl. Meiritz 2013). Was sich als Shopping-Panne auf dem Archivbildmarkt erklären lässt, sagt auch viel über die Gemeinsamkeiten bürgerlich-mittiger und radikal rechter Akteure in Sachen Geschlechternormen aus.

10 So entzog die Regierung Viktor Orbáns im Oktober 2018 trotz zahlreicher internationaler Proteste den Studiengängen der Gender Studies an ungarischen Universitäten die Akkreditierung (zur Debatte: Pető 2018). Auch andere rechtspopulistische Regierungschefs machen durch eindeutige Standpunkte in Fragen der Geschlechterverhältnisse von sich reden. Graff & Korulczuk (2017) sehen in Anti-Gender-Kampagnen einen entscheidenden Faktor für den Sieg der rechtspopulistischen PIS Partei. Prototypisch für einen eher klassisch-antifeministischen Rechtspopulismus ist Donald Trumps Parteilichkeit für Beschuldigte sexualisierter Gewalt (vgl. Brownstein 2018) und seine Betonung einer hierarchisierten Geschlechterbinarität während des Wahlkampfes (vgl. Alter 2016); im Oktober 2018 wurden außerdem Überlegungen aus amerikanischen Ministerien bekannt, Trans*- und Inter*Geschlechtlichkeit per re-definitionem aus ihrem Verständnis von Geschlecht zu streichen und damit diverse Bürger*innenrechte der betroffenen Personen zu negieren (vgl. Green, Benner & Pear 2018).

Trumps Stil des Maskulinismus scheint weltweit Schule zu machen: Parallelen zwischen der durch ihn repräsentierten »massive masculinity« und der von AfD-Funktionären haben Myers & Miller (2017) festgestellt. Der rechtsextreme neue Präsident Brasiliens, Jair Bolsonaro, betrachtet das Prügeln von Kindern und gute Bildung als Prävention von Homosexualität, würde lieber einen seiner Söhne sterben als schwul werden sehen, verglich die Homoehe mit Pädophilie, sieht Frauen als weniger wertvoll an und legitimierte die Gender Pay Gap (vgl. Child 2018, Uchoa 2018, O'Boyle 2016). Trump und Bolsonaro stehen somit für einen Strang anti-queerer Ideologie, der binäre Geschlechtlichkeit überbetont, und somit in einem Spannungsverhältnis zu jenen post-gender Stimmen, die Geschlechterforschung und (Queer-)Feminismus auf Grundlage der vermeintlich bereits erreichten Gleichberechtigung über Bord gehen lassen wollen.

Breite Bündnisse

Die anti-queeren Allianzen aktivieren also übliche Verdächtige, überraschen aber auch mit äußerst unterschiedlichen Akteur/innen. So schreibt eine Gruppe transsexueller Autor/innen regelmäßig Meinungsartikel in der Rubrik »Genderideologie« des Blogs *Philosophia Perennis*[11]. Ihre Argumentationslinie: Wenn Gender für die Veränderlichkeit und Fluidität von Geschlecht steht oder gar für die freie Wahl der Geschlechtsidentität, sehen sie darin ihre Identität als unveränderlich echte Frauen und Männer infrage gestellt.[12] Denn wer schon immer und allen Erziehungsversuchen zum Trotz wusste, welchen Geschlechts sie oder er ist, deren/dessen Geschlechtsidentität müsse neurologisch determiniert sein, wenn auch nicht im Einklang mit gonadalem und genitalem Geschlecht. Wer diese biologische Natur der Geschlechtsidentität infrage stelle, so wie es die ›Genderideologie‹ tue, wolle Transsexualität leugnen. (Vgl. Trans-Team Philosophia Perennis 2018.) Daher sollten »Genderkritiker [..] endlich erkennen, dass Transsexuelle wichtige Verbündete im Kampf gegen den Genderwahn sind!« (Trans-Team Philosophia Perennis & Berger 2017).

Auch die Aufrufe der lesbischen Mutter und AfD-Spitze Alice Weidel, sich nicht mehr um den »Gender-Irrsinn« (2018) und lieber um »die einzige große Gefahr, *die uns wirklich droht* [...], die Islamisierung«, zu kümmern (2017), machen deutlich: Identifizierungen und Praxen, die als queer gelabelt werden könnten, können durchaus mit Elementen anti-queerer Ideologie einhergehen. Nichtsdestotrotz bleibt eine klare Tendenz erkennbar, nach der z.B. die anti-queere AfD nach Wähler*innenschaft, Mitgliedern, Abgeordneten und Vorständen eine durch die Bank überdurchschnittlich männer- und aller Wahrscheinlich-

11 *Philosophia Perennis* wird vom schwulen katholischen Theologen David Berger betrieben und verspricht im Untertitel einen »Blick auf die Welt mit von der *philosophia perennis* geschärften Augen«, bezieht sich also auf die Figur eines alle kulturellen Wandlungen überdauernden, grundlegenden Denkens. Der Blog enthält u.a. Artikel zu den Themen »APO 2018« (darunter Pegida, Identitäre Bewegung und die ›Trauermärsche‹ von Köthen und Chemnitz), »Islamisierung« und »Genderideologie«. Pro Monat verzeichnet der Blog nach Eigenbekunden ca. zwei Millionen Klicks. Berger ist Mitglied des Kuratoriums der AfD-nahen *Desiderius-Erasmus-Stiftung*.

12 Mit dieser binären Selbstverortung hängt die Wahl der Bezeichnung ›Transsexuell‹ zusammen, die in queeren Kontexten seltener Verwendung findet und als Begriff mit pathologisierendem Hintergrund auch kritisch gesehen wird. Hier habe ich die Selbstbezeichnung der Autor/innen übernommen.

keit nach auch hetero-dominierte Partei ist (Zahlen dazu bei Glaser et al. 2018:40ff; Siri & Lewandowski 2015:20). Es steht zu vermuten, dass dies auch für das außerparteiliche Akteursfeld einschlägiger Diskurse gilt; beispielsweise hat Klein (2017) bei den Veröffentlichungen zur befürchteten ›Verwahrlosung‹ der Jugend eine eindeutige Männerdominanz festgestellt.

Der Blick auf augenscheinliche Identitäten ist also interessant, reicht aber als Erklärung nicht aus. Wie lässt sich fassen, was die verschiedenen Akteur/innen dieses Diskurses verbindet?

Anti-queere Ideologie

Gegenstand dieses Buches ist anti-queere Ideologie. Warum diese Begriffsschöpfung? Zwar fungiert ›Gender‹ als Schlagwort und Kampfbegriff, was Sabine Hark und Paula-Irene Villa zum analytischen Terminus des *Anti-Genderismus* geführt hat (2015). Allerdings verfestigt dieser Begriff ein Anti-Gender-Paradox: Indem die genannten Akteur/innen lautstark die Forschung bekämpfen, die sich kritisch mit Gender als sozial konstruiertem Geschlecht befasst, und diese Forschung kurzschlussgleich mit ›Gender‹ gleichsetzen, versuchen sie *de facto*, Gender als normatives Konstrukt zu schützen und zu stärken. Diese Paradoxie schlägt sich in solchen Widersinnigkeiten nieder, dass queeren Linken wie der *AG Gender Killer* rechtsradikale Gruppierungen wie *Free-Gender* gegenüberstehen, die wiederum von feministischen Wissenschaftlerinnen als *Anti-Genderist*innen* bezeichnet werden. »A *Gender Defender*«, schreibt hingegen trans* Aktivistin Kate Bornstein, »is someone who [...] *defends the status quo of the binary gender system* and [...] for whom binary gender forms a cornerstone of their view of the world« (2016:94, meine Hervorhebung) – und beschreibt damit präzise die Anti-Genderist*innen bei Hark & Villa: »Shake gender up for one of these folks, and you're in trouble« (Bornstein 2016:94).[13]

Anti-Genderist/innen = Gender Defenders? Wer ist denn nun für oder gegen *Gender*, aus welcher Position und mit welcher Zielsetzung?

---

13 Sinngemäße Übersetzung: »Ein/e Gender-Verfechter/in ist eine Person, die den Status quo des binären Geschlechtersystems verteidigt. Das binäre Geschlecht ist eine tragende Säule in ihrem Weltbild. [...] Wenn Du gegenüber diesen Leuten die Geschlechtergrenzen antastest, bekommst Du Schwierigkeiten.«

Auch um diese Unklarheit zu umgehen, wird hier der Begriff des Queeren eingeführt.

Zwar ist Geschlecht – Gender, im weitesten Sinne – das Kampffeld, auf das sich alle explizit beziehen. Doch wird der Signifikant *Gender* dabei zum Schlagwort für alles Mögliche und gerade dadurch allen Sinns entleert: Während Sozialwissenschaftler*innen darunter ein komplexes soziales Verhältnis verstehen, das Identitäten formt, soziale Positioniertheiten und Alltagspraxen strukturiert, fassen sogenannte ›Anti-Genderist/innen‹ unter demselben Begriff all das, was genau dieses Verhältnis analysieren, dekonstruieren und verändern könnte. So wird *Gender* zum »leeren Signifikanten« (Mayer, Adjanovic & Sauer 2018:49), an dem sich die Geister, oder vielmehr: die Kollektive scheiden. Ohne greifbare eigene Bedeutung steht das Wort für eine Äquivalenzkette, eine Reihe »scheinbar selbstverständlicher Verbindungen zwischen partikularen politischen Anliegen«, mit denen »populistische Diskurse stabilisiert werden« (ebd.). So kann der leere Signifikant mit Anliegen vom Abtreibungsverbot über die Abschaffung des Antidiskriminierungsgesetzes, geschlechtersensibler Pädagogik und Sprache bis hin zum Mythos einer weltweiten Verschwörung angefüllt werden.

Wogegen sich die sogenannten ›Anti-Genderist/innen‹ im Grunde wenden, ist die Dekonstruktion geschlechtlicher Kategorien. Sie stellen sich gegen die Analyse, weil sie eine Infragestellung beinhaltet. Ihr Ziel, so hat es die Sozialpsychologin Isabelle Hannemann (2018) gefasst, ist es, Körper, soziale Rolle und Persönlichkeit in eins zu setzen und zu einer eindeutigen und unaufspaltbaren Identität zu verschmelzen: Es entstünde ein nicht-analysierbarer, unangreifbarer Monolith.

Oft fällt dies zusammen mit einer nationalen Sehnsucht nach festen Grenzen auch in anderen sozialen Feldern. Zwar sind die konkreten Anlässe und Themen, Schreibstile und Weltbilder durchaus verschieden. Doch allen gemein ist ein, mehr oder weniger stark ausgeprägter, Wunsch nach Härte, Klarheit und Eindeutigkeit, eine Abneigung gegen Aufweichungen, Verflüssigungen und Vervielfältigungen: Die untersuchte Ideologie ist im Kern *anti-queer*, richtet sich gegen ein Denken und Leben quer zur Norm.

Queer ist ein schillernder Begriff. Buchstäblich mit »difficult to explain« wird eine Bedeutung im *Longman Dictionary of Contemporary English (DCE)* angegeben (Summers, Bullon & Gadsby 2003:1342). Im englischsprachigen Raum ursprünglich ›merkwürdig‹, ›seltsam‹ meinend, wurde das Wort zur despektierlichen Bezeichnung für Homosexualität (analog zum deutschen ›schwul‹). Für das Verb *to queer* gibt *Merriam-Webster* im Einklang mit dem *DCE* die Bedeutung »to spoil the effect or success of: queer one's plans« an: queeren heißt also durchkreuzen und frustrieren. Im *DCE* folgt dann auch gleich als nächster Eintrag »queer bashing[..]: physical violence against people because they are homosexual«. Das laufend aktualisierte *Merriam-Webster* vermerkt allerdings auch einen beginnenden neutralen oder positiven Gebrauch. Und schon 2003 gab ein Nutzer des informellen, wiki-förmigen *Urban Dictionary* einen dafür entscheidenden Hinweis: *queer* bedeute »outside the ›norm‹« (bisexual Yankee geek 2003).

Das Nicht-Normative ist der Aspekt, unter dem *queer* in dieser Untersuchung vornehmlich beleuchtet wird. Alltagssprachlich steht der Begriff zwar zunehmend für Personen, die sich innerhalb des LGBTIQ-Spektrums (also als lesbisch, schwul, bisexuell, trans* oder inter* oder eben queer) identifizieren. In einem abstrakteren Sinne bezeichnet *queer* jedoch keine Identität, keine Norm, sondern gerade die Abweichung davon: Queer ist das Nicht-Identische, das Nicht-Normative, das Nicht-Fassbare der Menschen, ihrer Selbstbezüge, ihres Begehrens und ihrer Beziehungen zueinander. Manche Lebensentwürfe lassen mehr davon zu, andere weniger. *Queer* in diesem Sinne ist keine Identitätsbezeichnung. *Queer* zu sein kann aber sehr wohl bestimmten Menschengruppen als Eigenschaft zugeschrieben werden – ursprünglich als Diffamierung seitens derer, die sich gegen Uneindeutigkeiten und Verflüssigungen wehren. Und andererseits können jene, die als *queer* bezeichnet werden, den Begriff auch affirmativ als Selbstbezeichnung aufgreifen. In der sozialen Alltagspraxis wird daher auch von queeren Personen und Menschengruppen gesprochen.

Insofern ist die *anti-queere* Ideologie in erster Linie ein spezifischer Weltzugang, der als eine seiner Ausdrucksformen auch eine gruppenbezogene Menschenfeindlichkeit beinhaltet.[14] In der Analyse gilt es, eine Balance zu halten zwischen der Anerkennung politischer Realitäten, in denen sich queer-freundliche und queer-feindliche Akteur*innen in unversöhnlichen Lagern gegenüberstehen, und dem Bewusstsein darüber, dass unterhalb der Oberfläche auf beiden Seiten nichtidentische, queere

14 Der Begriff der gruppenbezogenen Menschenfeindlichkeit bezieht sich auf Phänomene wie z.B. Rassismus und Islamfeindlichkeit, Antisemitismus und Sexismus und fokussiert die strukturellen Gemeinsamkeiten dieser verschiedenen Diskriminierungsformen (vgl. Groß, Zick & Krause 2012).

Elemente von Sein, Praxis und Begehren ebenso vorhanden sind wie ein Streben nach Identifikation, nach Kategorisierung und Ordnung. Mensch müsste schon verblendet sein, um nicht den homoerotischen Aspekt der rechten wie der bürgerlichen Männerbünde zu sehen oder das Sehnen nach dem Sprengen aller Fesseln und Tabus in den überzeichneten Karikaturen von ›Genderwahn‹ und ›Sexualisierung‹ zu erkennen. Andererseits wäre es auch unaufrichtig, die nicht das ordnungsliebende Moment in den Akronymen, Sprachreformen und fein justierten Quoten queerer Gruppen und Interessenverbände wahrnehmen zu wollen.

Das Unbehagen am Queeren eignet sich zur Verknüpfung mit Bestrebungen nach festen Hierarchien. Für den parlamentarischen Arm der anti-queeren Szene, die *Alternative für Deutschland* (AfD), macht der Soziologe Andreas Kemper drei rivalisierende innere Strömungen aus. Zusammengehalten würden sie von einer »Ideologie einer natürlichen Ordnung von sozialer Ungleichheit« (Kemper 2016:144). Lediglich verschiedene Schwerpunktsetzungen unterschieden die Flügel,[15] die sich jedoch in der Tendenz allesamt einig seien. Diese Argumentation weiterdenkend, können wir Gender als einen Teilbereich erkennen: Er steht exemplarisch für alle Felder, in denen das Aufbrechen von Grenzen, die Verflüssigung fester Identitäten, die Infragestellung altbekannter Traditionen gewohnte Sicherheiten und Privilegien in Bedrängnis bringen. Es ist das Queere an den Gender Studies, das die AfDler/innen auf die Palme bringt.

Anti-queere Ideologie ist durch ein regressives Moment gekennzeichnet: Zurück zu Sicherheiten soll es gehen, die der Vergangenheit retrospektiv anzuhaften scheinen. Die entsprechenden Forderungen sind durchtränkt von einem Gefühl des Verlustes. Zugespitzt bedeutet das in etwa: ›Damals, als Männer noch richtige Männer und Frauen noch richtige Frauen waren und Deutsche noch richtige Deutsche, als man noch sagen durfte, was man dachte, und sich noch sorglos auf die Straße trauen konnte – damals waren wir sicher.‹ Heute, in Zeiten des ›Gender-Wahns‹, der ›Umvolkung‹, der ›Political Correctness‹ und der ›Messer-Migranten‹ (allesamt im AfD-Umfeld übliche Begrifflichkeiten), gilt das scheinbar nicht mehr. Daher soll die Ordnung wiederhergestellt werden.

15 »Soll es mehr Ungleichheit zwischen den Klassen (neoliberale Strömung), den Geschlechtern bzw. geschlechtlichen Orientierungen (klerikal-aristokratische Strömung) oder zwischen den Deutschen und AusländerInnen (nationalkonservative Strömung) geben?« (Kemper 2016:144)

Die historische Zweifelhaftigkeit dieser Vergangenheit in Sicherheit und Ordnung lässt solche Forderungen irrational erscheinen. Ohne eine einfache Gleichsetzung ziehen zu wollen, möchte ich erörtern, inwieweit das Streben nach einem gesellschaftlichen Zurück auf basale Affektstrukturen rekurriert, die politische also mit einer psychischen Regression einhergeht.

Wo im Subjekt liegen die Ansatzpunkte anti-queerer Ideologie? Also was motiviert Menschen dazu, sich mit Schaum vor dem Mund gegen LGBTIQ Personen und die Verflüssigung von (Geschlechter-)Grenzen zu stellen? Und gibt es etwas, das politische Bildungsarbeit dieser Tendenz entgegensetzen könnte? Das sind die Fragen, die mich beim Schreiben dieses Buches begleitet haben und die ich im Folgenden beantworten möchte. In einem ersten Schritt untersuche ich exemplarisch Wurzeln anti-queerer Diskurse auf den Ebenen der Ökonomie, der Kollektive und der Einzelnen, um nachzuvollziehen, wie sie ihre Wirkung in den Subjekten entfalten. Im zweiten Schritt arbeite ich anschließend die Potenziale politischer Bildung in diesem Kontext heraus, wobei ich die einschlägige Literatur durch drei Expert*innen-Interviews ergänze. Im Schlussteil fasse ich diese Ergebnisse zusammen und konkretisiere die Anwendungsmöglichkeiten einer Diversity Education gegen anti-queere Ideologie.

1. Wurzeln und Wirkungsweisen anti-queerer Ideologie

Über das Verhältnis der Ebenen zueinander

In ihrer Polemik *Dämmermännerung* widerspricht Barbara Kirchner der Auffassung, dass antifeministische Akteur*innen für jede Facette ihres Tuns »bei sich im stillen Kämmerlein ein ›ökonomisches Motiv‹ finden müßten, wenn sie nur ehrlich genug mit sich zu Rate gingen« (2018:90). Wohl aber müsse ihr Tun, um gesellschaftlich Wirkung zu entfalten, einen ökonomisch fundierten »Resonanzboden« vorfinden. Nur die Verbindung von Ideen und materiellen Bedingungen kann gesellschaftlichen Wandel herbeiführen – im rückschrittlichen wie im emanzipatorischen Sinn.[16] Zumal viele Ideen, beispielsweise die von geostrategischer Machtpolitik, schon im Entstehen von den technischen Möglichkeiten des Transports und Austausches abhängen (ohne Schiffe kein Gedanke an Entdeckungsfahrten, ohne Geldwirtschaft kein Interesse an geraubtem Gold). Die Ebene der Ökonomie bestimmt also die Bedingungen, unter denen die Einzelnen denken und aktiv werden können, um wiederum die Verhältnisse zu verändern. Doch bleibt es nicht bei diesen zwei Ebenen, greifen doch die Einzelnen in ihrer Konstitution als Subjekte auf kulturelle Überlieferungen, Narrative, zu. Deren Ursprünge reichen bis hinter die ursprüngliche Akkumulation des Kapitals zurück, auch wenn sie in Form und Erscheinung an die modernen Gegebenheiten angepasst sind. Im Kern drehen sie sich um die Konstruktion kollektiver Identitäten: Geschlechter, Nationen, Religionsgemeinschaften. In den aktuellen Debatten verbinden sie sich, um queeren Verunsicherungen eine umfassende, vermeintlich natürliche Ordnung entgegenzustellen.

So stehen die drei Ebenen – Ökonomie, kollektive Identifizierungen und die einzelnen Subjekte – in Wechselwirkung zueinander, ja, lassen sich nur gemeinsam denken: Die ökonomischen Verhältnisse bestimmen in sehr gro-

16 »Die Produktionsweise des materiellen Lebens bedingt den sozialen, politischen und geistigen Lebensprozeß überhaupt. […] Daher stellt sich die Menschheit immer nur Aufgaben, die sie lösen kann, denn genauer betrachtet wird sich stets finden, daß die Aufgabe selbst nur entspringt, wo die materiellen Bedingungen ihrer Lösung schon vorhanden oder wenigstens im Prozeß ihres Werdens begriffen sind«, lautete 1859 Marx‘ und Engels‘ optimistische Deutung der historischen Bedingtheit gesellschaftlichen Wandels (MEW 13, 8f.).

ben, aber grundlegenden Zügen die Möglichkeiten menschlicher Erfahrung und gesellschaftlicher Machbarkeit. Sie werden erhalten oder neu geformt durch die in diesem Rahmen getroffenen Entscheidungen und Handlungen von Menschen, die sich im Interesse größerer politischer Wirksamkeit in Kollektiven organisieren. Als Kitt dienen ihnen hierbei Narrative und Machttechniken, die ihrerseits diskursive Eigendynamiken entfalten: Nicht nur greifen die Einzelnen Erzählungen auf, sondern Erzählungen ergreifen auch die Einzelnen. Diskurse bestimmen mit, wie wir werden, wer wir werden. Sie geben uns begriffliche Weltzugänge, strukturieren unsere Erfahrung, verweisen Worte in die Zonen des Sagbaren und Unsagbaren, des Denkbaren und Undenkbaren. Sie bestimmen die Zugangscodes zu sozialen Räumen und erzwingen Geständnisse, in denen wir unser vermeintlich Innerstes zum Ausdruck bringen. Und sie verketten sich mit materiellen Gegebenheiten zu Dispositiven, denen wir uns als Subjekte unterwerfen, deren Elemente wir uns aber auch aneignen, pervertieren und für gegenhegemoniale Bestrebungen verwenden können.[17] Denn: »Die Menschen machen ihre Geschichte nicht aus freien Stücken. Aber sie machen sie selbst« (Luxemburg 1916).

1.1 Die Ebene der Ökonomie

> »Die Bourgeoisie hat dem Familienverhältnis seinen rührend-sentimentalen Schleier abgerissen und es auf ein reines Geldverhältnis zurückgeführt. [...] Die fortwährende Umwälzung der Produktion, die ununterbrochene Erschütterung aller gesellschaftlichen Zustände, die ewige Unsicherheit und Bewegung zeichnet die Bourgeoisieepoche vor allen anderen aus.«
>
> Karl Marx (MEW 4, 465)

17 Der Begriff der Subjektivierung bezieht sich hier auf Michel Foucault, der in kenntnisreichen Untersuchungen aufgezeigt hat, wie das Individuum mittels der disziplinierenden Macht in Fabriken und modernen Schulen, in Militär- und Repressionsapparaten überhaupt erst gebildet wurde (vgl. 1977:248ff.), um später im 19. Jahrhundert einem Regime der Biomacht unterworfen zu werden, die über die Lust der Einzelnen die Entwicklung der Bevölkerung regulierte (vgl. 1983:165ff.). Seine Hinweise darauf, dass diese Mächte mitnichten nur unterdrückend, sondern primär produktiv wirken, indem sie Subjekte mit ihrem Begehren und ihrer sozialen Handlungsfähigkeit hervorbringen, hat Judith Butler (2001:13ff.) mit Blick auf die aktive Aneignung und potenzielle Verqueerung von Strukturen durch die Einzelnen aufgegriffen. Siehe auch Abschnitt 1.3.

Der Blick auf das diesen Abschnitt einleitende Zitat könnte den Kurzschluss nahelegen, in der Verqueerung von Verhältnissen nur eine Fortführung der Verbürgerlichung zu erkennen. Sind nicht beide, Kapitalismus und Queerness, traditionslos, ewig in Bewegung, kurz: bringen nicht beide alles durcheinander? Eine solche Gleichsetzung wäre ein schwerer Fehler, enthielte aber auch ein Fünkchen Wahrheit.

Eindimensionale Vervielfältigungen

Tatjana Freytag (2008) hat »Eindimensionalisierungsprozesse« in den Feldern des Sozialen, der Politik und der Bildung untersucht. Eindimensionalität versteht sie »als statische, einseitig im Vorfindbaren aufgehende Denkungsart, die sich insbesondere betriebswirtschaftlicher Kalküle bedient« (2008:18). Es handelt sich also um eine Vernunft, die sich ausschließlich an dem orientiert, was *ist*. Verloren gehen dabei die Aspekte der Gewordenheit, der Veränderlichkeit und des Nichtidentischen: Wer das Bestehende unreflektiert annimmt, wird kaum in den Blick nehmen, wie es dazu kam, welche historischen Bedingungen seine Entwicklung begleiteten und inwiefern es auch hätte anders kommen können. Daraus ergibt sich eine Unfähigkeit zur Utopie, zum Denken *ganz anderer* Verhältnisse: Der Status quo erscheint alternativlos. Und schließlich geraten die einzigartigen Nuancen, die begrifflich nicht fassbaren Facetten der Dinge aus dem Blick: Alles scheint Teil einer allgemeingültigen Ordnung zu sein, jedes Ding identifizierbar als Exemplar einer bekannten Kategorie.

Dass der Kapitalismus eine Vielfalt von Waren und Lebensstilen hervorgebracht hat, ist unbestritten. Was aber, wenn es sich, wie Freytag argumentiert, beim gegenwärtigen »Zuwachs an Möglichkeiten und Vielschichtigkeiten um *Vielfalt in einer Dimension* handelt« (2008:13, meine Hervorhebung)? Wenn diese Dimension bestimmt ist von der ökonomischen Logik des Wachstums und der Optimierung – und wenn dies, wie Sebastian Winter (2013) nahelegt, auch für geschlechtliche Vielfalt gilt? Unter solchen Umständen erschiene es weniger abstrus, dass Gegner/innen dieser flachen Vervielfältigungen diese für den Teil einer kaum zu durchdringenden, weltweiten, übermächtigen Entwicklung der Gleichmacherei, der Zerstörung oder Unterwerfung halten.[18] Vielleicht

18 So schreibt Birgit Kelle, Autorin von Gender-Gaga, sie wolle zwar das Eröffnen neuer Möglichkeiten jenseits von Stereotypen »nicht schlechtreden«. »Zum Problem wird es nur, wenn der ›neue Mann‹ zum neuen alleinherrschenden Modell erklärt wird, man also seine alte Rolle aufbrechen muß, um noch

sind sie gar nicht mehr in der Lage, lebensfähige Abweichungen von der bekannten Norm zu sehen oder zu denken, die weder einen Wettbewerbsnachteil bedeuten, noch als Vorboten eines neuen Optimierungszwangs daherkommen: In einer Mischung aus Verinnerlichung und Ablehnung spätkapitalistischer Unterwerfungsformen wollen sie vernichten, was eine Schwächung darstellen könnte, und sich verwahren gegen die weitere Zurechtstutzung ihrer Person im Sinne der Anpassung in der immerwährenden ›schöpferischen Zerstörung‹ (Schumpeter) des Bestehenden.

Aktivierung, Optimierung, Kompetenzerwerb

Gänzlich abwegig ist die Sorge um erzwungene Selbstoptimierung nicht, geht doch spätestens seit den 1990er-Jahren der dominante gesellschaftliche Trend dahin, die Einzelnen als Unternehmer*innen ihrer selbst zu konstruieren. Folgen wir den Ausführungen von Voß und Pongratz (1998) darüber, wie diese Unternehmung sich ausgestalten mag, so treffen wir auf den Druck zur ökonomischen Nutzbarmachung aller Bereiche des persönlichen Lebens. Durchaus plausibel, dass sich diese Dynamik auf Formen des Wohnens und der Familie erstreckt und auch aufs Identitätsgefühl und -handeln[19] Einfluss nimmt. Schließlich haben auch ältere Sozialcharaktere wie der Fabrikchef, die Sekretärin oder der Arbeiter ihren spezifischen Habitus mitsamt geschlechtlichen Praxen und Selbstverständnissen hervorgebracht. Und tatsächlich: Die Reflexion und Flexibilisierung von Geschlecht wird angeregt und unterstützt – auf institutioneller Ebene von Gleichstellungsbeauftragten und -gremien, auf subjektiver Ebene in Gender-Trainings. Die (zumindest versprochenen) Investitionen in Kita-Ausbau, Steuerfreibeträge und Elterngeld verschiedener Bundesregierungen seit den 2000ern sollten die Teilhabe von Frauen am Arbeitsmarkt erhöhen. Der Staat in Form von Bildungseinrichtungen und Verwaltung ist, so stellt Tove Soiland (2009:4) irritiert

gesellschaftlich mithalten zu können« (2015:167). Sie argwöhnt also, dass unter dem Deckmantel einer Liberalisierung neue Zwänge geschaffen werden; mit den Worten ihrer Schwester im Geiste, Gabriele Kuby (2014:21): »Zerstörung der Freiheit im Namen der Freiheit«.

19 Identitätshandeln ist die performative Komponente der Identität. Ich begreife Identität nicht als reine Gefühlssache, sondern als ein Produkt von inneren Impulsen / Gefühlen und körperlichen und sozialen Praxen. Ein markantes Beispiel wäre das Erstellen eines Lebenslaufs für eine Bewerbung. Oder die Selbstbezeichnung als Intellektuelle. Oder das Zusammenstellen eines Outfits vor dem Spiegel.

fest, vom Hüter altbackener Sitten »zum Propagandeur fortschrittlicher Geschlechterarrangements geworden«. Dass dies nicht ausschließlich Ergebnis queerfeministischer Kritiken und Interventionen, sondern zumindest in Teilen auch ökonomischen Interessen geschuldet ist, darauf deutet die Bereitwilligkeit hin, mit der Konzepte der Genderkompetenz in der Wirtschaftslandschaft aufgegriffen werden. Der Abbau von Diskriminierung und die Wertschätzung von Vielfalt wird hier eher als Abbau von Effizienzhindernissen und Stärkung von Humanressourcen verstanden.

Zum Teil werden in der marktkompatiblen Gleichstellungspolitik Stereotype im Sinne einer zweigeteilten ›Vielfalt‹ reproduziert, die den Nicht-Ausschluss von Frauen bereits als Ende der gender-kompetenten Fahnenstange betrachtet. Doch auch dekonstruktivistische Ansätze können in den Dienst der Steigerung von Arbeitsmotivation und Identifikation mit Job und Unternehmen gestellt werden: Was sagt es über mich aus, wenn das Entdecken neuer Selbstzugänge, das Ausprobieren neuer Rollen und die Erweiterung meiner Handlungsspielräume in Alltagssituationen in einem betrieblichen Training stattfindet? Soiland sieht dies im Kontext einer Herrschaft, die die Individuen über ständige Aktivierungen, über die Mehrung von Optionen und die Zuweisung von Verantwortung in eine »ermüdende Selbstoptimierungsmaschinerie« verstrickt (2009:13) und spricht vom »Leiden der Individuen an diesen neuartigen ›Praxen der Freiheit‹« (ebd.).

Queere Sündenböcke

Das Fatale an der anti-queeren Abwehr liegt darin, dass der durch wirtschaftlichen und staatlichen Druck und Zwang[20] hervorgerufene Unwille sich gegen noch stärker marginalisierte Gruppen richtet:[21] Lohndruck führt zum Ressentiment gegen Leiharbeiter*innen, die erwerbslose Re-

20 Dass diese Zwänge, die sich vielfach sicherlich eher in Form eines diffusen sozialen Erwartungsdrucks zeigen, auch durchaus systematisch geplant und koordiniert vonstattengehen können, zeigt Freytag mit Blick auf die ›Zukunftskommission‹ der Freistaaten Bayern und Sachsen (vgl. 2008:83ff.).

21 »Der Faschismus ist totalitär auch darin, daß er die Rebellion der unterdrückten Natur gegen die Herrschaft unmittelbar der Herrschaft nutzbar zu machen strebt«, schrieben Horkheimer & Adorno in der Dialektik der Aufklärung (1947/1973:166). Mit der Kanalisierung der Wut auf ›die da oben‹ in eine Bewegung, die letztlich vor allem nach unten tritt und die Machtstrukturen eher verschärft als ebnet, weist die Neue Rechte eine historische Kontinuität auf. Mehr dazu in Abschnitt 1.2.

serve oder Billigstlohnländer; in Zeiten verschärften Mobilitätszwangs richtet sich Zorn ausgerechnet gegen Migrant*innen und Menschen auf der Flucht. Und wer sich genötigt fühlt, das eigene Geschlecht zu reflektieren, findet in denen Sündenböcke, die von jeher keine bedenkenlose Naturhaftigkeit darin vorfanden, wie ihr Selbstempfinden oder Begehren sich zur gesellschaftlichen Norm verhält: den Tunten und Nichtbinären, Butch Dykes und trans* Männern. Immerhin kann diesen Personen qua Alltagserfahrung eine intensive Beschäftigung mit Gender unterstellt werden. Sie müssten, so wäre mithin anzunehmen, dem vermeintlichen Zwang der »politische[n] Geschlechtsumwandlung« (Zastrow 2010) recht genau zu entsprechen wissen und gut auf dem Gender-Ticket fahren. Es entbehrt vor diesem Hintergrund nicht einer bitteren Ironie, dass z.B. trans* Personen *besonderer* Diskriminierung auf dem Arbeitsmarkt unterworfen sind.[22] Allerdings halten anti-queere Sprecher wie Johann Ludwig (2010) selbst Hinweise auf erhöhte Suizidalität und Diskriminierungserfahrungen der Betroffenen nicht davon ab, eine sexuelle Minderheit an der Spitze der Globalisierung zu sehen: »Schwule Verschwörungen« (S. 36) würden dank Bindungs- und Kinderlosigkeit, Mobilität und internationaler Vernetzung den »postindustriellen Kapitalismus« (S. 39) dominieren, durch ihren Einfluss auf die »Zentren der Macht« (S. 36) eine »schwule Leitkultur« (S. 39) prägen und nebenbei auch noch hinter den Missbrauchsskandalen der katholischen Kirche stecken, behauptet Ludwig in der rechten Zeitschrift *Sezession*.[23]

Ist es die Wut der ökonomisch Abgehängten, die sich hier einen Ausdruck sucht? Oder sind es rechte Eliten, die das Ressentiment von oben schüren? Wie genau wirtschaftliche Lage und autoritäre Ideologien, zu denen auch die anti-queere zählt, sich zueinander verhalten, wird seit Jahrzehnten heiß debattiert. Repräsentative Studien weisen in verschiedene Interpretationsrichtungen, die Frage ist offenbar nicht einfach zu beantworten. Jüngste Daten ergaben komplexe und widersprüchliche

---

22 Die Studie *Out im Office?!* (Frohn, Meinhold & Schmidt 2017) zeigt, dass in Deutschland trans* Arbeitnehmer*innen besonders häufig Diskriminierung erfahren; diese reicht von sozialen Ausschlüssen, die über 60% erlebt haben, über sexuelle Belästigung (>50%) bis hin zu Erpressung und Drohungen (>35%) und körperlicher Gewalt (>15%). Ähnliche Erfahrungen, wenn auch seltener, machen demnach schwule, lesbische und bisexuelle Arbeitnehmer*innen.

23 Die Umdeutung der Missbrauchsskandale der katholischen Kirche in einen Homosexualitätsskandal findet auch andernorts statt, etwa durch den US-Kardinal Raymond Burke (vgl. McKenna 2018).

Korrelationen zwischen der Einschätzung der eigenen bzw. der nationalen Wirtschaftslage, der beruflichen Stellung und der Zustimmung zu unterschiedlichen autoritären Aussagen (vgl. Decker, Schuler & Brähler 2018:126ff.). Es liegt also weder ein Automatismus noch eine streng logische Verknüpfung zwischen ökonomischer Verunsicherung und Rechtsruck vor. Denn autoritäre und anti-queere Akteure wie die AfD mögen zwar den Anschein erwecken, sie könnten dem eigenen ›Volk‹ das Privileg der übermäßigen Teilhabe am globalen Reichtum sichern; dabei setzen sie aber ganz offen auf ökologisch und sozial nicht nachhaltig durchführbare Strategien und eine Marktradikalität, die gerade die ökonomisch Schwächsten hart träfe.

Oliver Decker (2018) stellt auch eine psychoanalytische Lesart des Verhältnisses von Ökonomie und Autoritarismus vor. Demnach hat der Markt die christliche Religion beerbt, verspricht Rettung und Heil per Wirtschaftswunder. Seine Autorität, der Schein der Allmacht seiner unsichtbaren Hand, droht jedoch in Zeiten der Krise und Verunsicherung zu bröckeln. Dann kann der Marktautoritarismus in einen faschistischen umschlagen. Die Sehnsucht mancher Deutscher nach guten alten Zeiten solcher Geschlechterrollen, wie sie »bei Eltern und Großeltern noch selbstverständlich waren« (Gauland 2014), mag dafür ein Anzeichen sein.

Fortschritt, Rückschritt, Cha-cha-cha

Dennoch liegen Antifeminismus und Queerfeindlichkeit *auch* Fragmente ökonomischer Rationalität zugrunde. Oliver Nachtwey bezeichnet die Entwicklung als *regressive Modernisierung* (2017:74ff.), in der einerseits sicher geglaubte Standards des Sozialstaats und der Arbeitnehmer*innenrechte abgebaut werden, gleichzeitig aber eine Abnahme der rechtlichen und wirtschaftlichen Diskriminierung bestimmter Gruppen zu verzeichnen ist. So sei die Arbeitsmarktteilhabe von Frauen gestiegen (Modernisierung); das habe jedoch auch zu schärferer Konkurrenz und sinkenden Löhnen vor allem in den unteren Segmenten des Arbeitsmarktes geführt: Die ökonomische Inklusion bringt ein Mehr an Ungleichheit mit sich (Regression). Und Verlust*gefühle* können auch entstehen, wo sich die harten Fakten nur verändern, ohne sich zwangsläufig zu verschlechtern. So vernichten Verschiebungen in der globalen Arbeitsteilung, die Digitalisierung von Produktionsprozessen oder die (mehr diskutierten als umgesetzten) Anpassungen an Klimaschutzziele alte Berufe, schaffen aber auch neue. Unklar bleibt dabei jedoch, ob eine alte Qualifikation im neuen Feld viel zählt und wie sich Status und Anerkennung auf die modernisierten Beschäftigungen verteilen. Wer sich zurückwünscht in Zeiten, in denen heute verschwindende Berufe noch mit Respektabilität und Sicherheit assoziiert waren, steht auch anderen und emanzipatorischen Neuerungen kritischer gegenüber (vgl. Decker, Schuler & Brähler 2018:152f.).

Eine besondere Perfidie der Entwicklung ist, dass sie den Druck der Verhältnisse erhöht, aber den Einzelnen zugleich ein verzweigtes Netz an Möglichkeiten individuellen Erfolgsstrebens anbietet, um ihre Energie zu kanalisieren und nicht zum Widerstand werden zu lassen. Aus der ständigen Wahlpflicht, in der vieles individuell entscheidbar ist, aber eben auch entschieden und verantwortet werden muss, kann »Freiheitsschmerz« (Heitmeyer 2018) entstehen. »Regressive Modernisierung gründet in diesem Sinne zwar auf der Ausübung politischer Herrschaft, aber eben auch darauf, die Menschen als Subjekte in den Wandel zu verstricken, sie zu Komplizen zu machen«, analysiert Nachtwey (2017:79). Zum Beispiel mag mensch der Ausweitung befristeter Arbeitsverhältnisse politisch skeptisch gegenüberstehen; doch wer wird unter dem Konkurrenzdruck des Arbeitsmarktes ein solches ausschlagen? Wenn schon die Gleichheitsversprechen moderner Demokratien nicht eingelöst zu werden scheinen, will mensch doch wenigstens nicht auf der Verliererseite stehen. Mit ihrer Einbindung kommen die Einzelnen dann kaum noch darum herum, sich mit ihrer Praxis auch zu identifizieren – schon zwecks Abbaus kognitiver Dissonanz.

Auf der Makro-Ebene steckt hierin auch eine Dynamik hegemonialen Machterhalts im Sinne Antonio Gramscis: Moderne bürgerliche Gesellschaften erfüllen in kontrollierten Dosen die Forderungen der beherrschten Klassen, lassen aber die Macht- und Produktionsverhältnisse im Ganzen intakt. Reformen anstoßend, trägt die Zivilgesellschaft den Konsens der Herrschaft und gibt ihrem Zwang gegen umstürzlerische Bestrebungen Legitimation. Nach 1945 wurden Sozialstaat und Sozialpartnerschaft zu Garanten des Konsenses, nahmen aber die Form bürokratischer Riesenapparate und Massenorganisationen an. Die Jahre des Aufschwungs in der »sozialen Moderne« (Nachtwey 2017:17) brachten wirtschaftliche Teilhabe, aber nur eingeschränkte individuelle Entfaltungsmöglichkeiten. Die Revolten der 1960er-Jahre führten daher zwei Stränge der Kritik in die Debatte ein: einerseits die »Sozialkritik«, die sich der kapitalistischen Durchdringung der Gesellschaft entgegenstellte; andererseits die »Künstlerkritik«, die auf ein Ausbrechen aus Konventionen und Normen abzielte (Boltanski 2007). Zum Zweck des Hegemonieerhalts lag es nahe, die individualistischen Impulse aufzunehmen. Im Arbeitskontext konnten sie per Moderationsmethode und Teamwork, Homeoffice und Arbeitszeitflexibilisierung in eine effizienzsteigernde Form gebracht werden, während gleichzeitig die Diversifizierung der Produktpaletten subkulturelle Nischen bediente und damit Marktpotenziale erschloss. Auch selbstbestimmt gesteckte Ziele konnten nun verfolgt werden, erhielten sogar Fördermittel – und wurden per Förderbedingungen und Antragswesen, Valorisierung und Evaluation gezähmt. Die sozialistischen Impulse aber konnten, legitimiert durch die Individualisierung der Arbeitsverhältnisse, abgespalten und spätestens 1990 endgültig ad acta gelegt werden. Mit der grün-roten Agenda 2010 wurde das Schmieden des Glückes noch weiter in die Verantwortung der Einzelnen verschoben: Sie wurden im doppelten Sinne subjektiviert – *unterworfen* unter verschärfte Zwänge und *aktiviert* als sich selbst verwirklichende Unternehmer*innen. In ebendiese Zeit fällt auch die Erhebung des *Gender-Mainstreaming* zur Regierungsmaxime, was dem Denken von *Gender* zum Eingang in den *Mainstream* verhalf, ohne aber dessen Strukturen zu verändern (vgl. Hofbauer & Ludwig 2006:214). Frauen wie Männer sehen sich nun mit der Möglichkeit, der Anforderung und sicher auch dem eigenen Wunsch konfrontiert, Erwerbstätigkeit und Familie miteinander zu vereinbaren, durch selbstbestimmte Anstrengung die doppelte Erfüllung zu erlangen.[24] Auch einen neuen Feminismus brachte das neue Millennium: einen leistungsorientierten Feminismus der Gewinnerinnen, der die gleichberechtigte Teilhabe einer Frauenelite in den Chefetagen zum *non plus ultra* erklärt. Nancy Fraser spricht hier, gewissermaßen spiegelbildlich zu Nachtweys Formel der regressiven Modernisierung, von einem »progressiven Neoliberalismus« (2017:78).

Insoweit sie hegemonial integriert wurden, ist aus den Emanzipationsbestrebungen ein paradoxer *Imperativ zur Autonomie* geworden (vgl. Nachtwey 2017:108f.), der sich aber mit zunehmend atypischen, nichtexistenzsichernden Beschäftigungsverhältnissen beißt. So gesehen ist die konformistische Revolte von rechts, die heute die kulturellen Errungen-

24 Wobei die Frauen im empirischen Schnitt die Mehrarbeit schultern (vgl. Hobler et al. 2017).

schaften von '68 mit dem Verlust von Sicherheiten in Verbindung bringt, nicht bar jeder Vernunft, wenn sie auch die *Integration* bestimmter queerer und feministischer Forderungen mit einer Hegemonie*übernahme* seitens einer ›Frauen-‹ oder ›Homolobby‹ verwechselt (vgl. Wimbauer, Motakef & Teschlade 2015:50). Sie greift eine Unzufriedenheit auf, die dem regressiven Moment der Modernisierung, dem neoliberalen Moment des Progressiven entspringt – und wendet sich in einer tragischen Verwechslung gegen die Modernisierung, gegen das Progressive. In einer fundierten Kritik des linksliberalen Konzepts von Fortschritt und Moderne läge ein gehöriges Potenzial, das die anti-queere Ideologie allerdings verpasst. Denn ihre Annahme, durchs Aufgeben der neuen Freiheiten – und zwar vorzugsweise der Freiheiten der *Anderen* – alte Sicherheiten zurückzuerlangen, erscheint als hoffnungsloser Irrweg.

1.2 Die Ebene der Kollektive

> »*Transphobia* is one heck of an interesting word. Fear of crossing? Fear of transgressing? If this term were allowed *that* sort of breadth – that is, including the fear and hatred of *any* kind of binary-breakers – then the fear of trans people becomes well contextualized within the fear of crossing borders.«
>
> Kate Bornstein (2016:95)[25]

> »Eine solche Dynamisierung grundlegender Kategorien findet sich auch in [den] ›Diversity-Studies‹, wo die steigende Verwendung von Begriffen wie ›Transkulturalität‹, ›Transnationalität‹, [...], ›Transidentität‹ und eben auch ›Transgender‹ [...] individuelle und kollektive Unsicherheiten und Grenzüberschreitungen als Dauerzustand indiziert.«
>
> Annedore Prengel & Barbara Rendtorff (2008:18f.)

Nicht alle Kapitalfraktionen sitzen in einem Boot, wenn es um die Inwertsetzung von Diversität geht. So beschreibt Andreas Kemper (2016) die AfD als eine durchaus wirtschaftsnahe, allerdings vom Verband der

---

25 Sinngemäße Übersetzung: »Transphobie ist ein höllisch spannendes Wort. Angst vor dem Überqueren? Angst vor dem Überschreiten? Wenn wir dem Begriff dermaßen weit fassen – also die Angst vor dem Aufbrechen aller möglichen Zweiteilungen einschließen – dann erscheint die Angst vor trans* Personen in einem engen Zusammenhang mit der Angst vor Grenzübertritten [an Staatsgrenzen].«

Familienunternehmer geprägte Partei. Diese haben, in Abweichung von den oben geschilderten Entwicklungen, kein Interesse an einem zu stark dynamisierten (Arbeits-)Markt[26] und scheuen den organisatorischen Mehraufwand von Gleichstellungs- und Diversityprogrammen. Sie pochen stattdessen auf eine ganz eigene Form der Meritokratie, in der jeder den Posten verdient, den zu bekommen er stark genug ist.[27] Woher er seine Stärke bezieht, ist dabei nicht entscheidend: Soziales Kapital wird in dieser Logik ebenso belohnt wie individuelle Anstrengung.

Andere AfD-nahe Wirtschaftsverbände haben einen dezidiert christlichen Hintergrund. Aus ökonomischen wie ideologischen Beweggründen grenzen diese Verbände sich von Gender-Mainstreaming scharf ab. Andreas Kemper schlägt vor, diesen Geschlechterkonservatismus auch im Kontext der *Ungleichzeitigkeit* zu begreifen, die Ernst Bloch Deutschland als früh industrialisiertem, aber spät zur bürgerlichen Gesellschaft herangewachsenem Land zuschrieb: In Krisenmomenten stehe demnach hier eine besonders große Menge vormoderner Restfragmente zur Verfügung, auf die die ökonomisch strauchelnden Bürger*innen zurückfallen können.[28]

Besorgte Bürger

Der Kulturphilosoph Luca Di Blasi kommt in seiner Studie *Der weiße Mann* (2013) auf eine der Ungleichzeitigkeit verwandte Dialektik zu

26 »Familieneigentum ist durch die Akkumulation, Konzentration und Zentralisation des Kapitals selbst tendenziell gefährdet«, weil Fusionen oder Kreditaufnahmen es zu verwässern drohen (Heine & Sablowski 2013:10).

27 So verurteilte der Verband der Familienunternehmer das Allgemeine Gleichbehandlungsgesetz als einen »Versuch des Staates, die Bürger umzuerziehen« - und verwendete damit bereits 2009 (zitiert nach Kemper 2016:146) ein Schlagwort (Umerziehung), das auch die späteren Debatten um die Sexualpädagogik der Vielfalt stark prägen sollte.

28 Der reaktionäre Trend in Krisenzeiten mag en détail voll deutscher Eigenheiten sein, folgt im Großen und Ganzen aber einer weit verbreiteten Tendenz. Funke, Schularick & Trebesch (2015) haben in einer Untersuchung der Folgen von 100 Finanzkrisen seit 1870 in 20 Ländern starke Rechtstrends festgestellt: u.a. nahmen Wahlstimmen für rechtsextreme Parteien in den fünf Jahren nach einer Krise im Durchschnitt um ein Drittel zu.

In Zeiten der Globalisierung mag es auch außerhalb akuter Krisen gelten, dass Bestrebungen der nationalen Resouveränisierung – die immerhin den Gründungsimpetus der AfD ausmachten – auf Narrative von der Wiederentdeckung des ›Volkes‹ und seiner ›Männlichkeit‹ angewiesen sind. Denn eine ökonomische Souveränität der Nation ist heutzutage weniger denn je zu haben, wie Arjun Appadurai angemerkt hat (2017:19).

sprechen. Einerseits, hält er fest, konstituiert sich die untersuchte Gruppe über ihre Unmarkiertheit, ihren scheinbar universell-menschlichen Charakter; über das Privileg, die eigene Existenz »als nicht-problematisch betrachten zu können, als ›normal‹« zu gelten und daher »von verletzenden *Anrufungen* [...], von schmerzhaften Zuweisungen von Namen und Identitäten« verschont zu bleiben (S. 18). Dieser Umstand ist zunächst einem individuellen Selbstbild zuträglich, denn »Nichtdiskriminiertheit bedeutet zuallererst: Nicht einmal merken, wie wenig man diskriminiert ist, und das bedeutet auch: im Selbstverständnis gerade *keine* Gruppe bilden« (ebd.). Eine solche nicht-kollektiv identifizierte Klasse zufriedener Individuen lässt sich wohl in Zeiten wirtschaftlichen Aufschwungs und relativ stabiler Herrschaftsverhältnisse beobachten. Zwei Faktoren aber bringen früher oder später zwangsläufig Bewegung in die bürgerliche Behaglichkeit: Wirtschaftskrisen und der Widerstand Ausgegrenzter und Ausgebeuteter. Beide tragen zur leicht abrufbaren Alarmiertheit bei, in der Di Blasi eine dauerhafte Begleiterin der »Geschichte des weißen Mannes« vermutet (S.7) und die ihn veranlasst zu fragen: »War eines seiner bisherigen Erfolgsgeheimnisse nicht gerade die *Selbstmobilisierung durch Abstiegsängste?*« (ebd.). So werden auch politische Erfolge gegen die Vormachtstellung weißer heterosexueller Männlichkeit zum zweischneidigen Schwert.

> »Der Prozess ihrer Dezentrierung [...] eröffnet nämlich nicht nur den Ausblick auf eine gerechtere Welt, sondern birgt auch Sprengstoff. Dazu gehört besonders die Versuchung der weißen Männer, ihre Dezentrierung mit Marginalisierung und Privilegienabbau mit Diskriminierung zu verwechseln« (S. 8).

Die Problematisierung der stillen Norm, wie sie feministische und postkoloniale Kritiken seit Jahrzehnten fordern, mithin das Ende der Universalisierung weißer Männlichkeit als Maßstab von Menschlichkeit, kippt dann aufseiten der weißen Männer schnell in die Bildung eines Kollektivs in Verteidigungshaltung. »Von hier aus ist es nur noch ein Schritt zur offenen Selbstviktimisierung der Bevorzugten«, schreibt Di Blasi, zum »*Ressentiment von oben*« (S. 49). Das lässt sich als Teil einer Strategie der Resouveränisierung lesen (vgl. Wimbauer et al. 2015:46). So wendet sich ein Backlash gegen die Erfolge von LGB-Bewegungen (als familienfeindliche ›Homosexualisierung‹ der Gesellschaft, vgl. ebd. S. 48) und gegen die sich institutionell schrittweise als »paradigmatische Verunsicherungswissenschaften« (Degele 2003) etablierenden Gender Studies. Maskulinismus und Anti-Feminismus sind insofern nicht nur *regressiv*, sondern auch *reaktionär* im Sinne des Zurückschlagens von oben-rechts gegen progressive Aktionen und Entwicklungen.

Somit formieren sich die individuellen Bürger zu einer kollektiven Identität, sobald sie ihre privilegierten Interessen unter Beschuss sehen oder wähnen. Während weiße, heterosexuelle Männer sicherlich eine ganz eigene Position in der Welt kollektiver Identitätskonstruktionen einnehmen (die wiederum entlang vielfältiger feinerer Differenzlinien unterteilt werden könnte), sind sie durchaus zu Allianzbildungen in der Lage. Insbesondere eine als polar entgegengesetzt, aber komplementär zugehörig und gleichwertig imaginierte Weiblichkeit eignet sich dazu.[29] Zusammen bilden die Merkmalsträger/innen weißer heterosexueller Männlichkeit und Weiblichkeit als Familie die »Keimzelle der Nation« (kritisch: Kemper 2014a).

Das nationale Paradigma eröffnet weißen Männern die Rückeroberung der moralischen Überlegenheit. In der Rückbesinnung auf ein althergebrachtes koloniales Narrativ wenden sie sich zum Schutze der Frauen gegen die Bedrohung von außen in Form muslimischer Einwanderung und Flucht.[30] In Teilen inszenieren sie sich auch als Schutzmacht sexueller Minderheiten gegenüber dem Islamismus. Paradoxerweise aber graut es ihnen gleichzeitig vor dem »Dolchstoß« (Daniels 2018b) durch Diversity: »Verschwulung« (Pirinçci 2015) und Verqueerung, so die Befürchtung, schwächen den deutschen »Michel« (Hoffmann 2019). Während eine Sexualpädagogik der Vielfalt seine Kinder in ihrer Identität »verwirrt« (Schupelius 2018), »Gender-Gagaisten« seine Sprache »vergewaltigen« (Meuthen 2018) und er dank »Staatsfeminismus« um seine wirtschaftliche Stellung fürchten muss (Habermann 2015), ereignet sich unter der Ägide Angela Merkels der »Volksaustausch« mittels »Geburtenabsturz und Überfremdung« (Compact Magazin 2018). In die ankommenden Muslime »wird eine intakte Männlichkeit projiziert, in deren Spiegel der multikulturalistische Mann als entmännlicht wahrge-

---

29 Zur Kritik der Geschlechtermythen Polarität, Komplementarität und Gleichwertigkeit vgl. Anja Meulenbelt (1986).

30 Gayatri Chakravorty Spivak hat das Motiv »white men saving brown women from brown men« in der Geschlechterpolitik der britischen Kolonialmacht ausgemacht. In den deutschen Diskursen um die Übergriffe der Kölner Silvesternacht 2015/16 sieht Sina Freund (2017) eine Modifikation dieses Motivs: Demnach sind es dieser Tage die weißen Frauen der eigenen Nation, die durch weiße Männer vor als anders / nicht-deutsch markierten braunen Männern geschützt werden sollen.

nommen wird« (Di Blasi 2013:63; vgl. z.B. Kleine-Hartlage 2013: »Der Islam als Kampfgemeinschaft«). In der Gegenreaktion entfaltet sich eine »mimetische Dynamik« (Di Blasi 2013:62): Weiße Männer verweisen Andere in die Position patriarchaler Unterdrücker, um sich deren imaginierter Hypervirilität dann im Interesse der Verteidigung angleichen zu können. Gabriele Dietze spricht daher bezüglich eines antisexistisch daherkommenden Nationalismus von »simulierte[n] Progressivitäten« (2015:126), die emanzipatorische Bewegungen mittels einer »okzidentalistischen Dividende« (ebd.) ruhigstellen und für den Kampf gegen Migration kooptieren wollen, jedoch eine »hohe Rückfallquote« (ebd. S. 127) in Richtung Sexismus, Homo- und Transfeindlichkeit aufweisen.[31] Letztlich gehe es eben »nicht um die Liebe zur sexuellen Emanzipation, sondern um ihre Potenz als Einwanderungsabwehr« (ebd.): Das Volk soll queere Verwirrung und feministische Spaltung hinter sich lassen, um geeint und stark seine Freiheit gegen den Feind von außen verteidigen zu können. Obwohl derlei maskulinistische Diskurse eine starke frauenfeindliche Schlagseite aufweisen, mischen durchaus auch Frauen darin mit. Sie sind wesentlich beteiligt an der Romantisierung ›wahrer‹ und bewahrenswerter Geschlechtsidentitäten, die sie durch einen angeblichen »Genderterror« (*Free Gender*, zitiert nach Witte 2010:17) bedroht und angegriffen sehen.[32]

Weltmachtprojektionen aus der Mottenkiste: Die Freie Welt[33]

In der anti-queeren Verteidigungshaltung findet falsche Projektion einen Ausdruck: »Regungen, die vom Subjekt als dessen eigene nicht durchge-

---

31 Radikalere neurechte Stimmen warnen dann auch vor einer allzu liberalen Islamkritik, die dem Islam vor allem seine »Gewaltneigung, Frauenfeindlichkeit, Intoleranz, seinen Antisemitismus, seine Demokratiefeindlichkeit« und die daraus hervorgehende Unvereinbarkeit mit liberal-europäischen Werten ankreide, ohne die Frage zuzulassen, ob nicht präzise diese »Vergötzung liberaler Wertmuster« die Völker Europas »anfällig für die Eroberung durch [...] Muslime gemacht hat« (Kleine-Hartlage 2013:40). Hier steht die Befürchtung im Raum, zu viel traditionell rechts-nationales Gedankengut könnte strategisch dem Feindbild Islam zugeschrieben und dadurch für die eigenen Leute tabuisiert werden (vgl. auch Lichtmesz 2010:30).

32 Für einen Überblick zur Beteiligung von Frauen an rechtsextremer Geschlechterpolitik in Europa vgl. Gutsche (2018).

33 *FreieWelt.net* ist ein Internetportal aus dem Netzwerk des Ehepaars von Storch. Die folgenden Ausführungen basieren großteils auf dort veröffentlichten Artikeln. Gemäß den Angaben der Online-Artikel zitiere ich Redaktionsmitglie-

lassen werden und ihm doch eigen sind, werden dem Objekt zugeschrieben: dem prospektiven Opfer« (Horkheimer & Adorno 1947/1973 [DdA]: 167).

Neue Rechte fordern teils offen eine »Reconquista«, also eine antimuslimische »Rückeroberung«[34]; teils transportieren ihre Texte halb verborgen ein »Arcanum [...] der konservativen Revolution« (Meyer 2018).[35] Gern füllen ihre Leser*innen die Kommentarspalten mit Rachefantasien, die vollzogen werden sollen, wenn das Ruder erst herumgerissen sei. Gleichzeitig unterstellen sie der politischen Gegnerin eine Verschwörung zur Machtübernahme: Zur imaginierten »Gender Ideology« gesellt sich eine »hidden agenda« (kritisch: Mayer & Sauer 2017a:32). Unter anderem äußere diese sich in der Wissenschaft, wo Gender Studies sich unaufhaltsam ausbreiten würden: Knapp »300 Lehrstühle und Institute« gäbe es für diese »Pseudowissenschaft« (Berger o.D.b; »300 Professoren« schrieb eine kommunale AfD-Fraktion den Gender Studies in einem Antrag zu, vgl. Hafeneger et al. 2018:113).[36] Eine wehrhafte Zivilgesellschaft widersetze sich mit hunderttausenden Petitionsunterschriften der »aufgezwungene[n] Gender-Ideologie«, weiß die *Freie-Welt*-Redaktion (Redaktion (an) 2017). Doch stehen sie mächtigen Gegner*innen gegenüber. Eine »Diktatur der Gutmenschen« konstatiert der *Science-Files*-Blogger Michael Klein (2018)[37]; vor einer »Gender-Diktatur« soll

---

der des Portals mit ihren jeweiligen Kürzeln, sofern sie mir nicht namentlich bekannt sind.

34 So die Identitäre Bewegung, die sich historisch kreativ als »Phalanx für die Reconquista« betitelt (URL: https://www.identitaere-bewegung.de/faq/was-bedeutet-der-begriff-reconquista/, aufgerufen 2018-09-28)

35 Meyer (2018) führt in einem Beitrag für *Essay und Diskurs* im Deutschlandfunk im September 2018 aus, wie rechte Akteure schon bald nach 1945 die vor-nazistische Idee einer Konservativen Revolution wieder aufnahmen, jedoch bewusst wenig publizierten, um sie nicht vor ihrer Zeit zu verschleißen, sondern langsam reifen zu lassen. Diese Saat sei es, die mit der Neuen Rechten nun aufzugehen beginne, so die These des Philosophen.

36 Die Datensammlung des Margherita-von-Brentano-Zentrum des FU Berlin kommt derzeit auf 219 einschlägige Professuren, davon 16 vakant, 171 nur mit einer Teildenomination für Gender Studies und 170 befristet (https://www.mvbz.org/database.php). Insgesamt liege der Anteil der Professuren mit Genderbezug seit 2000 unverändert bei 0,4 bis 0,5 Prozent (https://www.mvbz.org/anmerkungen-zur-datensammlung.php).

37 *ScienceFiles* ist ein primär gegen feministische Geschlechterstudien gerichteter Wissenschaftsblog mit Beiträgen von Michael Klein und Heike Diefenbach.

analog, wenn auch aus einer anderen Perspektive, der Weihbischof Andreas Laun auf einer *Demo für alle* gewarnt haben (zitiert nach Blech 2016).

»Wie ist es überhaupt zu dem Triumphzug des Zauberwortes ›gender‹ gekommen?«, fragt die *Freie-Welt*-Redaktion (Redaktion (hb) 2018) und antwortet: Begonnen habe es mit einer Erklärung, die New Yorker Aktivistinnen im Geheimen verfasst und auf der Weltfrauenkonferenz 1995 in Beijing durchgesetzt hätten. Der Begriff sei dort erstmalig aufgetaucht; die überrumpelten Konferenzteilnehmer*innen hätten nicht gewusst, wie ihnen geschieht.

Ein Gastbeitrag auf der ideologisch verwandten Seite *Philosophia Perennis* sieht die Ursprünge früher: Marxistisch-leninistische Kulturkämpfe seien es, die heute per Genderideologie fortgeführt würden und sich »subtil wie eine Seuche« ausbreiteten, wie der »aggressive Homo-Lobbyismus und die üppige Finanzierung der Gender-Studies« zeigten (Voigt 2017). Da fragt sich: Ist diese Entwicklung »Ziel irgendeiner Interessengruppe? Wann kippt das emotionale Ökosystem der offenen Gesellschaften? Sexualisierung und grenzenlose Offenheit—no border, no nation, no family. Wer freut sich darüber?« (ebd.)

Diese Frage wird bei *Freie Welt* eindeutig beantwortet: Inzwischen sei Gender Teil eines weltweiten Plans. Der »neue Totalitarismus« (Redaktion (an) 2017) setze sich zusammen aus »mehr Globalismus, mehr Massenmigration, mehr Gender, mehr Multikulti« (von Storch 2017). Auf dem Weg dorthin müssten »unser gemeinsames Wertefundament und [der] naturrechtliche Rahmen der Gesellschaft« gezielt durch »Gender« zerstört (Redaktion (an) 2017) und der »Bevölkerungsaustausch« (Redaktion (mk) 2018) organisiert werden. Realisiert werde diese Entwicklung durch ein Netzwerk von Politikern wie Merkel und Macron mit Finanziers wie Rothschild, Goldman-Sachs und George Soros (vgl. Redaktion (an) 2018). Letzterer »gilt als der Drahtzieher einer angedachten ›Neuen Weltordnung‹ (NWO), deren primäres Ziel die Abschaffung der eigenständigen Nationalstaaten zu Gunsten einer zentralisierten, alles bestimmenden global agierenden Weltregierung ist« (Redaktion (mk) 2018).

Hier verbinden sich Antisemitismus und ›Genderkritik‹ in exemplarischer Weise. Doch auch in moderateren Formen anti-queerer Ideologie zeigen sich Analogien zum Antisemitismus. Diesem steht das Bild des Juden für die abstrakte Herrschaft, Entfremdung und Warenwirtschaft (vgl. Winter 2018a:6; DdA, 156f.). Die unübersichtlich rasante Entwicklung der Welt müsse doch einem Plan folgen, so die Annahme des überforderten Geistes; und da es ein göttlicher in der Moderne kaum mehr sein kann, müsse es wohl ein jüdischer sein. Nach der Befreiung vom Nationalsozialismus hat die offene Rede vom ›Weltjudentum‹ zwar abgenommen; an direkt oder strukturell antisemitischen Verschwörungstheorien herrscht jedoch kein Mangel. So stellt die erwähnte Figur der ›Neuen Weltordnung (NWO)‹ Globalisierung, Migration und Gender-Mainstreaming in einen vage bedrohlichen Zusammenhang (so zum Beispiel bei Elsässer 2013; kritisch: Scheibel o.D.). Björn Höcke (2015) raunte in einer Rede in Gera von einem »großen, geopolitischen Plan«, in den Angela Merkel möglicherweise eingeweiht sei und nach dem »Flüchtlingsströme vielleicht [...] als Migrationswaffe eingesetzt« würden. Sebastian Winter (2018a) sieht hier Parallelen zur rassistischen Kampagne gegen die ›Schwarze Schmach‹, wie nationale Akteure der Weimarer Republik die Besatzung des Rheinlandes durch – u.a. schwarze – französische Soldaten nach dem Ersten Weltkrieg bezeichneten. Als spezifische Bedrohung galt die Sexualität der Besatzer, die das Phantasma der ›reinen Rasse‹ gefährdete. Dieser Diskurs lebte 2016 nach den Übergriffen der Silvesternacht in Köln wieder auf (vgl. Mecheril & Haagen-Wulff 2016:122): Diesmal waren es nordafrikanische Migranten und Geflüchtete, denen pauschal eine weiße Frauen gefährdende Hypersexualität zugeschrieben wurde. Adolf Hitler hatte hinter der Besatzung der 1920er-Jahre die Juden vermutet, die durch ›Bastardisierung‹ die ›Rasse‹ zersetzen wollten (vgl. Winter 2018a:9). Heute sind es wechselnde Akteure von der ›NWO‹ über UNO und EU bis zur ›LGBT-Lobby‹ und bisweilen auch alle miteinander, die angeblich durch die Pervertierung der sexuellen Ordnung das ›Volk‹ schwächen und im Namen von Multi-Kulti die Grenzen öffnen.

Die anti-migrantische Ausgrenzung und die (strukturell) antisemitische Schuldzuweisung erfüllen zwei Funktionen in der Konstruktion des Eigenen, des Volkes.

Erstens: Jene, die als ›fremde Ethnien‹ oder ›Kulturen‹ bezeichnet und mit Projektionen belegt werden, bieten eine Kontrastfolie. Ihr vermeintliches Anderssein bedingt das eigene So-Sein. Nach der Ideologie der Neuen Rechten sollen sie an jenem Platze verweilen, der ihnen als der Angestammte zugewiesen wird; ›Ethnopluralismus‹ (Identitäre Bewegung) oder auch »Europa der [...] autochtonen Ethnien« (FPÖ 2013:284) bzw. »Europa der Vaterländer‹ (AfD 2016:20) nennt sich diese modernisierte Blut-und-Boden-Mentalität (vgl. Uhlig 2018). Die zu Anderen erklärten bilden die äußere Bedrohung, die es durch feste Grenzen in Schach zu halten gilt.

Zweitens: Anlass zu strikter Repression nach innen bieten Verräter, Schmarotzer und Verschwörer – Vorstellungen zersetzender Kräfte, die im Weltbild des NS vor allem die Gestalt der Juden, der Sinti und Roma, aber auch der als ›Asoziale‹, ›Volksverräter‹ oder ›Bolschewisten‹ Stigmatisierten annahmen. Diese klein zu halten oder auszumerzen, stärkt den Zusammenhalt der Verfolger/innen. Denn einerseits ist die Abwertung der Anderen im Außen wie im Inneren eine Gelegenheit zur Selbstaufwertung, andererseits macht die Repressionsdrohung nach innen klar: Ein jedes Mitglied der Gemeinschaft hat ein existenzielles Interesse daran, nicht aus ihr herauszufallen, nicht zu sehr aufzufallen, nur nicht auf dumme Gedanken zu kommen.

Der Feind im Inneren kann schlimmer sein als der fremde: Seine Ambivalenz stört die eindeutige Einteilung der Welt. Diese Rolle kommt im völkischen Denken traditionell Jüdinnen und Juden zu:

> »[Sie] sind in diesem Ressentiment die Zersetzer, die Staatenlosen, die keine Bindung und keine Zugehörigkeit kennen würden. Sie sind, wie Klaus Holz das nennt, die Figur des Dritten, diejenigen, die nicht zum Eigenen oder dem Fremden gehören, sondern diese Unterscheidung selbst ins Wanken bringen.« (Uhlig 2018)

All dies sind Eigenschaften, die durchaus auch queeren Praxen und Identifikationen zugeschrieben werden können.[38] Ebenso wie die Zugehörigkeit zum Judentum ist eine sexuelle Praxis oder geschlechtliche Identifizierung jenseits der Norm im Alltag meistens unsichtbar. Selbst der Mangel eines sichtbaren Unterschieds aber, selbst die offensichtliche Integrierung in die Gesellschaft, kann als Anzeichen einer perfiden Hinterhältigkeit ausgelegt werden (vgl. Žižek 2017:295).

Die *Freie Welt* spricht nicht für das gesamte anti-queere Feld. Doch nicht nur hier sind die strukturellen Parallelen und Anknüpfungspunkte zwischen faschistischem Antisemitismus und der Ideologie des Kampfes gegen den ›Genderwahn‹ beunruhigend klar zu erkennen.

---

38 Wobei sich auch beides miteinander verbinden lässt: Schon der Antisemitismus der Nationalsozialist/innen sah in der Figur des Juden eine unmännliche, lüsterne sexuelle Abweichung, Drahtzieher von Prostitution und Mädchenhandel (vgl. Hitler 1937:63; kritisch: Zelnhefer 2008).

Volk, Familie und Zersetzung in der Sezession[39]

Dass es ein Volk geben muss, dass dieses einen biologischen Ursprung hat und vor einer (post-)modernen Zersetzung bewahrt werden muss, ist zumindest den neurechten Akteur/innen des anti-queeren Diskursfelds klar. «Es muß furchtbar sein, keinem Volk anzugehören, da das uns vereinsamte, atomisierte, tötete«, sagt der rechte Liedermacher Friedrich Baunack im Gespräch mit Götz Kubitschek in der *Sezession* (2013:38). Und weiter: »Da das Leben eine Lust ist (nicht umsonst entspringt es ja der Lust), sind auch die Völker Ausgeburten [...] der Lust am Leben, der Freude an der Schöpfung, am Selbst- und doch nicht Vereinzeltsein.«[40] Das Leben entspringt der Lust, und auch die Völker – im Umkehrschluss liegt nahe: Wahre, gute, schöne Lust ist die, die Leben zeugt und Völker hervorbringt (Baunack selbst hat fünf Kinder). Auch andere Autor/innen der *Sezession* machen die Rolle von Familie und Zeugung stark. So stellt der rechte Anthropologe Andreas Vonderach (2013:5) fest, dass »Volks- und Sprachgrenzen [...] immer auch Heiratsgrenzen waren [und] auch heute noch ausgeprägte

---

39 Es folgt eine Collage von Fragmenten aus der Zeitschrift *Sezession*, herausgegeben vom Institut für Staatspolitik (IfS) im Antaios-Verlag (beide aus dem Hause Kubitschek/Kositza in Schnellroda). Das IfS gilt schon lange als eine der wichtigsten Institutionen der Neuen Rechten (vgl. Burschel 2009), Initiator Götz Kubitschek als einer ihrer führenden Köpfe. Die *Sezession* ist in ihrer Reichweite weniger bestimmt durch die Auflage als vielmehr dadurch, wer sie liest – und das sind offenbar viele rechte Funktionäre und Multiplikator/innen (vgl. Laskowski 2018): Auch dadurch bringt Kubitschek, so heißt es, die AfD auf seinen Kurs (vgl. Serrao 2018).

Die Zusammenstellung kurzer Zitate von verschiedenen Autor/innen des Sezessions-Blogs sowie zweier Printausgaben wird zwar den einzelnen Denker/innen nicht gerecht. Ihre Aussagen greifen jedoch so schlüssig ineinander, dass sich ein akkurater Gesamteindruck der anti-queeren Ideologie in diesem Periodikum ergibt.

Nebenbei: Die Ähnlichkeiten des Instituts für Staatspolitik (IfS) zum Frankfurter Institut für Sozialforschung – IfS – erschöpfen sich übrigens in Abkürzung und Logo.

40 Wie um Uhligs (2018) These des Antisemitismus als Kehrseite der Volksgemeinschaft zu unterstreichen, fährt Baunack gleich darauf fort: »Nur die Gemeinsamkeit selbstbewußter Völker, die auf ihre Freiheit pochen, kann heuer der Planierung der Erde durch das supranationale Kapital entgegenwirken. [...] Der dritte Weg, Humanwirtschaft – das Gegenteil der heute grassierenden Privatisieritis, die nichts anderes ist als illegitimes Verhökern von Volkseigentum« (2013:39).

Grenzen in der Verteilung genetischer Merkmale sind« und mahnt: »Die Verwandtschaft im Volk ist die eigentliche Grundlage des gesellschaftlichen Zusammenhalts«. Kürzlich erneuerte in einem *Sezessions*-Blogeintrag Caroline Sommerfeld (2018) das verwandschaftsbasierte Volksverständnis: »Klar habe ich einen ethnischen Volksbegriff.« Dieser sei »keine Frage von Rassereinheit«[41], wohl aber von »Gen- und Blutlinien [...], die Charakterliches und atmosphärisch Typisches fortpflanzen«. Dass diese Fortpflanzung so wichtig ist, erklärt die Philosophin metaphysisch:

> »Deutschland hat eine causa finalis, das bedeutet, es ist um etwas willen in der Welt. In jedem Volk werden sehr spezielle Seeleneigenschaften herausgebildet und gepflegt, die später als Geistesgabe in die ganze Menschheit übergehen sollen. Deswegen ist Ethnopluralismus so eminent wichtig, die Rettung der bedrohten Völker. Jedem einzelnen Volk, und sei es noch so klein und scheinbar unbedeutend, kommt damit eine wesentliche und unverzichtbare Aufgabe im Zuge der gesamten Menschheitsentwicklung zu.« (Sommerfeld 2018)

Das Drama des Sommerfeld'schen Volkes besteht in einer inneren Schwäche: Viele Abstammungsdeutsche »sind in einem wesentlichen Sinne keine Deutschen, haben ihre Volkszugehörigkeit verwirkt«, weil sie nicht für Deutschland einstünden.[42] »Dieses Fehlen geistiger Identität ist die größte Schwäche, unter der wir momentan leiden, und es wirkt überdies auf die physische Substanz zurück« (ebd.). Das alles in einer Situation, in der das Volk in der »Salzsäure« muslimischer Einwanderung aufgelöst zu werden droht, wie *Sezessions*-Kollege Manfred Kleine-Hartlage bereits 2013 feststellte (S. 42). Daher sei der Islam der

41 In welchem Ausmaß ihre Rassentheorie hier Unreinheiten zulässt, erklärt Sommerfeld (2018) unter Rückgriff auf NS-Jargon: »Wenn wir einen einzelnen Schwarzafrikaner hernehmen, der nach Deutschland kommt, eine Deutsche heiratet, mit ihr Kinder bekommt und sich sukzessive mit der deutschen Volksseele verbindet, dann nähern sich seine Kinder und Kindeskinder ihrerseits schrittweise dem Abstammungsdeutschtum an und werden so auch leibliche Teile des Volkskörpers«. Der Einwanderer aber, der kein Gespür für die Volksseele aufbrächte, sei ein »Fremdkörperdeutscher oder, wenn er in Massen auftritt, Umvolkungsdeutscher« (ebd.).

42 Sommerfeld rekurriert hier implizit auf die Staatstheorie Adolf Hitlers. In *Mein Kampf* unterschied er zwischen Staatsangehörigen und Staatsbürgern. Nur dem Volksgenossen könnte die Staatsbürgerehre verliehen, aber auch wieder entzogen werden, sollte er sich als ehr- und charakterlos oder als Vaterlandsverräter erweisen (1937:488 ff.).

Feind – aber nicht der einzige: Denn er »könnte den Völkern Europas ohne deren eigene Schwäche und Dekadenz nichts anhaben, und gewiß sind der Hauptfeind diejenigen, die diese Schwäche herbeigeführt haben« (Kleine-Hartlage 2013:42.). Wer mögen diese Übeltäter sein? *IB*-Aktivist und *Sezessions*-Autor Martin Lichtmesz spricht von den »Anstrengungen der *Gender*-Ideologen« (2010:30), den Männern die Verachtung der »›Schwuchtel‹« (ebd.) auszutreiben. Die ›Schwuchtel‹, also der Typus des »weichlichen, passiven, unterwürfigen, feigen, affektierten, emotional unkontrollierten Mann[es], der sich körperlich nicht verteidigen kann«, macht für Lichtmesz das »klassische Postulat des Zusammenhangs zwischen Dekadenz und Verweiblichung« plausibel (ebd.). Er vertraut darauf, dass die Männer sich ihren Schwulenhass auch erhalten: »unausrottbare Gegebenheiten« lägen dem zugrunde. Pessimistischer zeigt sich da Karlheinz Weißmann, IfS-Mitbegründer und bis 2014 Mitherausgeber der *Sezession*: Die Zersetzung in Form der permanenten sexuellen Revolution schreite fort, »und es gibt keine Bastion, die sie nicht nehmen, keinen hinhaltenden Widerstand, den sie nicht zermürben könnte« (2010a:1).[43]

Der Feind von außen droht also mit Ein- und Unterwanderung. Dazu befähigt wird er jedoch durch die Kräfte der Verschwulung und Verweiblichung, die des Volkskörpers Abwehrkräfte schwächen. Der Hauptfeind steht somit im Innern – es sind, da sind sich die zitierten *Sezessions*-Autor/innen einig, die queeren Bewegungen und Gruppen.

Gender auf Evolutionsbiologisch?[44] Ulrich Kutschera

Gute Aussichten für das deutsche Volk erkennt der Evolutionsbiologe und anti-queere Aktivist Ulrich Kutschera, seines Zeichens Mitglied im Kuratorium der AfD-nahen Desiderius-Erasmus-Stiftung. Seine Zuversicht verdankt er der natürlichen Auslese des Erbguts: «Da diese Menschen zur zweigeschlechtlichen Fortpflanzung unfähig sind (Befruchtungen, d. h. Sex-Akte, können die meisten Homoerotiker nicht vollziehen),

43 Der Siegeszug der sexuellen Revolution hat für Weißmann menschheitsgeschichtliche Dimensionen. Er zitiert das Diktum Papst Benedikt des XVI. von der »Zivilisation des Todes«, die hier zur Macht gelangt sei (2010a:1) und schreibt »von den 6000 Jahren der Hochkultur [..], die beendet wurde durch Freisetzung jener destruktiven Kräfte« der anarchischen Sexualität (2010b:15).

44 Für eine deutlich von Kutschera abweichende, gendertheoretisch informierte Einführung in die Biologie der Geschlechter siehe Ah-King (2014) oder Voß (2011).

werden sie in gewisser Weise von der Natur bestraft, denn ihr Erbgut wird über die natürliche Auslese aus dem Genpool verschwinden« (Kutschera 2017). Eine politische Diskriminierung von Schwulen und Lesben sei daher nicht vonnöten und auch moralisch nicht angezeigt. «[Zu] heteronormalen Bürgern umerzogen werden« könnten die Betroffenen, insbesondere die männlichen, »nach derzeitiger Faktenlage« (ebd.) ohnehin nicht.

Ebenso fehlgeleitet aber ist nach Kutschera die Ausweitung des Eheprivilegs auf Homopaare. Hierzu liefert er zwei Begründungen, die zentrale Topoi anti-queerer Bevölkerungspolitik betreffen. Der erste ist das in seiner Analyse doppelt gefährdete Kindeswohl. Zunächst einmal sei die Ersetzung der Mutter durch einen zweiten Vater bzw. des Vaters durch eine zweite Mutter »eine Verletzung des elementarsten Menschenrechts, das überhaupt existiert« (2017). Dies gelte auch, wenn ein lesbisches Paar mithilfe assistierter Reproduktion ein Kind bekommt:

> »Das bemitleidenswerte Befruchtungs-Produkt muss dann z.B. im Kindergarten sagen: ›Mein Papa ist meine zweite Mama‹. Um das durchzuboxen, wird die von Kindesmisshandler John Money eingeführte, widernatürliche Früh-Sexualisierung betrieben, die ich als geistige Vergewaltigung Schutzbefohlener interpretiere.« (Kutschera 2017)

Inwieweit die Bezeichnung als »Befruchtungs-Produkt« einer würdevollen Kindererziehung zuträglich ist, mag fraglich erscheinen. Offen bleibt auch, wer da auf welche Weise »Frühsexualisierung« betreibt, inwiefern diese »widernatürlich« ist und wie genau der Sexualforscher John Money diese in deutschen Kindergärten »eingeführt« hat.[45] Jedenfalls aber ruft Kutschera hier eine Reihe von Konzepten auf, die für wesentliche Diskursstränge anti-queerer Ideologie konstitutiv sind: Das gefährdete Kind, die widernatürliche Frühsexualisierung, die ideologische Durchsetzung

---

45 Moneys Rolle in der Entwicklung von Normen und Praxen der fremdbestimmten Behandlung trans- und intergeschlechtlicher Menschen (etwa im Fall David Reimers) haben ihm durchaus auch von queerer und feministischer Seite scharfe Kritik eingebracht (vgl. Serano 2007:136; Butler 2012:99ff.; Intersex Society of North America o.D.); auch hat er mindestens grenzwertig liberale Thesen zu Pädophilie hervorgebracht, die weder in der queeren Theoriebildung noch in der Szene als konsensfähig gelten können. Allerdings hat er auch wichtige Beiträge zum Gender-Begriff geleistet. Daher und wohl auch aufgrund seiner Angreifbarkeit machen anti-queere Akteure wie z.B. Zastrow, Kuby oder *Besorgte Eltern* vor allem ihn und Judith Butler zum geistigen Elternpaar dessen, was sie als Genderideologie bezeichnen.

von diffusen, aber markig benannten Formen der Kindesmisshandlung und die Vergewaltigung durch Aufklärung.[46]

Hinzu kommen in Kutscheras Prognose die körperlichen Übergriffe auf adoptierte Kinder. Während in heteronormalen Familien »ein genetisch verankertes Inzucht-Verbot« (ebd.) die Grenzen der Kinder schütze, bestehe für Kinder mit schwulen oder lesbischen Stief- und Adoptiveltern ein erhöhtes Risiko. »Sollte das Adoptionsrecht für Mann-Mann- bzw. Frau-Frau-Erotikvereinigungen kommen, sehe ich staatlich geförderte Pädophilie und schwersten Kindesmissbrauch auf uns zukommen«, mahnt Kutschera (2018) und spricht an anderer Stelle von einem möglichen »Horror-Kinderschänder-Szenario, über das man nicht weiter nachdenken möchte – die ›Ehe für alle drei‹ wird dann kommen« (2017).

Der zweite von Kutschera angeführte Grund gegen die Ehe für Alle ist unmittelbarer gesamtgesellschaftlicher Natur: Es geht um die Frage der Bevölkerungspolitik aus evolutionsbiologischer Perspektive. »Bevölkerung heißt Population, und Populationen sind definiert als Fortpflanzungsgemeinschaften«, definiert Kutschera und hält fest: »Die wichtigste Aufgabe von Staatsführern besteht darin, die ihnen anvertraute Population aufrecht zu erhalten« (2017). Nun sind aber aus Sicht des Biologen »Homo-Paare, d. h. Mann-Mann- bzw. Frau-Frau-Verbindungen, [...] sterile, a-sexuelle Erotik-Duos ohne Reproduktions-Potenzial« (ebd.), ergo nicht Teil der Bevölkerung und nicht als gesellschaftlich nützliche Ehe oder Familie zu schützen. Die »Gender-Rechnung« der Gleichstellung werde nicht aufgehen, schon aus demografischen Gründen: »Der Staat hat nichts davon, wenn er sterile Homo-Pärchen privilegiert, denn die Rente dieser Menschen muss von den Kindern aus fertilen Mann-Frau-Ehen aufgebracht werden – eine Ungerechtigkeit ersten Ranges« (ebd.).

Bio-Macht

Obgleich er kein explizit NS-konnotiertes Vokabular verwendet, drängt sich bei der Lektüre Kutscheras das Bild eines Volkskörpers auf, der sich eugenisch von sexuellen Anomalien reinigt. Dies allerdings geschieht

46 Der Schutz der kindlichen Unschuld ist eines der am häufigsten gebrauchten Argumente gegen Aufklärungsunterricht und Sexualpädagogik, insbesondere, wenn sie die Akzeptanz sexueller und geschlechtlicher Vielfalt zum Thema machen. Kritische Analysen der dabei aufgerufenen anti-queeren Bilder von Kindern und Kindheit finden sich z.B. bei Schmincke (2015), Kämpf (2015) oder Sager (2018).

nicht komplett naturwüchsig-selbsttätig, sondern soll offenbar bevölkerungspolitisch gefördert werden. Den Zusammenhang des rigiden Regimes der Zweigeschlechtlichkeit mit der Herausbildung einer Biomacht, die eine normierte Sexualität – auch mittels der Begrifflichkeiten der Biologie – hervorbringt, hat Michel Foucault (1983) mit Bezug auf das 19. Jahrhundert untersucht. Informiert von den aufstrebenden Lebens-, den Human- und den Sozialwissenschaften bildeten sich in dieser Zeit Formen von Biopolitik: Ihr machtvolles Streben war stärker darauf gerichtet, ins Leben zu rufen, als in der Façon mittelalterlicher Herrscher den Tod zu bringen. Letzteres wurde vom zelebrierten Spektakel zur bitter notwendigen *ultima ratio*: Getötet wurde wohl mehr denn je, aber ausschließlich im erklärten Interesse des Lebens und zum Schutze der Bevölkerung. Nicht der Wille des Monarchen bestimmte mehr über Leben und Tod, sondern die (pseudo-)wissenschaftlich festgestellten Bedarfe des jüngst entdeckten Gattungskörpers. Diesen unter Einsatz aller Gewalt vor Gefahren zu bewahren, reichte jedoch nicht aus: Im Sinne des Wachstums und der Besserung von Nation, Volk oder Rasse sollten die darin integrierten Einzelnen sich einerseits disziplinieren, andererseits mehren. Ersteres geschah in Institutionen wie der Schule, dem Gefängnis oder der Kaserne; Letzteres wurde angereizt durch die Diskursivierung des Sexes. Durch diese wurden seine Normalitäten und Perversionen, seine Funktion und Wichtigkeit für Identität, Persönlichkeit und Gesellschaft zum Dauerthema – wenn auch vielfach ostentativ verborgen unter Mänteln des sittlichen Schweigens. (Vgl. Foucault 1983:164ff.).

Wenn auch die Begriffe und Argumentationen sich in Teilen stark verändert haben: Die Beharrlichkeit, mit der anti-queere Akteur/innen Aufklärung sexualisieren (etwa die in der Einleitung erwähnte, eigentlich recht prüde verfasste *Queerformat*-Handreichung für Kita-Fachkräfte als »Sex-Broschüre« diffamieren, allerorts »Frühsexualisierung« und »geistige Vergewaltigung« wittern), bringt Spannung zurück in ein diskursives Feld, das den Zauber des Verborgenen verloren hatte. Es ist eine paradoxe Doppeldynamik, mit der hier das Sprechen über Sexualität mit oder von Kindern einerseits tabuisiert und verdrängt werden soll, gleichzeitig aber als Sex- oder Missbrauchsakt überinterpretiert wird und damit erst den abhanden gekommenen und offenbar vermissten Geruch des Skandalösen erhält. Besorgte Eltern reden die Sexualisierung herbei, die sie dann verbieten wollen. So wird der in Zeiten von Internetpornografie, Aufklärung und Verhütung banal gewordene Sex re-dramatisiert.

Zudem scheinen anti-queere Ideolog/innen zu wissen, dass das von ihnen hochgehaltene Regime der normierten Sexualität auf einer Verknüpfung von Fortpflanzung und Sex, Geschlechterrolle und sexueller Orientierung beruht: Zusammengenommen ergeben sie das Konstrukt einer vermeintlich natürlichen, identischen Einheit, das Geschlecht. Diese Einheit liegt verschiedenen Anknüpfungsmöglichkeiten von biologistischen, nationalistischen und religiösen Weltsichten mit dem weit verbreiteten Alltagsverständnis zugrunde: Geschlecht ist demnach natürlich gottgewollt, Basis des Volkes oder einfach normal, jedenfalls aber eine Essenz, die eben *da* ist, sich nicht wandelt, noch vergeht. Wohl weil sie diese Logiken untergraben, sind die Vorstellung von Regenbogenfamilien und der Anblick von Menschen, die mit der ihnen zugeschriebenen Geschlechterrolle brechen, die ihre geschlechtlichen Ausdrucksformen fluide verändern oder die sich überhaupt nicht für die Zuschreibung einer vermeintlich eindeutigen Männlichkeit oder Weiblichkeit eignen, den anti-queer affizierten Personen so zuwider. Deren Lebensrealitäten brechen mit der Binarität, auf der diese ihr Selbst- und Menschenbild aufbauen. In allen klassisch biopolitischen, vor allem aber in völkischen Spielarten werden die binären Geschlechter zu Modulen einer übergeordneten Einheit: Wie als Teile einer Matrjoschka-Puppe gilt im anti-queeren Nationalismus die gefestigte geschlechtliche Identität als Kernbestandteil der gelungenen Ehe und diese wiederum als Keimzelle der Volksgemeinschaft.[47] Wird dieses System an der Basis irritiert, droht im Großen der »Volkstod« – so der neonazistische Begriff (kritisch: Petersen & Hindemith 2015).

Wenn derlei Ideologeme offen geäußert werden, mag es möglich sein, sie als extremistisch zu brandmarken und zu marginalisieren. Doch dessen unbenommen verfolgen auch die weniger lauten staatlichen Institutionen weiterhin Biopolitik. Von der Familien- und Bildungs- über die Gesundheits- bis zur Steuerpolitik regulieren und disziplinieren sie das Leben der Bevölkerung, während sie zum ›Schutz der Außengrenzen‹ eine größtenteils passive, aber tödliche Aggression an den Tag legen. Anti-queere Kräfte wollen beides verschärfen.

47 Für weitere Analysen des Verhältnisses von Geschlecht, Familie und Volk siehe z.B. Winter (2018b), Kemper (2014a) oder Lehnert (2010).

1.3 Die Ebene der Einzelnen

»Tout notre raisonnement se réduit à céder au sentiment.«[48]

Blaise Pascal (1623 – 1662) in Pensées (1907:70)

Attraktivitätsparadoxien

Es scheint doch widersprüchlich: Warum sollten Individuen an starren Rollenbildern und Hierarchien festhalten, die sie selbst und ihre Mitmenschen in ihren Ausdrucksmöglichkeiten einschränken?

Andreas Hechler und Olaf Stuve sprechen von »Geschlechteranforderungen« (2015a:9), deren Last dazu beitrage, Menschen zu Diskriminierung und Gewalt zu treiben. Es gibt einerseits vielfältige Impulse, die von rigiden Geschlechterregimen unterdrückt werden und sich Ventile suchen – eine Form des Unbehagens in der Kultur (Freud). Andererseits gibt es Faktoren im Affekthaushalt der Einzelnen, die gerade diese Ausbruchsversuche im Keim ersticken, sie umleiten oder einen Gegenpol zu ihnen bilden: Die Suche nach Anerkennung (Honneth) und die eigene Subjektivierung innerhalb des Geschlechterregimes (Butler).

Sigmund Freud (1930/1999) hatte festgestellt, dass es zwar möglich sei, eigene Triebimpulse den äußeren Realitäten anzupassen, sie gewissermaßen zu zähmen, zu zivilisieren. In unserem Beispiel würde dem entsprechen, das Ausleben und vielleicht sogar die innere Wahrnehmung sexueller und aller anderen geschlechtsbezogenen Impulse so zurechtzustutzen, dass sie einer der sozial akzeptablen Geschlechterrollen entsprechen. Dieses Vorgehen sichert die Zugehörigkeit zur Schutz spendenden Gemeinschaft und bewahrt vor Sanktionen, reduziert aber auch die Genussmöglichkeiten: »Das Glücksgefühl bei Befriedigung einer wilden, vom Ich ungebändigten Triebregung ist unvergleichlich intensiver« (1930/1999:437). Daher stamme der beharrliche Reiz, der von perversen Impulsen und verbotenen Handlungen ausgehe. Und darin liege auch die Heftigkeit begründet, mit der die Einrichtungen der Kultur, die zwar viel nützen, aber doch kein dauerhaftes großes Glück zu garantieren vermögen, beizeiten infrage gestellt und sogar verdammt werden. Das wirkt sich im Felde anti-queerer Ideologie auf doppelte und scheinbar widersprüch-

48 Sinngemäße Übersetzung: »All unsere Überlegungen laufen darauf hinaus, dem Gefühl nachzugeben.«

liche Weise aus: Zum einen versuchen die Akteur/innen, im Zusammenschluss der Gemeinschaft den kollektiv erzwungenen Triebverzicht gegen die Einzelnen durchzusetzen und damit eine Grundlage aller Kultur zu schützen. Gleichzeitig aber projizieren sie *eigene* verbotene Gelüste auf die Minderheiten und bekämpfen sie dann an ihnen, wohl um selbst als wackere Verteidiger ebenjener kultureller Schranken dazustehen, aus denen sie nur zu gern ausbrechen würden. Paradoxer-, aber funktionalerweise räumt die Sanktion individueller Abweichung der ausgrenzenden Mehrheit wiederum eine Triebbefriedigung ein, die eigentlich kulturell beschränkt ist: Die normkonforme Masse darf, je nach Grad des Autoritarismus der Gesellschaft, der Versuchung nachgeben, ihre ansonsten kontrollierten Aggressionsneigungen am Anderen auszuleben. Mit Freud gesprochen: Das Strafbedürfnis des eigenen schlechten Gewissens, das mit den eigenen perversen Impulsen ringt, darf sich am für schuldig befundenen Anderen ausagieren (vgl. S. 483). Darin mag gleichzeitig der Drang nach Selbstbestrafung für deviante Gedanken und Gelüste insofern Befriedigung finden, als der Strafende im Bestraften auch immer ein Stück weit sich selbst erkennt: Menschen sind doch beide.

So werden auch die Rufe nach Sicherheit und Ordnung plausibel, die gerade in ebenjener Ecke des Diskursfeldes laut werden, aus der die digitalen Kommunikationskanäle mit Wellen von Drohungen und Beleidigungen überschwemmt werden, während zugleich die Zahlen rassistischer Straftaten in die Höhe schnellen. Es ist ein Faszinosum des Faschismus, dass die Verteidigung seiner rigiden Geschlechter- und Grenzregime ihren Wächtern eine punktuelle Triebenthemmung erlaubt, an deren Stelle der Rechtsstaat nur die schal sublimierte Form der Klage auf Durchsetzung der Gesetze kennt.

Mit Axel Honneth (1994) können wir einen positiveren Blick auf die Faktoren werfen, die zur Anpassung der Einzelnen an kulturelle Normen beitragen. Honneth fokussiert das Streben nach Anerkennung. Anerkennung erlaubt es den Individuen, sich aus der Perspektive ihres Gegenübers als soziale Adressat*innen zu begreifen, sich im sozialen Spiegel selbst zu erkennen (vgl. S. 148ff.). Daraus ziehen sie auch ihre, mithin sozial vermittelte, Autonomie. Nun ist die Frage: Als wer und als was werde ich anerkannt? Honneth setzt als früheste und fundamentale Stufe der Anerkennung die Liebe. Liebe aber findet typischerweise in geschlechtsbezogenen Konstellationen statt: Schon kleine Kinder wissen sich in der Regel (wenn auch längst nicht alle und frühestens ab 3 Jahren, vgl. Kasüschke

2008:193) als Junge oder Mädchen zu identifizieren. Und schon im Kindergarten überwachen sie die Einhaltung der Geschlechternormen ihrer Lebenswelt (vgl. Prengel & Rendtorff 2008:18). Sie werden geliebt als Sohn oder Tochter, und sie lernen einander zunehmend als Jungen oder Mädchen kennen. Während die Grundschulzeit eine leichte Relativierung der Gendernormen mit sich bringt (vgl. ebd.), sind später erste nicht auf die eigenen Eltern bezogene Liebesgefühle und -praxen wiederum meist heteronormativ geprägt, im Einklang mit kulturellen Repräsentationen. Wenn sie selbst Eltern werden, erhält die neue Rolle als Mutter – Inbegriff der Weiblichkeit – und Vater – klassischerweise Beschützer und Versorger – wohl für die meisten Menschen eine starke identifikatorische Funktion.

Wenn also die Liebe als grundlegende Form der Anerkennung in der Regel vergeschlechtlicht empfangen und gegeben wird, und die Anerkennung als Grundvoraussetzung persönlicher Autonomie fungiert, dann kann es existenziell bedrohlich wirken, wenn Geschlechterrollen aufgebrochen werden. Als wer werde ich dann noch geliebt und anerkannt? Wie soll meine Objektwahl ablaufen? Wie kann ich mich überhaupt sozial verorten, wenn ich das nicht mehr als Frau oder als Mann tun soll?

Selbstverständlich verlangt kaum eine queere Kritik von den Einzelnen, ihre Identitäten von heute auf morgen hinter sich zu lassen. Doch die teils regelrecht panisch anmutenden Warnrufe vor dem Ende der Familie und aller zwischenmenschlichen Beziehungen, auf das der ›Genderwahn‹ hinwirke, sprechen Bände in Bezug darauf, welche Verunsicherung die bloße Infragestellung der Zwangsläufigkeit binärgeschlechtlicher Identitäten auszulösen vermag.[49] Es ist daher kaum verwunderlich, wenn Individuen auf diese Prekarisierung zornig reagieren: Sie wähnen sich im Kampf um ihre Anerkennung als vergeschlechtlichte Subjekte.

Weitere wichtige Hinweise auf die Formierung der gewissermaßen allergischen Überreaktion auf Verflüssigungen des Geschlechterverständnisses liefert Judith Butler (2001) mit ihrer von Foucault inspirierten Theorie der Subjektgenese. Das Subjekt, argumentiert sie, ist nicht einfach ein

---

49 »Innere Freiheit erlangt der Mensch, wenn er lernt, seine Begierden durch bindungsbereite Liebe zu kultivieren«, schreibt zum Beispiel Gabriele Kuby (2014:36) – das heißt für sie: in der Familie. Menschen hingegen, die das Begehren nicht heteronormativ gebändigt sehen wollen, »bahnen für ihre Zeitgenossen den Weg ins persönliche und soziale Chaos« (ebd.): Das ist die »Zerstörung der Freiheit im Namen der Freiheit« (ebd. S. 21).

Synonym fürs Individuum: Es ist die soziale Entität, die in der Unterwerfung unter diskursiv bestimmte Normen entsteht. Dieser Prozess ist nicht vollkommen repressiv und wird auch nicht nur passiv erduldet: »Eine *auf* das Subjekt *ausgeübte* Macht, ist die Unterwerfung doch eine *vom* Subjekt *angenommene* Macht« (S. 16). Die Subjektivierung beinhaltet die »leidenschaftliche Verhaftung« (S. 12) an jene, von denen das Individuum von Anbeginn an abhängig ist: den Eltern und/oder anderen Bezugspersonen. Kein kleiner Mensch, der nicht die Geborgenheit des Getragenwerdens genießen würde – einer ganz eigenen Form des Beschütztseins: Sie zeichnet sich durch die Verhinderung des Fallens aus, das durch sie erst faktisch möglich wird, doch für das geborgene Kind undenkbar bleibt. Wer gehalten wird, fühlt sich im Idealfall *sicherer*, als wer alleine, ganz gefahrlos, dasitzt. Das Hochheben und Halten ist eine Verkörperlichung dessen, was sprachliche Anerkennung für die Persönlichkeit bedeutet.

In einem später einsetzenden Prozess muss das werdende Subjekt sich aber auch in den Systemen gesellschaftlicher Positionierungen einfinden: Es ist »genötigt, nach Anerkennung seiner eigenen Existenz in Kategorien, Begriffen und Namen zu trachten, die es nicht selbst hervorgebracht hat, und damit sucht es das Zeichen seiner Existenz außerhalb seiner selbst – in einem Diskurs« (S. 25).[50] Anders gesagt: »Mein ›Ich‹ ist aus den ›Dus‹ hervorgegangen, die an mich gerichtet wurden« (Jaquard 1996:21). Dass dieser Diskurs zwischen den Subjekten stattfindet, wo er reproduziert und transformiert wird, ist eine Basis zwischenmenschlicher Beziehungen. Es bringt aber auch eine große Verwundbarkeit gegenüber den anderen mit sich. So wachsen die Einzelnen damit auf, Zuschreibungen zu erhalten, die immer auch eine limitierende und oft genug eine ver-

50 Ein konkretes Beispiel hierfür liefert Heather Hofmeister (2016:663): Sie referiert Forschungsergebnisse, nach denen Jungen und Mädchen in kulturellen Kontexten mit postmodernen Werten und Freiheiten *stärker* als anderswo dazu neigen, klischeehaften Schulfachvorlieben zu entsprechen: »Gender differentiation is a way individuals set themselves apart in national contexts where the freedom to express oneself is available. [...] Because girls and boys have identity projects, and because preferences like being against or for math and science can help establish a gender identity, girls and boys use this tool.« Sinngemäße Übersetzung: »In Ländern, wo sich Menschen frei ausdrücken und ausleben können, ist die Geschlechterdifferenzierung eine Möglichkeit, sich von anderen abzuheben. [...] Weil Mädchen und Jungen Identitätsprojekte verfolgen, und weil Vorlieben, wie mehr oder weniger mathe- und naturwissenschaftsbegeistert zu sein, dabei helfen, eine Geschlechtsidentität auszubilden, nutzen Mädchen und Jungen diese Möglichkeit.«

letzende Komponente enthalten. Weil diese ihre Existenzweise in der Gesellschaft bedingen – sie leben *als* Junge oder Mädchen, später vielleicht *als* Schwuchtel oder Schlampe – und »weil sich ein gewisser Narzißmus jeder existenzverleihenden Bedingung bemächtigt, begrüße ich schließlich die mich verletzenden Bedingungen, denn sie konstituieren mich sozial« (Butler 2001:99).

Nochmals komplizierter wird es, wenn sich die Regeln dieser Zuschreibungen und Benennungen verändern. Wer im Feld der Sprache und der sozialen Wahrnehmung interveniert, berührt damit schnell meine Existenz. Es käme darauf an, diese Berührung als eine potenzielle Erweiterung meines Handlungsraumes zu begreifen; anti-queer affizierte Subjekte neigen jedoch dazu, jede Aufweichung der Grenzen sozialer Kategorien als Angriff auf ihre sozialen Existenzbedingungen zu verstehen.

Und so erscheint es ihnen im Sinne des Kulturerhalts und der Aggressionsableitung, des Erhaltens von Anerkennung und des Erhalts des eigenen Subjektstatus zweckmäßig, sich der herrschenden Geschlechterordnung zu unterwerfen und sie zu verteidigen.

Angebote der Entlastung: anti-queere Funktionalität

Von rechts[51] werden derweil Angebote der Entlastung von Geschlechteranforderungen durch Vereindeutigung und Komplexitätsreduktion gemacht. Hierbei sollen Modernisierungen zurückgedreht werden, sodass Frauen wieder Frauen (d.h. Mütter und Hausfrauen), Männer wieder Männer (d.h. Alleinernährer und echte Kerle) sein könnten und sich um die erweiterten Anforderungen (Berufstätigkeit und Karriere für die Frauen, Emotionalität, Bindung und Care-Arbeit für die Männer) erleichtert fühlen können. Gleichzeitig werden traditionelle Normen aufrechterhalten und die Einhaltung der Rollen wird genau überwacht. Das befreit von Verunsicherungen und Aushandlungsprozessen: Was als natürliche oder als einzig gesunde und normale Umgangsweise festgeschrieben ist, muss weder durchdacht noch kritisiert oder verändert werden. Das macht die Dinge einfacher – zunächst. Aber letztlich werden so ja nur die alten Anforderungen verschärft wiedereinführt. Das verurteilt den Großteil der so Sozialisierten zum Scheitern, ist doch die Norm ein Referenzpunkt,

51 Die hier folgende Überlegung ist Hechler & Stuve (2015b:58) entlehnt, die sie analog für Neonazismus aufstellen. Sie scheint mir jedoch nicht auf rechtsextreme Kreise eingrenzbar. Umgekehrt scheint aber auch keine Analogie von linker Seite vorzuliegen. Daher diese politische Zuordnung.

von dem die Einzelnen in wechselndem Ausmaß abweichen, den sie jedoch nie ganz erreichen.[52]

Und doch wäre eine Analyse, die rechte Geschlechterideale schlicht als Denkfehler oder Idiotie abtut, verkürzt.

In ihrer Anwendung der Kritischen Psychologie auf Sexismus und Antifeminismus plädiert Katharina Debus (2014a, 2015) für die These kompetenter, d.h. begründet handelnder Subjekte. Dabei setzt sie später an als Butler, fragt also nicht nach der ursprünglichen Genese des Subjekts, sondern nach seinem Umgang mit den gegebenen gesellschaftlichen Bedingungen im Sinne politischer Praxen.

Subjekte im Sinne der Kritischen Psychologie handeln also begründet. Die gesellschaftlichen Verhältnisse bieten hierfür jedoch nur gewisse Spielräume: ökonomisch-materielle Gegebenheiten begrenzen einen, je nach sozialer Stellung verschiedenen, Rahmen des praktisch Möglichen; Diskurs und Ideologie bestimmen, was denk- und sagbar ist; und Institutionen geben vor, was rechtlich legitim ist und sanktionsfrei machbar ist (vgl. Debus 2014a:73ff.). Diese Instanzen stellen dem Subjekt also ökonomische, institutionelle und kulturelle Mittel zur Verfügung, setzen aber auch Begrenzungen. Innerhalb dieses Rahmens kann das Subjekt nun zunächst den ihm gegebenen Spielraum nutzen, der komfortabel groß, aber auch winzig klein sein kann. Unter besonders widrigen Umständen kann dann sogar selbstschädigendes Verhalten die vergleichsweise beste situative Lösung sein, sozusagen das geringere Übel (vgl. Holzkamp 1987a:10).

Zudem sind die sozial vermittelten Ressourcen an Anforderungen gekoppelt: Zum Beispiel muss ich mich als Bürger*in ausweisen, um bestimmte Leistungen beziehen zu können, oder als Frau, um an bestimmten feministischen Diskursen teilzuhaben. Wenn ich an den Anforderungen scheitere, etwa trotz Lohnarbeit die Mieten der Metropole nicht bezahlen kann, scheint zunächst alles auf einen individuellen Mangel hinzudeuten. Denn andere schaffen es ja. Um wenigstens noch einen Rest der eigenen Interessen durchsetzen zu können, besteht der Anreiz, sich der Fremdbe-

52 Grundlegender attestiert Butler *jeder* subjektiven Identität eine zwangsläufige Unvollkommenheit, ja ein Scheitern, ist sie doch auf die ständige Reartikulation angewiesen, auf die immer neue performative Bestätigung, und wird doch fortdauernd durchs Unbewusste destabilisiert (vgl. 2001:93, 95). So fülle ich mit jedem Ankleiden, mit jedem Sprechakt usw. die Form meiner geschlechtlichen Identität neu aus und kann mir doch nie sicher sein, welche verstörenden Impulse mein Es heute für mich bereithält, welche Konflikte mein Ich und Über-Ich unbewusst mit ihm ausfechten, um meine Identität zu wahren.

stimmung der Verhältnisse besonders gut anzupassen und in Konkurrenz zu anderen einen kleinen Vorteil herauszuschlagen, z.B. dem Willen des Chefs zu entsprechen, obwohl ich ihn nicht ausstehen kann. Denn sich gegen die als übermächtig erlebten Autoritäten aufzulehnen und ihren Zorn zu provozieren, mag als noch selbstschädigender eingestuft werden. Das ist rationales Handeln im eingeschränkten Handlungsraum: Das Subjekt entwickelt auf der individuellen Ebene eine Verhaltensstrategie, von der es sich Schadensbegrenzung und Interessendurchsetzung verspricht. Von außen betrachtet mögen diese Umgangsweisen unsinnig, selbst- oder fremdschädigend erscheinen; aus Perspektive des Subjekts aber ergeben sie einen Sinn – der sich wiederum aus begrenzten Ressourcen und hohen Anforderungen, aber auch aus einer fehlerhaften Analyse der eigenen Lage ergeben mag.

Privilegiensicherung und -legitimation

Debus (2014a) erweitert das Blickfeld der Kritischen Psychologie um einen weiteren Aspekt. Demnach muss es keineswegs immer mit Selbstkasteiungen einhergehen, wenn Subjekte sich auf eine restriktive Handlungsfähigkeit einlassen: Ihre konkreten Interessen können auch mit dem Erhalt der gesellschaftlichen Hierarchien zusammenfallen. Das ist etwa dann der Fall, wenn sie die eigene Privilegierung zu sichern und zu rechtfertigen suchen.

Zum Privileg wird ein Recht oder ein Genuss, wenn andere von ihm ausgeschlossen sind. Ist der Einzelne an seine Privilegierung gewöhnt und sieht sie als rechtmäßig an, dann kann ihm sogar die Gleichstellung anderer als Angriff erscheinen, degradiert sie doch seinen Vorteil zur gleichen Teilhabe. So wird aus der Öffnung der Ehe eine Bedrohung der bürgerlichen Familie.[53] Um die scheinbare Selbstverständlichkeit der eigenen Bevorteilung zu gewährleisten, bedarf es jedoch stets auch einer Rechtfertigung.

Fester Bestandteil neoliberaler Ideologie ist die Meritokratie: Leistung muss sich lohnen, und *nur* Leistung soll belohnt werden. Wenn zugleich die Ungleichheit zwischen den Menschen zunimmt und dabei lang etablierten Strukturkategorien folgt, also einige weiße Männer immer mehr, die weltweite Mehrheit der Menschen of Color im Verhältnis dazu immer weniger besitzt, und wenn auch in den Metropolen des Wohlstands dieje-

53 Das Beispiel entnehme ich einem Aufsatz von Mayer & Sauer (2017b:56)

nigen, die nicht jeder Norm entsprechen,[54] regelmäßig an gläserne Decken stoßen, dann braucht der privilegierte Einzelne eine Legitimation für seinen Erfolg. Das Leistungsprinzip eignet sich schon einmal gut. Und Irritationen darüber, dass z.B. so wenige Frauen und andere nicht-männliche Geschlechter den Weg nach oben schaffen, können mit dem Verweis auf mangelnden Willen, eine Kultur der mangelnden Anstrengung oder gleich mangelnde natürliche Fähigkeiten wahlweise individualisiert, kulturalisiert und/oder naturalisiert – und damit anti-queer bereinigt werden.[55]

Weil auch Privilegierte mit durchaus massiven Anforderungen konfrontiert sind, etwa allzeit souverän und selbstbeherrscht agieren müssen, um ihrer Rolle gerecht zu werden, kann dennoch auch ein gemeinsames Interesse mit Unterdrückten bestehen, die Verhältnisse zu ändern. Wenn Subjekte sich zusammenschließen, um jenseits der individuellen Ebene etwas an der (Im-)Balance von Ressourcen und Begrenzungen, Anforderungen und Verhaltensstrategien zu ändern – sei es in Kollektiven und Bewegungen Benachteiligter oder in gemischten Organisationen – dann spricht Debus im Vokabular der Kritischen Psychologie vom »erweiterten Handlungsraum« (2014a:84).

Ob anti-queere Akteur*innen selbst erhoffen, mit ihrer Ideologie diesen erweiterten Handlungsraum zu erreichen, wäre eine lohnende Forschungsfrage. Immerhin zielen sie ja auf eine kollektive Identifizierung zwecks einer Verschiebung der Machtverhältnisse ab, bis hin zur Rede von der Konservativen Revolution. Gleichzeitig aber naturalisieren sie Ungleichheiten und versuchen, den Raum des politisch Aushandelbaren zu verengen, wenn sie etwa den ›Firlefanz‹ sexueller und geschlechtlicher Diversität und Selbstbestimmung ad acta legen wollen. Damit dürften sie eine destruktive Dialektik in Gang setzen, in der anti-queer affizierte Subjekte gemeinsam die Verhältnisse verändern, um letztlich über umso stärker restringierte individuelle Handlungsräume zu verfügen. Diese Dynamik greife ich zum Ende des Kapitels noch einmal auf.

---

54 Streng genommen entspricht kein Mensch einer Norm; es gibt nur jene, die den Normen oberflächlich näherkommen (Stichwort alte, weiße Männer) und jene, die zu diesem Kreis ganz offensichtlich nicht dazugehören (z.B. Frauen, People of Color, und/oder Menschen mit auffallend queerem Geschlechtsausdruck).

55 Zu verschiedenen, problematisierenden und legitimatorischen, Erklärungsformen für sexistische Ungleichheit am Beispiel der Wissenschaft siehe Hofmeister (2016). Zur Funktionalität von Naturalisierungen im Neoliberalismus vgl. Hechler & Stuve (2015a:27ff) sowie Debus (2015).

Die kompetenten Subjekte unterwerfen sich also den Strukturen, um sich möglichst schadlos zu halten, und schlagen dabei die Vision der Emanzipation in den Wind. Doch ist ihre instrumentelle Vernunft nicht das einzige Band, das die Einzelnen an die Sozialstruktur bindet. Um diese Verstrickung ganz zu begreifen, müssen wir auch das »*Verlangen* nach Unterwerfung« (Butler 2001:24, meine Hervorhebung) in den Blick nehmen, die irrationale Seite der Subjektivierung mit ihrer Mythenvernarrtheit und Emotionalität.

Völker seien »Ausgeburten der Lust [...] am Selbst- und doch nicht Vereinzeltsein«, sagt der bereits zitierte Liedermacher Friedrich Baunack (2013:38). Selbstsein und doch nicht vereinzelt: Ab frühester Kindheit, ja im Grunde ab der Geburt, haben es Menschen mit der Dialektik von Selbst und Anderem, Individualität und Gemeinschaft zu tun. Der völkische Nationalismus hat hierauf eine Antwort parat: das Aufgehen des Einzelnen im Volke. Das bietet die nötige Abgrenzung, um nicht völlig zu zerfließen – nämlich die von den ›anderen Völkern‹. Und es schafft die nötige Gemeinschaft, um sich geborgen, wohlig-eingebettet in Historie, Kultur und rassialisiertem Kollektivkörper zu fühlen. »Das entscheidende Merkmal ist die Verwandtschaft«, erklärt Andreas Vonderach (2013:4f.). Er rechnet in der Folge nach, dass »alle Deutschen fast sämtliche vor dem Jahr 1200 lebenden Ahnen gemeinsam haben« (ebd. S. 5) – ein stark verengter Volksbegriff, dessen Anziehungskraft in seiner Körperlichkeit liegt: Demnach sind es die Gene, ist es das Blut, das uns verbindet. Die Ähnlichkeit von Körpern wird so zum Ausdruck der gemeinsamen Vorväter. Das Wissen darum, dass alle Mühen der körpervermessenden Rassenbiologie keine tragfähige Taxonomie hervorgebracht haben, kann der Sehnsucht nach dem gemeinsamen Volkskörper nur bedingt etwas entgegensetzen.[56]

Auch Männerkörper und Frauenkörper sind Kollektivkörper. Ihre vermeintliche Eindeutigkeit und die vermeintliche Unhintergehbarkeit

56 Die biologische Taxonomie der Tiere ordnet diese in Stämme, Ordnungen, Familien und Arten ein. Die Differenzmarker hierbei sind z.B., ob ein Tier eine Wirbelsäule hat oder nicht. Dass auch diese Klassifikationen der Tierwelt in einem problematischen geistesgeschichtlichen Kontext stehen, sei hier einmal dahingestellt. Fest steht, dass die verschiedenen und widersprüchlichen Versuche, Menschen in eindeutig abgrenzbare Gruppen – also ›Rassen‹ – einzuteilen, als endgültig gescheitert gelten müssen.

ihrer Gemeinsamkeiten bedingen Gefühle der Zugehörigkeit, die, vielfach kulturell aufgeladen, zum Gegenstand kollektiver Identifikationen werden. So weiß die/der Einzelne, wohin er/sie gehört und woran er/sie beim Gegenüber ist. Denn zusätzlich liefert die Vergeschlechtlichung der Körper eine Heuristik, die am Kriterium des (vermuteten) Genitals anknüpft. Ihr weitläufiges Netz sozialer Orientierungspunkte deckt von angemessener Kleidung und typischer Körpersprache über Fähigkeiten des Einparkens und Zuhörens bis zu Vorlieben in Fragen der Freizeitgestaltung alle möglichen und unmöglichen Bereiche ab. Zwar wissen wir, dass keine Heuristik jedes individuelle Verhalten stets korrekt vorhersagt. Doch sorgt die soziale Sanktionierung allzu großer Abweichungen im Zusammenspiel mit unserer selektiven Wahrnehmung dafür, dass unsere Alltagserfahrungen in der Regel eine hohe Übereinstimmung mit unseren Erwartungen aufweisen – und der daraus erwachsene ›gesunde Menschenverstand‹ die Tragfähigkeit binärgeschlechtlicher Vorurteile recht zuverlässig bestätigt.

Geschlechtlicher und völkischer Kollektivkörper geben klare Orientierungen in Form von Zugehörigkeiten und Abgrenzungen vor, bestechen durch ihre vermeintliche Greifbarkeit und Offensichtlichkeit, den Mythos des Immerdagewesenseins und die scheinbare Bestätigung in ureigenster Alltagserfahrung.

Darüber hinaus erlauben die begrenzten Kollektivierungen von Geschlecht und Volk ein kontrolliertes Abtauchen ins »›ozeanische‹ Gefühl« (Freud 1930/1999:425), in das »primäre Ichgefühl« (ebd.), das getragen ist von einer ungetrübten Verbundenheit von Selbst und Umwelt. Freud merkt an, dass schon die früheste Entwicklung die Scheidung der unvermeidlichen Unlustempfindungen vom positiv besetzten Ich erbringt: »Es entsteht die Tendenz, [...] ein reines Lust-Ich zu bilden, dem ein fremdes, drohendes Draußen gegenübersteht« (S. 424). Diese primitive Ordnung werde zwar in der weiteren Entwicklung von einer realistischeren und differenzierten Vorstellung abgelöst, verschwinde in diesem Prozess jedoch nicht völlig, sondern bleibe der Regression zugänglich, so Freud weiter. Es scheint plausibel, dass sowohl die Volksgemeinschaft als auch der Männerbund oder die Frauengruppe[57] solche regressiven Elemente in sich tragen, die ein ungetrübt lustvolles Aufgehen des indivi-

57 Dass Männerbund und Frauengruppe gesellschaftlich sehr verschiedene Rollen spielen und daher politisch ganz unterschiedlich zu bewerten sind, sei mit Blick auf den einen Aspekt der Regression hier einmal dahingestellt.

duellen Ich im Wir ermöglichen, indem alle Unlust, alle Probleme oder Gefahren auf das Außen projiziert werden.[58]

Anti-queer: Bestandteil eines autoritären Syndroms?

Unterwerfung, das lehrt uns also die subjekttheoretisch informierte Analyse, hat mehr mit Lust und Begehren zu tun als im Alltagssprachgebrauch angenommen. Aber selbstverständlich bleibt eine solche Eingliederung in Kollektive und ihre Normensysteme eine ambivalente Angelegenheit. Wie Freud (1921/1999) in *Massenpsychologie und Ich-Analyse* gezeigt hat, bringt die Verwirklichung bestimmter Wünsche als Teil einer Masse, deren Funktionsweise bestimmte andere Wünsche in den Hintergrund zwingt, beträchtliche innere Spannungen mit sich. Darin liegt ein Risiko: Die Ambivalenz der Unterwerfung ist potenzieller Nährboden des autoritären Syndroms. Dieses Phänomen haben Leipziger Wissenschaftler*innen jüngst in einer repräsentativen Studie untersucht und bei über 40% der Befragten festgestellt (vgl. Decker, Schuler & Brähler 2018:133ff.). Die Forscher*innen legten Konzepte der Frankfurter Schule zugrunde, die bereits in den 1930er- (Horkheimer, Fromm & Marcuse) bzw. 1950er-Jahren (Adorno und Kollegen) den Autoritarismus studiert hatten. Ihrer aktualisierten Definition nach zeichnet sich das autoritäre Syndrom aus durch a) Unterwerfungsbereitschaft nach oben, b) Aggression nach außen und c) eine strikte Betonung von Konventionen, die gern mit der Ablehnung von Fremdheit und Vielfalt und dem Glauben an finstere Verschwörungen einhergehen (vgl. Decker 2018:36). Auf der Ebene der Subjekte sind dies die Zutaten für eine faschistische Eskalation. Und anti-queere Ideologie, wenngleich in den bisherigen Studien vernachlässigt, passt verstörend gut ins Bild. Ihre Vertreter/innen zeigen sich a) gewillt, weitgehende Geschlechteranforderungen auf sich zu nehmen. So sieht z.B. Birgit Kelle die Hauptverantwortung für den Umgang mit Sexismus bei den Frauen (»Dann mach doch die Bluse zu«, 2013) und Ulrich Kutschera (2018)

58 Ohne das böse Außen übrigens geht es nicht: Es ist Ableiter der Ambivalenz, die jedes Kollektiv, ja jede Zwischenmenschlichkeit mit sich bringt. Denn die Anderen, die zu mir gehören – primäre Bezugspersonen, Freund*innen, Partner*innen – sind eigenständig; sie und nur sie können mir befriedigende Gefühle der Zusammengehörigkeit und der Vereinigung spenden, aber auch unerreichbar, beschäftigt oder situativ unzugänglich sein. Aus dieser stets möglichen Frustration resultieren Ängste und Wut. Will ich eine vollständig harmonische Wir-Identität konstruieren, muss ich diese Emotionen auslagern, dem Anderen zuordnen.

ist stolz auf seinen »enorme[n] Arbeitsaufwand« im »Dienste der deutschen Wissenschaft«. Sie legen b) eine erhebliche Aggressivität an den Tag. Das zeigt sich im Absprechen sexueller und geschlechtlicher Selbstbestimmung, z.B. wenn Gabriele Kuby Homophobie als Wert an sich verteidigt (2007b:56) und eine Identifizierung jenseits von Mann und Frau als »Rebellion gegen Gott« (ebd. S. 61) bezeichnet, die die »Rettung« (S. 62) der Seele ausschließe. Deutlicher noch werden die Kommentare unter den entsprechenden Online-Artikeln mit ihren Fantasien von Wegsperren und Zwangspsychiatrisierung. Die Betonung von Konventionen ist c) gewissermaßen Kerninhalt sämtlicher anti-queerer Äußerungen zu Zweigeschlechtlichkeit, ebenso wie die Verschlossenheit gegenüber geschlechtlicher und sexueller Vielfalt. Häufig ist dabei die Haltung zu verzeichnen, Individuen könnten im Privaten ausleben, was sie möchten, sollten aber die Öffentlichkeit mit ihren normabweichenden Identifizierungen und Praxen in Ruhe lassen. Dass auch eine Verschwörungsmentalität eine erhebliche anti-queere Rolle einnimmt, konnte in Abschnitt 1.2 gezeigt werden.

Die Autor*innen der Leipziger Autoritarismus-Studie geben auch Hinweise auf die psychodynamische Struktur des Phänomens. Zwei Aspekte, die schon in den letzten Absätzen teilweise durchklangen, möchte ich hier noch einmal explizit aufgreifen. Erstens: Dem Autoritarismus liegt ein ambivalentes Verhältnis zum eigenen Normensystem zugrunde. Dies begünstigt, zweitens, die projektive Abwehr eigener Impulse im Anderen.

Anti-queere Ambivalenzen

Autoritäten können verschiedene Formen annehmen. Welche davon vorherrscht, hat sich historisch immer wieder verändert. Die Figuren Gottes und des Vaters, die Verwaltung, die Massenmedien oder der Markt sind bereits als Manifestationen der Autorität analysiert worden (vgl. Decker 2018). Dabei scheint die Entwicklungstendenz von stärker personalisierten zu anonymeren, abstrakteren Autoritäten zu gehen – gesamtgesellschaftlich wie im Verlaufe eines Menschenlebens. Das aber kann kippen, wenn etwa die Autorität des Marktes in einer Krise versagt und eine regressive Bewegung nach der Rettung durch den starken Mann ruft. In jedweder Form spenden Autoritäten das Gefühl von Übersichtlichkeit und Sicherheit in einer chaotischen Welt. Das Schutzgeld, das das Individuum zu zahlen hat, ist die Zurücksetzung eigener Wünsche im Sinne herrschender Normen. Freud (1923/1999:259ff.) hat diese Dynamik für den idealtypischen Sohn in der bürgerlichen Kernfamilie beschrieben: Das Begehren der Mutter, des ersten erotisch besetzten Objekts, führe zur Rebellion gegen die machtvolle Konkurrenz, den Vater. Das Erschrecken über die eigene Aggression ebenso wie Angst vor der väterlichen Rache leite dann über in eine Identifizierung mit seiner Autorität. Die ursprünglichen ödipalen Impulse müssten dazu verdrängt werden. Daraus resultieren unbestimmte Gefühle der Frustration und Aggression, die sich eine Ableitung suchen. Diese Aggression, argumentiert Decker (2018:39), wird nun auf jene gerichtet, die aufweisen, was einen selbst zum Verzicht zwang: Schwäche. Der Ödipus-Komplex lässt sich auch als Erklärung für männliche Homo- und Transfeindlichkeit lesen, erscheinen doch die Mitglieder der betroffenen Gruppen nicht vollends mit dem Vater identifiziert: Offenbar ist es ihnen gelungen, die Unterwerfung zu umgehen, die dem mühevoll angepassten Heterosexuellen so schwer gefallen ist. Da sie die Schwäche zeigen, die der Unterworfene an sich selbst verachtet, und ein Begehren und einen Selbstausdruck leben, die er sich versagen musste, ziehen sie seinen Hass auf sich. Dieser Gedanke ist auch unabhängig von der immer etwas schablonenartig und androzentrisch anmutenden Vorstellung der ödipalen Dynamik aufschlussreich.[59]

Anti-queere Projektion

Diskriminierung und Ausgrenzung liegt oftmals ein Verdacht des Mehrgenusses zugrunde. Warum soll ich mich zivilisiert zurückhalten, während die queer-affine Szene skandalöse Sexpartys und promiske Polyamorie zelebriert? Die Ausschweifungen, die beim Anderen vermutet werden, gehen dabei bezeichnenderweise über die Lebensrealitäten und Wünsche

59 In anderen Konstellationen verschärft sich die Lage allerdings weiter. Denn die Eltern mit ihrem Eigensinn boten immerhin auch noch einen gewissen Schutzraum gegenüber Autoritäten auf höheren Ebenen, die sie repräsentieren mochten, mit denen sie aber nie restlos einig waren. Je stärker ihre Autorität zurückgeht und von Medien gefüllt wird, wie Marcuse (1963) schreibt, desto weniger Reibungsfläche bietet sich für das ihr ausgesetzte Kind, und desto weniger kann es sich an widerstreitenden Positionen orientieren. Einem glatt identifizierten Menschen aber fehlt das Potenzial zum Widerstand. Allerdings mögen hier die sozialen Medien ein subversives Potenzial mit sich bringen. Erstens enthalten sie die Möglichkeit zum Widerspruch. Zweitens enthalten sie eine enorme Pluralität. Die ist zwar nur durch den Filter der auf mich zugeschnittenen Algorithmen für mich wahrzunehmen. Doch diese Algorithmen lassen sich allemal leichter beeinflussen als die alte Autorität des Vaters oder des passiv konsumierten Massenmediums.

der meisten Devianten weit hinaus. Ein Text wie die eingangs erwähnte *Queerformat*-Handreichung für mehr Akzeptanz geschlechtlicher Vielfalt in der Kita (SFBB et al. 2018) löst dann schon mal einen Sturm der Entrüstung aus – der sich jedoch mitnichten gegen die Inhalte der Broschüre, sondern gegen eine unterstellte enthemmte, missbräuchliche ›Frühsexualisierung‹ richtet, die in der Form nur der Imagination der Entrüsteten entstammen kann.[60]

Horkheimer und Adorno hatten die pathische Projektion des Antisemitismus mit unterdrücktem und verdrängtem homoerotischen Begehren in Verbindung gebracht, das als Aggression sich bahnzubrechen versuche. Der bedrohliche, weil starke, aber sozial tabuisierte Impuls wird demnach aufs Objekt übertragen. Unter dem Druck der Situation »vergißt der seelische Mechanismus seine philogenetisch jüngste Errungenschaft, die Selbstwahrnehmung, und erfährt jene Aggression als den Feind in der Welt« (DdA, 173). Was läge näher, als in der Projektion das verpönte Begehren mit der Aggression zu verschmelzen und in der queer-affinen Szene eine übermächtige ›Homo-Lobby‹ oder ›Gender-Verschwörung‹ zu erblicken, die das bürgerliche Subjekt so zu überschwemmen droht wie die eigene Aggression es tut? Und in den Migrationsbewegungen ›Wellen‹ oder ›Fluten‹ von sexuell enthemmten, weder von Staatsmacht noch von Zivilisation kontrollierten ›Rapefugees‹[61]? Sebastian Winter (2018a:2) fasst den Mechanismus der »Feindbestimmung« zusammen: »Es wird gehasst, was die pathetisch vor sich her getragene ›Identität‹ erschüttern könnte. Lüste wecken.« Und gerade in der vermeintlichen Abwehr dieser Entgrenzung können sich die Wahrer der Ordnung den Exzess erlauben: Überzogene Argumentationen, ausführliche Schilderungen sexueller Skandale auf der Gegenseite und letztlich auch Ausbrüche von Hass und Gewalt.

Es sind nicht nur Wünsche, die die Identität verunsichern und deshalb unterdrückt und nach außen projiziert werden müssen. Es sind auch eigene Erlebnisse. Winter (2013:113ff.) unterscheidet mit Lorenzer zwi-

---

60 Besonders offensichtlich wird diese Verzerrung, die sich allerdings durch sämtliche anti-queeren Artikel in der Debatte um die Kita-Handreichung zieht, bei Johannes Daniels (PI-News) unter dem Titel »›Prinzessin Murat will pimpern – ›BABY-lon Berlin‹: KiFiKa-KiTa-Broschüre völlig gaga!« In grammatikalisch und semantisch kaum mehr zusammenhängender Weise reiht der Artikel pädophile Fantasiefragmente und vulgäre Wortspiele aneinander; der Zusammenhang zum eigentlichen Thema ist nur teilweise und mühevoll zu entziffern.

61 Eine rassistische Verunglimpfung, die u.a. von der Identitären Bewegung und in sozialen Medien verwendet wird.

schen *Erleben* und *Erfahrung*. Ersteres ist situativ, ganz im Moment, unvermittelt leiblich. Zur Erfahrung wird das Erleben erst durch die Symbolisierung: Eingebettet in Gesten, Begriffe und Narrative erhält das Erlebte einen kulturellen Sinn, wird nachvollziehbar und kommunizierbar, ja eigentlich erst denkbar. Was symbolisiert werden kann, kann prinzipiell auch desymbolisiert werden: »vieles später Unsägliche ist mit drei Jahren noch durchaus artikulierbar« (Winter 2013:114), fällt später aber wieder ins Unbewusste zurück. Denn im Zuge der Sozialisation werden die Symbole und Kategorien, mittels derer wir unser Erleben ordnen und erfahren, zusehends geschlechtlich und damit normativ aufgeladen. Für jene Erinnerungen und Empfindungen, die nicht in die Begriffswelt unserer Geschlechtsidentität passen, fehlen uns die Worte. Auch daher können *gender performances,* die Heteronormativität durchkreuzen oder verlassen, so verstörend wirken: Ein Teil der sie abwehrenden Psyche erkennt eigenes Erleben darin wieder.

Rhetorische Schockeffekte

Trivial, aber wirksam ist der Schockeffekt, auf den anti-queere Diskursbeiträge oft angelegt sind. Der rechte Werkzeugkasten hält hierzu verschiedene Arbeitsmittel bereit.

Da ist die *Kritik* an tatsächlichen Missständen in progressiven Szenen, wenn z.B. Werner Olles (2010) in der *Sezession* eigene Erinnerungen an sexistische Machtgefälle und ihre Instrumentalisierung in 68er-Politgruppen veröffentlicht und die Missbrauchsgeschichte der reformpädagogischen Odenwaldschule problematisiert. Die dabei geschilderten erschütternden Probleme und Verbrechen bedürfen in der Tat der Aufarbeitung. Jedoch werden sie rhetorisch in einer Weise eingearbeitet, die ihren Geruch auf das gesamte Spektrum sexual-liberaler Positionen übergreifen lässt. An die Stelle einer differenzierten Analyse und Bekämpfung der Gewalt tritt die pauschale Forderung, die gesamte Liberalisierung rückgängig zu machen.

Dann ist da ist die *Skandalisierung* normdevianter Lebensrealitäten und Auftritte, wenn z.B. die Jugendorganisation der FPÖ den Aufsehen erregenden Erfolg der Performerin Conchita Wurst beim Eurovision Song Contest 2014 zum Anlass für eine cis-sexistische Kampagne nimmt (»Echte Frauen haben weder Bart noch Penis, sind auch ohne Quote erfolgreich, brauchen kein Binnen-I«). Hier wird der Bruch mit Sehgewohnheiten instrumentalisiert, um eine vermeintliche Absurdität diverser (queer-)feministischer Forderungen und Lebensweisen zu belegen.

Und schließlich ist da die *Verzerrung* von queeren Inhalten, was bis zur *Erfindung* von Sachverhalten geht. So belegte zum Beispiel das Bündnis *Demo für alle* den Frühsexualisierungs-Vorwurf im Kontext der *Queerformat*-Broschüre (SFBB et al. 2018) mit gefälschten Zitaten und besaß sogar die Chuzpe, dafür Seitenzahlen anzugeben.[62] Zwei Dutzend Online-Artikel und die Berliner Senatsfraktionen der CDU, der FDP und der AfD folgten der falschen Behauptung und arbeiteten sich am Pappkameraden Frühsexualisierung ab.

Die künstliche Aufregung hat etwas Spielerisches. Ihre Vertreter/innen streiten verbalradikal, aber im Als-Ob-Modus: In der Bewertung stets absolut, in der Sache durchaus fehlbar. Sie basteln eine argumentative Strohpuppe und schlagen auf sie ein – mit dramatischer Geste und verstohlenem Augenzwinkern, da alle doch wissen, dass ihre Konstruktionen keiner kritischen Überprüfung standhielten. Dieses Vorgehen wird als Markenkern des postfaktischen Rechtspopulismus verhandelt, stellt aber ein deutlich älteres Erbe der faschistischen Agitation dar.

Oliver Decker beschreibt Akteure wie Trump und Höcke, die sich selbst für »Zaubermeister« zu halten scheinen, als »Spuk, den ihre Zuhörerinnen und Zuhörer – alles kleine Zauberlehrlinge – heraufbeschwören und doch nicht im Griff haben« (2018:33). Ihre Rhetorik greife »fast schlafwandlerisch« (S. 32) die Bedürfnisse ihres Publikums auf. Die Gefilde rationaler Argumentation lassen sie weit hinter sich: Improvisation und Intuition spielen eine größere Rolle als politische Strategien und Programme. Theodor W. Adorno attestierte faschistischen Massenbewegungen gar ein »Element des Wahnsinns«, ihren Anhänger*innen einen Zustand, in dem sie »nie ganz daran glauben, was zu glauben sie vorgeben, und deshalb ihren Glauben übertreiben« (2002a:166, frei übersetzt). Ihre Agitatoren böten weder Aufrichtigkeit noch wirkliche Ernsthaftigkeit, und das müssten sie auch gar nicht: Die in dreister Offensichtlichkeit inszenierte »Show« (2002b:224) des Tabubruchs sei es gerade, die die Zuhörenden begeistere. Hier scheint eine Regression ins weiter oben beschriebene »Lust-Ich« am Werke zu sein, in dem alles geht, was Spaß macht, ganz frei von kulturellen Hemmungen.

---

62 Von »›*Kindern, die sich lesbisch, schwul oder bisexuell identifizieren*‹« und schon im Kindergarten »*positive Erfahrungen mit* ›*gleichgeschlechtlicher Liebe und Partnerschaft sammeln [..] (S. 19)*‹«, war u.a. im Begleittext einer CitizenGO-Petition der Demo für alle die Rede (Demo für alle 2018). In der Handreichung fanden sich diese Konstellationen so nicht, wenn auch einzelne Satzteile in anderen Kontexten und teilweise auf anderen als der angegebenen Seite vorkamen.

Diese Analysen faschistischen Sprechens und Schreibens mögen die merkwürdige Dynamik erklären, die sich aus offensichtlich falschen Anschuldigungen und gespielter Aufregung speist. Schon die Aufhänger antiqueerer Diskurse sind schließlich mit ›Frühsexualisierung‹ und ›Gender‹ ein erfundenes und ein gezielt fehlinterpretiertes Phänomen. Und gerade als *Fake* entfalten sie ihre volle Wirkung. Der Schwindel funktioniert nicht, weil er unentdeckt bliebe, sondern weil er als Schwindel erkannt und genossen wird. Es handelt sich, mit Adorno gesprochen, um *realitätsgerecht angewandte Irrationalität* (vgl. 2002b:223).

Scheinbares Empowerment

Angesichts dieser inszenierten Tabubrüche möchte ich ein weiteres Mal die Frage aufgreifen, was es mit der erweiterten Handlungsfähigkeit durch antiqueere Ideologie auf sich hat.

Unter dem Begriff »Politisierungsparadox« erläutern Michel Dormal und Heike Mauer (2018) den Sachverhalt, dass der Rechtspopulismus eine Massenmobilisierung gerade auch in vormals nicht organisierten Milieus leistet – ohne aber tatsächliche Handlungsspielräume zu erweitern. Zwar fordert etwa die AfD eine erhebliche Erweiterung der Partizipation durch Volksentscheide (vgl. 2016:9). Und ihre Thüringer Landtagsfraktion möchte gegen die »antipluralistische Nötigung zum Konsens und zum Konformismus [...], die ideologische Logik der ›politischen Korrektheit‹ und ihrer Sprachdiktate« (2018:8) vorgehen, gegen die »ideologische Neuschöpfung von Werten und deren tyrannische Durchsetzung« (ebd. S. 10). Neben »Offenheit« (S. 9) und »Vielfalt« (S. 9f) sei auch »Gender« (S. 10) ein Beispiel für diese »Tyrannei der Werte« (S. 8). Die Autor/innen sind der Auffassung, »mundtot« gemachten »abweichende[n] Meinungen« (ebd.) zu ihrem Recht zu verhelfen.

Doch »gerade die antifeministische Obsession« der Rechten offenbare, so argumentieren Dormal und Mauer, dass es ihnen »nicht darum geht, gesellschaftliche Verhältnisse zu politisieren – sondern darum, sie in autoritärer Weise zu stabilisieren« (2018:22), mithin »Ungleichheiten gegen Kritik zu immunisieren« (S. 28). Im Anschluss an Slavoj Žižek sprechen sie von einer »Politik zweiter Ordnung«, in der die Grenze zwischen der politischen und der nicht-politischen Sphäre verhandelt werde (S. 26). Durch den Bezug auf vermeintliche Selbstverständlichkeiten, Traditionen, ›Natur‹ und ›gesunden Menschenverstand‹ versuchen rechtspopulistische Kräfte, immer mehr Bereiche der Lebensgestaltung aus der Arena des politisch Er- und Bestreitbaren zu verweisen. Das trifft demnach besonders jene Aspekte, die von der Frauenbewegung als privat *und* politisch postuliert worden sind: Familienleben, Sexualität, Reproduktion.

Das Politische aber ist die Grundlage der individuellen Freiheit – letztlich aller Individualität überhaupt. »Das Eigene beginnt mit einem Nein«, schreibt Carolin Emcke (2016b:126) und führt weiter aus: »In diesem Moment, in dem etwas nicht mehr als selbstverständlich empfunden wird, in dem eine Gewissheit plötzlich ungewiss, in dem das Fraglose plötzlich zweifelhaft wird, in dieser Bruchstelle entsteht das Ich«. Damit ergänzt sie eine Facette der Subjektivierung, die bislang in diesem Text noch unterbelichtet gewesen ist: die Wahlmöglichkeiten des Subjekts. *Ablehnen* im Sinne einer Selbstimmunisierung kann es die machtvollen Diskurse, die es konstituieren, letztlich nicht. *Verformen, ironisieren, reflektieren* und *pervertieren* hingegen schon. Ein Diskurs ist kein felsenfester Monolith. Er weist Lücken auf und er bleibt ständig in Bewegung, auch wenn diese in weiten Teilen kreisförmig verlaufen mag. Die Subjektivität liegt in seinen Lücken begründet, die wiederum definiert sind durch ihre festen Ränder.[63]

Subjektiv ist alltagssprachlich das, was die eine so macht und die andere anders. Erst Pluralität ermöglicht also Individualität. Ohne die Kontrastfolie eines Anderen, an dem sich die eigenen Wünsche, Bedürfnisse und Gewohnheiten spiegeln oder brechen, bin ich kein Subjekt: »Allein ist niemand einzigartig, sondern nur allein« (Emcke 2016a:192f.). So gesehen, ist das rechte Homogenisierungsstreben ein zum Scheitern verurteilter Angriff auf die Individualität, die es doch gegen die ›political correctness‹ des Pluralismus in Schutz zu nehmen vorgibt.

Auf die immanente Krisenhaftigkeit der Identität, die sie bemerkenswerterweise durchaus anerkennt (vgl. S. 12), antwortet die thüringische AfD-Fraktion (2018) mit dem Ruf nach Klarstellung – etwa durch die Aufnahme der Förderung der »deutschen Leitkultur« (S. 32) in die Thüringer Verfassung und das Grundgesetz sowie das Ende der »Masseneinwanderung« (S. 33). Schon in ihrem Grundsatz-»Programm für Deutschland« wandte sich die Bundespartei unter Berufung auf »Naturwissenschaft [...] und Lebenserfahrung [...] gegen jede staatliche Förderung von ›Gender-Studies‹« (2016:55). Fraglich, ob solcherlei Maßnahmen einem offenen Diskurs zuträglich sind.

---

63 Eine detailliertere Einführung in die poststrukturalistische Diskurstheorie, auf die ich mich hier beziehe, findet sich bei Wullweber (2016).

Insofern handelt es sich wohl um eine Art Revolte, die sich da gegen Gender-Mainstreaming und die Institutionalisierung des Feminismus richtet – aber eben keine politisierende, sondern eine *autoritäre* (vgl. Dormal & Mauer 2018:30; Weiß 2017). Sie ermöglicht den Einzelnen ein Gefühl von Aufsässigkeit, vom Zurückholen gestohlener Meinungsfreiheit, von Widerstand[64] – um letztlich »Identität« und »Wahrheit« (Der Flügel 2015) zu konsolidieren und die störend-verunsichernden Debatten und »Gesellschaftsexperimente« (ebd.) bezüglich Geschlecht und Familie, Kultur und Sexualität ein für alle Mal zu beenden.

1.4 Zusammenfassung zu Teil 1

Ausgehend von Debatten im Umfeld des Vatikans hat sich seit den 1990er-Jahren ein rege bespieltes Diskursfeld um den Gender-Begriff entwickelt. Ideologisch aufgebauschte Kritiken internationaler Geschlechterpolitiken griffen über auf Bereiche der Wissenschaft, der Pädagogik und der Emanzipationsbestrebungen diskriminierter Gruppen. Ein weiterer Ansatzpunkt sind sprachliche Entwicklungen und Interventionen (Gender Gap, Sternchen etc.). Diese Gender-Debatten bringen diverse Akteur*innen mit erheblichem Mobilisierungspotenzial zusammen. Natur und göttliche Ordnung, Ehe und Familie, kindliche Unschuld, mütterliche Fürsorge und mannhafte Stärke, Volk und Nation scheinen für sie auf dem Spiel zu stehen. Die Rufe nach Sicherheit und klaren Grenzen, die offenbare Furcht vor Verwischungen und Dekonstruktion machen deutlich, dass sich hier eine anti-queere Ideologie manifestiert.

Der erste Teil dieses Buches hat die Ansatzpunkte dieser Ideologie im Subjekt untersucht. Auf den Ebenen der Ökonomie, der Einzelnen und ihrer kollektiven Identifizierungen kam dabei ein komplexes Wechselspiel von politischen und psychischen Regressionen zum Vorschein. Die anti-queer affizierten Subjekte sehen sich ökonomischen Zugriffen ausgeliefert.

64 Als »Liberale, die ihre antiliberale Meinung sagen wollten«, beschreiben Horkheimer & Adorno die Antisemiten einer Phase vor dem Holocaust, in der ihr Ressentiment ihnen erlaubte, »sich als bürgerlich und aufsässig zugleich« zu fühlen: »Das völkische Schimpfen war noch die Verzerrung von ziviler Freiheit« (DdA, 179). Aufnahmen von Reden auf Demonstrationen der AfD oder auf dem Kyffhäuser-Treffen ihres rechten Flügels, auf dem sich die Sprecher als unterdrückte Minderheit und Volkes Stimme zugleich inszenierten, wecken den gleichen Eindruck, sicherlich ohne dadurch schon eine einfache Gleichsetzung zu begründen.

Sie suchen nach Sicherheit in der Unterwerfung und in der Anrufung ihrer Kollektivzugehörigkeiten und geben affektiven Verlockungen nach.

Die politische und wirtschaftliche Neoliberalisierung hat Barrieren des Zugangs zum Arbeitsmarkt für Frauen und sexuelle Minderheiten reduziert. Zugleich nehmen Teilzeit- und befristete Arbeit zu. Beides kratzt an der Norm der bürgerlichen Kleinfamilie mit ihrem männlichen Alleinernährer. Konkurrenz und der Druck zur Selbstvermarktung steigen und verbinden sich mit Optimierungsimperativen, die auch den Erwerb einer effizienzorientiert gewendeten Genderkompetenz umfassen können. Stärker noch machen sich die Diversifizierungen in den Domänen kultureller Repräsentation bemerkbar. Die so auf verschiedenen Ebenen erfahrene Prekarisierung einer lange für selbstverständlich gehaltenen Normalität führt zu faktischen und befürchteten Abstiegen. Das bietet einen Nährboden für Ressentiments und für das Bedürfnis nach Rückversicherungen.

Eine solche Versicherung kann über kollektive Identifizierungen vonstattengehen. So schließen sich einstmals als universale Individuen verstandene weiße Männer zusammen, um ihre Privilegien zu verteidigen. Ihr Maskulinismus verbündet sich mit einer essenzialisierten Weiblichkeit. Gemeinsam bilden sie in heteronormativer Vereinigung die Keimzelle der Nation, die Grundeinheit des Volkes.

Es zeigt sich, dass völkische Narrative allen Bewältigungsversuchen zum Trotz nie wirksam aufgelöst wurden, sondern als abrufbare Bestandteile der kollektiven Imagination bestehen blieben. Das machen sich Akteur/innen der Neuen Rechten zunutze; bürgerliche Kreise springen auf deren Zug auf. Aus der individuellen Verunsicherung wird so das Bild einer Nation in Gefahr. In Missachtung postmigrantisch-deutscher Alltagsrealitäten werden Islam und Migration als äußere Bedrohung konstruiert, während Liberalisierung und Dekadenz, Verschwulung und Sexualisierung zum inneren Risiko erklärt werden. Das rechtfertigt das völkische Zusammenrücken, die Abschottung nach außen und die Repression nach innen. Unzusammenhängende Phänomene wie Gender-Mainstreaming und Fluchtbewegungen erfahren eine Verknüpfung. Von der staatlich verordneten Gleichmacherei der Geschlechter und Kulturen reicht die Palette der Erzählungen bis zur finsteren Weltverschwörung zur Zerstörung von Familie, Volk und Identität. Hier zeigen sich Parallelen zum Antisemitismus. Die Zersetzung der nationalen Stärke, die transnationale Vernetzung und der finstere geheime Plan zur Weltherrschaft waren darin dem Judentum zugeschrieben worden; ganz ähnliche Stereotype kommen mit Bezug auf Gender und queere Bewegungen auf. In einigen Diskurssträngen findet eine explizite Verquickung statt: Dann wird aus der globalen Migration das Manöver einer von Butler inspirierten und von Soros finanzierten New World Order.

Eine nur vermeintlich rationalere Begründung für die Befestigung der Geschlechter- und Nationengrenzen liefert eine auf Biologie und Evolution rekurrierende Bevölkerungspolitik. Ihr geht es um die staatliche Regulierung und Optimierung von Sexualität und Fortpflanzung. Ob als heiliges Sakrament oder als Vernunftehe, diese Art der Biopolitik steht in jedem Fall für den Erhalt der Heteronorm.

Normen schränken ein, Bedrohungsszenarien machen Angst: Wie kommt es dennoch zum einschlagenden Erfolg der anti-queeren Narrative? Was macht Menschen zu Verfechter/innen einer regressiven Ideologie? Um das zu klären, muss sich die Gesellschaftskritik der Sozialpsychologie zuwenden.

Eine sozialpsychologische Funktion rigider Geschlechternormen ist die Entlastung, die eine feste Orientierung mit sich bringt. Gleichzeitig können mit ihr männliche, cisgeschlechtliche und heterosexuelle Privilegien verteidigt werden. Die Inbrunst anti-queerer Ressentiments erklärt sich jedoch auch aus irrationalen Momenten. Da ist das Aufgehen im Kollektiv der Männer / Frauen und ihres gemeinsamen Volkes, die Verschmelzung derer, die dazugehören in Abgrenzung zu den Abweichler*innen. Eine solche Massendynamik braucht eine Führungsgröße. In Ermangelung einer charismatischen Persönlichkeit kann dafür auch ein Ideal oder eine Norm herhalten. Sich ihr unterzuordnen, heißt, dabei zu sein, teilzuhaben an ihrer Macht. Kein Subjekt kommt gänzlich ohne Unterwerfung zustande, finden wir doch unser Selbst in Begriffen und zu Bedingungen, die wir nicht selbst gemacht haben. Solche Prozesse gehen nicht ohne Ambivalenz vonstatten. Proportional zur Rigidität des Diskurses, in dem wir uns bewegen, gibt es Regungen, die seinen Regeln widersprechen. Und proportional zur Macht der Norm, an der wir teilhaben, wächst die Anpassungsleistung, mit der wir uns die Teilhabe erkaufen. Spannungsableiter sind die Ausgegrenzten, auf die die eigenen verbotenen Impulse projiziert werden, um sie an ihnen zu bekämpfen. Wer sich der Autorität beugt, darf ungestraft nach unten treten.

Zur Attraktivität anti-queerer Diskurse trägt außerdem die Show ihrer Tabubrüche und reißerischen Rhetoriken bei. Die spießige Aufsässigkeit der konformistischen Revolte, die doch noch einmal sagen dürfen will, was nie wirklich verboten war, bringt ein trügerisches Empowerment. Scheinbar die Grenzen des Sagbaren ausweitend, stärkt sie den Autoritarismus.

Was tun? Im zweiten Teil geht es nun um die Potenziale politischer Bildung. Aufbauend auf den Erkenntnissen über die Anknüpfungspunkte anti-queerer Ideologie im Subjekt möchte ich nach Möglichkeiten fragen, die Widerstandskräfte gegenüber anti-queeren Anrufungen und Verlockungen zu stärken.

2. Potenziale politischer Bildungsarbeit

»Der allein denkt, welcher das Gegebene nicht passiv hinnehmen will.«

Theodor W. Adorno (1970:175)

»You can't be neutral on a moving train.« [65]

Howard Zinn

Die Leipziger Autoritarismus-Studie (Decker, Schuler & Brähler 2018) hat zwei Korrelationen gefunden, die einen Anlass zum vorsichtigen Optimismus hinsichtlich der Potenziale politischer Bildung bieten: Sowohl formaler Bildungsgrad als auch politische Selbstverortung zeigen demnach einen hochsignifikanten Zusammenhang mit der Ausprägung des autoritären Symptoms (vgl. S. 127). Sämtliche Dimensionen des Autoritarismus sind in der Gruppe der Abiturient*innen weniger stark vertreten und zeigen eine stark abfallende Tendenz von rechts nach links. Als Automatismus darf dieser Zusammenhang nicht missverstanden werden: Historische wie aktuelle Faschist/innen verfüg(t)en zum Teil durchaus über eine klassische Bildung; Studentenverbindungen haben stets eine große Rolle in reaktionärer Politik gespielt und umgekehrt hat die Arbeiter*innenbewegung enorme Leistungen zum antifaschistischen Widerstand beigetragen. Und auch eine linke, also antikapitalistische und internationalistische Grundhaltung ist allein keine Garantin für Respekt gegenüber geschlechtlicher und sexueller Vielfalt. Zudem mag auch das Bewusstsein über die soziale Erwünschtheit nicht-autoritärer Antworten bei Abiturient*innen und Linken besonders stark präsent sein. Dennoch bleibt die empirische Erkenntnis, dass hohe formale Bildung – vielleicht weil sie die Fähigkeit zur Differenzierung vermittelt – und eine linke Einstellung *seltener* mit Autoritarismus zusammenkommen. Und das erlaubt eine gewisse Hoffnung darauf, diesem mit politischer Bildung beikommen zu können.

Wie genau kann das vonstattengehen? Und in welchem Rahmen kann sich die Haltung der Bildner*innen dabei bewegen? Im Folgenden stelle ich zu diesen und weiteren grundlegenden Fragen einige einführende Überlegungen an.

65 Sinngemäße Übersetzung: »In einem Zug, der in Bewegung ist, kannst Du nicht neutral sein.«

2.1.1 Grundbegriffe der politischen Bildung: Politik – Bildung – Emanzipation

Ob sie in einem halbstündigen Vortrag, einem mehrstündigen Workshop oder in einem mehrtägigen Training stattfindet: Politische Bildung zeichnet sich durch ein spezifisches, wenn auch keineswegs uniformes, Selbstverständnis aus. Drei ihrer Kernbegriffe möchte ich kurz darstellen. Dabei fokussiere ich mich auf gesellschaftskritische Formen der Erwachsenenbildung und außerschulischen Bildung, nicht auf den Politikunterricht.

Warum diese Begriffe?

Dass *Politik*, oder genauer: *das Politische,* einen Kernbestandteil politischer Bildung ausmacht, ist zunächst eine Tautologie. Daran schließen jedoch relevante Fragen an: Welches Politikverständnis liegt dem Begriff zugrunde? Und konkret: Umfasst er ein Phänomen wie anti-queere Ideologie, die ja eher selten in Tagesschau und Wahlspots zum expliziten Thema gemacht wird? Diese Fragen möchte ich beantworten. Zentral sind dafür der Streit um den Bereich des Politischen, das heißt des Verhandelbaren, aus dem Geschlechterfragen gedrängt werden sollen; die Rolle des Politischen und der Theorie im Erkennen von Welt; und die Verstrickung politischer Bildner_innen und Lernender in vielfältige Machtstrukturen, die über Parteiapparate und Behörden weit hinausreichen.

Bildung nun bezeichnet eine Form, in der das Politische verhandelt werden kann. Dabei geht es nicht nur um die Vermittlung von Faktenwissen. Vielmehr können Erfahrungen neu betrachtet und eingeordnet, Handlungsspielräume erweitert und neue Bezüge zum Selbst, den anderen und der Welt erarbeitet werden, die über das Bestehende hinausweisen.

Den *Emanzipationsbegriff* im Kern politischer Bildung zu verorten, geht über den unmittelbaren Wortzusammenhang hinaus und ist als inhaltliche Positionierung zu verstehen. Wenn im Bereich des Politischen alles verhandelbar und in einem historischen (Gemacht-)Werden begriffen ist und wenn Bildung über das Bestehende hinausweisende Erfahrungs- und Möglichkeitsräume eröffnen soll, dann gibt der emanzipatorische Anspruch die Richtung vor, in der diese Räume ausgebaut und in die die Verhandlungen gehen sollen. Er grenzt den Begriff politischer Bildung von einer bürgerlichen Selbstfindung durch Selbstbildung ebenso ab wie von einer neoliberalen Selbstoptimierung durch Kompetenzerwerb.

»Kritische politische Bildung arbeitet mit einem weit gefassten Politik- und Demokratieverständnis«, halten Bettina Lösch und Andreas Thimmel in der Einleitung zu ihrem diesbezüglichen Handbuch fest (2011:8).[66] Helmut Bremer führt das im selben Band aus: Ein »weiter Politikbegriff« umfasse auch die »›unspektakulären‹« Formen gesellschaftlicher Mitwirkung in Vereinen, Betrieben, Schulen und so weiter und nehme dabei »die oft unauffälligen, kleinen alltäglichen Widerständigkeiten« in den Blick (2011:190). Insofern wird der politische Charakter der Lebenswelt und Alltagshandlungen der Teilnehmer*innen anerkannt, was das Arbeitsleben ebenso betrifft wie das Familienleben und letztlich auch das eigene Begehren. Das Politische steht dann nicht im Gegensatz zum Privaten, sondern *dass, wie* und *wo* ein Privatbereich konstruiert wird, ist ein politischer Vorgang. Was gilt als persönliche Entscheidung, die nur mich und meine Liebsten etwas angeht? Wo darf, wo muss die Gesellschaft eingreifen? Ist es etwa privat, wenn Männer mit Männern schlafen – oder eine Straftat? Oder ist homosexuelle Liebe im Schlafzimmer in Ordnung, der Kuss in der Fußgängerzone aber der Freiheit zu viel? Ist es eine private Familienangelegenheit, wenn Männer ihre Partnerinnen verprügeln – oder ist es ein sexistisches Hassverbrechen? Die Debatte um den Mindestlohn ist selbstverständlich eine politische. Wie aber steht es darum, wie die Arbeiter*innen sich ernähren, wie sie sich erholen und wie ihre Kinder aufwachsen – sind das Privatangelegenheiten? Spätestens seit der Frauenbewegung der 1960er- und 1970er-Jahre sollte klar sein, dass ein kritisches Gesellschaftsverständnis *all* diese Fragen als hochpolitisch erkennt.

Politisch ist dann auch die Frage danach, wo Bildung stattfindet und wie ihre Akteur*innen selbst in Machtverhältnisse verstrickt sind. Wer bietet das Seminar an, wer kann teilnehmen und unter welchen Bedingungen? Findet eine implizite oder explizite Bewertung von Leistungen statt? Wer hat welches Wissen, und wie viel gilt es im Seminarraum? Wer kritische politische Bildung betreibt, wird sich nicht als neutrale Instanz von Objektivität und Sachverstand missverstehen, sondern als Impulsgeber*in, die*der sich gemeinsam mit den Teilnehmer*innen Fra-

66 Damit geht *kritische* politische Bildung über die politikwissenschaftliche Disziplin hinaus, aus der sie einst stammte, und findet ihre Bezüge stärker in Sozial- und Geisteswissenschaften (vgl. Schlichting 2018:25).

gen an die Gesellschaftsordnung und ihre Entwicklungspotenziale stellt. Dabei ist immer zu beachten, welche Abhängigkeiten zwischen Bildungsarbeitenden und Lernenden bestehen mögen. Auch wo ein Bildungsprozess auf Freiwilligkeit beruht, tun die Bildner*innen gut daran, metaphorisch zu fragen, wie hoch das Podest ist, von dem aus sie sprechen: Sei es ein Podest, das sie sich durch einen Habitus der Expertise selbst errichten, sei es eines, das ihnen die disziplinierten Teilnehmenden wie automatisch unterschieben, oder auch eines, das durch die klassenzimmerartige Gestaltung eines Raumes entsteht.

Der Politikbegriff der kritischen Bildung ist jedoch nicht nur weit gefasst, sondern auch beweglich. »Nicht einfach vorauszusetzen, was Politik ist und was ›wir‹ sind, sondern die Perspektive darauf zu richten, was wir werden können«, lautet das von Foucault inspirierte Motto bei Stefanie Graefe (2011:178). Ihr geht es um »die Erweiterung der Denk- und Handlungsmöglichkeiten« (ebd.). Indem die Teilnehmer*innen die Bedingungen ihrer eigenen Subjektivierung reflektieren, ihre Eingebundenheit in gesellschaftliche Verhältnisse begreifen, können sie diese Verhältnisse mitgestalten und verändern.

Das Politische ist notwendigerweise verhandelbar. Es schlägt sich allerdings in durchaus stabilen Sozial-, Wirtschafts- und Infrastrukturen nieder. Der Modus der Politik, in dem diese Faktizitäten hergestellt werden, ist die sprachliche und symbolische Deutung und Bewertung der Dinge, die Definition dessen, was ist und sein sollte, und die Feststellung individueller und kollektiver Identität. »Der Kampf der und um Klassifikationen«, das heißt die Durchsetzung einer bestimmten Sicht darauf, was die Gesellschaft und ihre Untergruppen – beispielsweise Männer und Frauen – ausmacht, »stellt die politische Macht par excellence dar«, schreibt Pierre Bourdieu (1992:153). Wenn auch dieses Streiten um die legitime Sichtweise auf die (soziale) Welt zunächst im Feld der grauen Theorie stattfindet, kann sie doch einen ›Theorie-Effekt‹ entfalten, der in die materielle Welt hineinreicht: »Symbolische Macht ist die Macht, Dinge mit Wörtern zu schaffen« (ebd.). Diese fast magisch anmutende Macht der Sprache setzt Bourdieu nicht absolut: Sie benötigt einen Ankerpunkt in der Wirklichkeit. »Der Theorie-Effekt ist umso größer, je realitätsgerechter die Theorie ist« (ebd): *Theorein* heißt im Griechischen *sehen;* die Theorie lenkt also unseren Blick, steuert unsere zwangsläufig selektive Wahrnehmung und unsere Interpretation dessen, was wir wahrnehmen. In diesem Sinne produziert der politische Streit um die Deutung der Dinge unsere Welt. Und das bringt Bourdieu zur Devise: »Will man die Welt ändern, muß man die Art und Weise, wie Welt ›gemacht‹ wird, verändern« (S. 152). In Verquickung dieses Gedankens mit der berühmten Erkenntnis Simone de Beauvoirs ließe sich sagen: Will mensch die Macht der Geschlechternormen aufbrechen, muss mensch die Art und Weise, wie wir zu Frauen und Männern (gemacht) werden, verändern.[67]

Hier kann politische Bildung ansetzen. Sie bringt eine kritische Theorie von Geschlecht und Gesellschaft ins Gespräch. Die Teilnehmenden dieses Diskurses machen sich die tiefe und hartnäckige Verankerung von Strukturen und Kulturen der Ungleichheit bewusst, um diese eines Tages hinter sich zu lassen – so »wie die Erkenntnis der Schwerkraft das Fliegen ja nicht verhindert, sondern erst ermöglicht hat« (Bremer 2011:188).

Bildung

Es kann als Konsens in der politischen Bildungslandschaft gelten, dass *Top-down*-Lehrprozesse nach Vorbild des Nürnberger Trichters wenig erstrebenswert sind.[68] Eigentliche *Bildung* wird erziehungswissenschaftlich, ausgehend vom Selbstbildungsbegriff bei Humboldt, als subjektive Aneignung von Welt verstanden: Als differenzierendes Begreifen, das in Reflexionsprozessen auch auf das Selbst zurückwirkt. Dieser Vorgang kann von außen angeregt, aber nicht diktiert werden. Damit ist Bildung kein einfaches Synonym für das Lernen von Neuem, sondern geht darüber hinaus. Dennoch bleibt das Lernen einer ihrer zentralen Bestandteile.

Konstruktivistische Theoretiker*innen haben wichtige Beiträge zum Verständnis davon geleistet, wie neues Wissen sich in nicht von außen steuerbaren Prozessen in den Köpfen der Lernenden formiert. Klaus Holzkamp, Gründungsvater der Kritischen Psychologie, erweiterte die-

67 Das Originalzitat bei de Beauvoir lautet: »On ne naît pas femme: on le devient« (Man kommt nicht als Frau zur Welt: man wird dazu.). Die im Deutschen verbreitete Übersetzung, die im Verhältnis zum Original den Einfluss der Strukturen gegenüber ihrer Aneignung durchs Subjekt überbetont, lautet: »Wir werden nicht als Frauen geboren, wir werden dazu gemacht« (zit. nach Villa 2001:17). Im Englischen hat sich die akkuratere Übersetzung durchgesetzt: »One is not born, but rather becomes, a woman« (zit. nach Butler 1986:35).

68 Der ›Nürnberger Trichter‹ steht als Metapher für eine Lehre, die Menschen etwas von oben herab beibringt, also eintrichtert. Vor allem in der Erwachsenenbildung werden Formen bevorzugt, in denen sich die Lernenden den Stoff aktiv und selbstbestimmt aneignen. Das wird auch mit konstruktivistischen Lerntheorien begründet. Zur kritischen Einordnung der Metapher und ihrer verbreiteten Ablehnung siehe Reichenbach (2014:229) und Nolda (2001:20).

ses Verständnis um den Blick auf die Verhältnisse, in denen das Lernen stattfindet, und die durch sie bedingten Interessen der Lernenden: »Ich bin [..] der Auffassung, daß intentionales, d.h. absichtliches und geplantes Lernen nur dann zustande kommt, wenn das Lernsubjekt selbst entsprechende Gründe dafür hat« (Holzkamp 2004:29). Holzkamp räumt durchaus die Möglichkeit verschiedener, auch autoritär erzwungener Lernprozesse ein. Als nachhaltiger, tiefgreifender und wünschenswerter – und, so ließe sich hinzufügen, dem Bildungsbegriff allemal näher – erscheint Holzkamp aber das Lernen »*expansiver* Natur« (Holzkamp 1995:190). Eine expansive Lernhandlung muss demnach aus der Perspektive des lernenden Subjekts in einem direkten Zusammenhang mit einer erhöhten Handlungsfähigkeit und somit verbesserten Lebensqualität stehen. Es genügt dabei nicht, dass eine Lehrperson diese Verbindung zusichert, sondern sie muss direkt subjektiv erfahrbar oder zumindest antizipierbar sein. Sobald dies gegeben ist, besteht auch die Motivation, etwaige Widrigkeiten im Lernprozess auf sich zu nehmen. Denn mit der Expansion der Verfügung über die eigenen Lebensverhältnisse erfüllt das Subjekt laut der Kritischen Psychologie ein menschliches Grundbedürfnis (vgl. Holzkamp 1987b).

Als Lernsubjekt kann ich davon motiviert sein, dass ich mich von bestimmten Kulturgütern oder Diskussionen ausgeschlossen fühle, weil ich sie nicht verstehe, und im Lernen nach Anschluss und Teilhabe suche (vgl. Holzkamp 1995:216ff.). Vielleicht habe ich mehrfach vom *Gender*-Begriff gehört und möchte endlich dahinterkommen, was er eigentlich bezeichnet. Auch der Lerngegenstand selbst kann, wenn ich seine Tiefe und Komplexität erahne, aber nicht begreife, ein Motivator des Lernens werden: Ich erkenne dann die Lücke zwischen Ahnung und Wissen als Lernproblematik, etwa wenn ich *Queer* als Kritik von Kategorien definieren kann, mich aber frage, was das lebensweltlich bedeuten könnte.

Vor dem Hintergrund meiner Subjektivierung kann ich jedoch nicht davon ausgehen, jedes sinnvolle Lerninteresse aus mir selbst heraus erkennen und befolgen zu können. Die feministische Soziologin und kritische Psychologin Frigga Haug (1987) macht daher auf einen weiteren Aspekt aufmerksam, der zur Subjektorientierung expansiven Lernens in einem produktiven Spannungsverhältnis steht. Um die gesellschaftlichen Verhältnisse, die sich in meinem Kopf niedergeschlagen haben, in Bewegung zu bringen, braucht es nämlich einen Impuls von außen: Es braucht Menschen, von denen ich lernen kann. Diese Personen müssen mir ein

Angebot machen, das ich selbst als sinnvoll erachte; zugleich müssen sie eine eigene Haltung mitbringen. Denn nähmen sie, etwa im Dienste eines Lebensweltbezugs um seiner selbst willen, jede von mir eingebrachte Erfahrung einfach unreflektiert auf – wo wäre dann der Ausweg aus der Reproduktion des Bestehenden? Eine in der Gruppe erarbeitete, alltagsverständliche Definition von Männlichkeit und Weiblichkeit zum Beispiel macht noch keine geschlechterreflektierende Pädagogik. Daher kommt Haug zum dramatischen Schluss: »Einen Lernprozess organisieren heißt Erfahrungen in die Krise führen« (1987:26).

In die Krise können Erfahrungen geraten, wenn ihre vermeintlich höchstpersönliche, private Natur hinterfragbar wird. Die Vermittlung eines weiten Politikverständnisses, wie ich es weiter oben umrissen habe, ermöglicht es den Teilnehmenden politischer Bildung, Zusammenhänge herzustellen zwischen ihrem persönlichen Erleben und den gesellschaftlichen Verhältnissen und Entwicklungen. Dieses Herstellen von Zusammenhängen und das dabei entstehende Orientierungswissen sieht Oskar Negt als das oberste Ziel der politischen Bildung an (vgl. 2011:207f.).

Auch Alex Demirović verlangt von der politischen Bildung eine klare Haltung und inhaltliche Positionierung, die nicht beim Erkenntnisgewinn der Einzelnen stehenbleibt: »Bildung soll über sich hinausgehen [...], einem Wissen Raum geben, das die vernünftige Gestaltung des gesellschaftlichen Zusammenhangs ermöglicht« (2011:66). Dieses kritische Lernen und Wissen sei politisch, indem es »*Veränderung* vorbereitet« (S. 74). Und auch die Lernenden sollen befähigt werden, über sich hinauszugehen: sich und das eigene Denken zu befragen, zu reflektieren und sich selbst »im Lichte der Erfahrung anderer« (S. 75) neu zu sehen.

Dass politische Bildung nicht einfach im Status quo verharrt, nicht lediglich Wissen darüber verbreitet, wie die Dinge sind, hat mit ihren Ursprüngen zu tun. Einer ihrer Grundpfeiler ist die Kritische Theorie Adornos, auf die sich nicht nur Oskar Negt und Alex Demirović beziehen. Adorno schrieb Bildung und Erziehung nach 1945 eine zentrale Rolle darin zu, einen erneuten Rückfall in die Barbarei zu verhüten (vgl. 1966/1971).[69] Adorno erkannte, dass die Bedingungen, die zum Holo-

69 Adorno hatte einen der politischen Bildung eng verwandten Begriff von Erziehung als »*Herstellung eines richtigen Bewußtseins*« (Adorno & Becker 1966/1971:105, kursiv gem. Orig.). Den Optimismus Klaus-Peter Hufers (vgl. 2015:8), nach dem der Erziehungsbegriff auf Erwachsene aufgrund ihrer Mündigkeit nicht anwendbar sei, hätte Adorno wohl kaum geteilt.

caust geführt hatten, mit der militärischen Niederlage der Nationalsozialist/innen nicht verschwunden waren. Er sah die Wurzeln der Gewalt bis tief hinein ins Spannungsverhältnis von Individuum und Zivilisation reichen. Angesichts dieser fortbestehenden Bedrohung konnte es keine neutrale Bildung geben. Daher der Wille zur Verunsicherung und zur Veränderung. Keineswegs aber setzte Adorno auf hektischen Aktionismus: Eine »Praxis ohne Theorie [...] muß mißlingen« (Adorno 1970:176). Unumgänglich auf dem Weg in Richtung einer Versöhnung von Mensch, Gesellschaft und Natur schien ihm eine kritische Reflexionsfähigkeit, die tiefer ginge als die empirische Oberfläche der Dinge. Zugleich war es Adorno, der an die schmerzliche Erkenntnis erinnerte, »daß Bildung allein die vernünftige Gesellschaft nicht garantiert« (1975:71): Bildung kann nur auf eine durch gesellschaftliche Ungerechtigkeiten eingeschränkte, beschädigte Erkenntnis- und Handlungsfähigkeit des Subjekts bauen. Ein verzweifeltes Unterfangen: »Und doch ist es zu versuchen« (1966/1971:88).

Emanzipation

Die Problematiken, mit denen politische Bildung sich befasst, sind gesamtgesellschaftlicher Natur. Das begrenzt ihre Potenziale. »All das lässt sich pädagogisch nur sehr bedingt bearbeiten«, schreiben Hechler & Stuve (2015:10) über die Strukturen von Nationalstaatlichkeit und kapitalistischem Wirtschaftssystem, die die Gegenstände der Bildung rahmen. Wohl aber kann Pädagogik auf Identifikationsprozesse und Distanzierungen, Sinnsuche und Weltbilder einwirken, Horizonte und die Wahrnehmung von Handlungsspielräumen erweitern (vgl. ebd.). Dabei ist es Teil eines emanzipatorischen Anspruchs, die Interessen der Subjekte in den Fokus zu stellen. Das kann im Falle von Unwissenheit Wissensvermittlung, im Falle von selbst- oder fremdschädigenden Verhaltens- und Deutungsmustern Änderungsanregungen bedeuten. Letztlich darf es jedoch nicht um die Optimierung der Teilnehmenden im Sinne fixer, vorgegebener Normen gehen, sondern stets um die gemeinsame Suche nach erweiterten Handlungsspielräumen. Von einem völlig ergebnisoffenen systemischen Coaching unterscheidet sich emanzipatorische politische Bildung durch die Grundannahme, dass die größtmögliche Erweiterung der Handlungsräume in solidarischen Prozessen möglich wird. Diese Haltung zu bewahren, ohne den Teilnehmenden die Anpassung an ein Ideal zu oktroyieren, ist der entscheidende Balanceakt.

Oskar Negt meint, »dass politische Arbeit dort beginnt, wo entfremdete Interessen und Bedürfnisse, all die normalen und alltäglichen Verwicklungen in die bestehende Gesellschaftsordnung, aufgebrochen und in Emanzipationspotenziale verwandelt werden« (2011:254). Ein Aufgreifen der Lebenswelten der Teilnehmenden also, das nicht beim Individuum verharrt: Das Private ist politisch. Stefanie Graefe stellt fest, es gehe »darum, alternative Praxisformen aufzuzeigen [...], darum, den Schritt von der (stets notwendigen) Analyse zu den Alternativen zu gehen, genauer: ihn als gangbar zu vermitteln« (2011:177). Nicht nur sehen, sondern gehen also. Aber in welche Richtung? Letztlich lässt sich der Fixstern einer emanzipatorischen Bildung mit einem zentralen Diktum von Marx und Engels ausdrücken: ein Zusammenschluss der Menschen, »worin die freie Entwicklung eines jeden die Bedingung für die freie Entwicklung aller ist« (MEW 4, 482). Darin stecken zwei Elemente: Erstens die »Selbstbefreiung durch Selbstaufklärung« (Hufer 2011:22), mithin die Stärkung des Subjekts darin, die Verhältnisse zu verändern, die es umgeben und hervorgebracht haben. Zweitens die Solidarität der Menschen miteinander in ihrem gemeinsamen wie individuellen Streben nach einem guten Leben: die »Solidarität der Verschiedenheit« (Schlichting 2018:32), die im Spannungsverhältnis zwischen individuellen Interessen, kollektiven Interessen und gesellschaftlichen Gegebenheiten nach vernünftigen Umgangsweisen sucht. Nur, wenn beide Elemente zusammen gedacht und praktiziert werden, ist der Forcierung einer ökonomisiert-erfolgsbestrebten Individualisierung ebenso zu begegnen wie einer kollektiv-identitären Vergemeinschaftung der Einzelnen, die ihre Eigenheiten verschwimmen ließe. Dann kann das kritische Wissen politisch wirksam werden: »[K]ollektive und praktische (Wieder-) Aneignung des Gesellschaftlichen und der eigenen, handlungsfähigen Subjektivität« (Graefe 2011:177) wird so zu einer Aufgabe der politischen Bildung.

Wenn wir Emanzipation als richtunggebenden Wegweiser verstehen, steckt darin auch die Erkenntnis, dass sie als Zustand nicht erreichbar ist: Gleich einem utopischen Potenzial bleibt sie am Horizont. Sie bietet Anreiz zur Bewegung, nicht zum Verharren an einem bestimmten Punkt. Bestenfalls ist eine Gesellschaft (oder auch ein Bildungsformat) somit als *emanzipatorisch* zu bezeichnen, nicht aber als *emanzipiert*. Das mag sich nach Wortklauberei anhören, vermeidet aber das Trugbild des richtigen, wahren und guten Selbst, dass stets ein defizitäres Anderes als Kontrastfolie benötigt: Zu oft ist die Selbstzuschreibung der Emanzipiertheit genutzt worden, um in paternalistischer Weise den Emanzipationsbedarf der anderen zu konstatieren. Eine kritische politische Bildung, wie ich sie hier skizziert habe, begreift sich nicht als übergeordnete Instanz, die den Teilnehmer*innen zu deren Emanzipation verhilft. Sie ist vielmehr Teil eines emanzipatorischen Prozesses.

2.1.2 Bildung gegen Ideologie? Exkurs zum Beutelsbacher Konsens

Der *Beutelsbacher Konsens*, entstanden 1976 im Kontext einer bildungspolitischen Debatte, gilt als der »wichtigste Text der politikdidaktischen Wissenschaft« (Studt 2016:87). Ursprünglich auf Schulunterricht bezogen, hat sich der Wirkungskreis des ›Konsenses‹ auch auf die Erwachsenenbildung ausgeweitet.

Die drei damals vorgebrachten Grundsätze sind (1) das Überwältigungsverbot, (2) das Kontroversitätsgebot und (3) das Gebot der Befähigung zur politischen Bewusstseinsbildung und Einflussnahme (vgl. Wehling 1977/2016:24). Diese Prinzipien verbieten es, Lernende zu »überrumpeln« (ebd.), um ihnen eine gewünschte Meinung aufzudrücken. Vielmehr sollen sie plurale Standpunkte kennenlernen, die politische Lage und ihre eigenen Interessen darin reflektieren und zum Handeln befähigt werden. Diese drei Grundsätze sind konsensfähig, weil sie klug erdacht sind, aber auch, weil sie Spielräume zur Interpretation offenlassen. So wird heute weniger um die Prinzipien an sich als vielmehr um ihre Einordnung, Auslegung und Umsetzung gestritten.[70] Da ich den Anspruch erhebe, mittels politischer Bildung parteilich *gegen* eine bestimmte Ideologie vorzugehen, möchte ich mein Vorhaben einigen einschlägigen Beiträgen zur Debatte um die Beutelsbacher Grundsätze gegenüberstellen.

Für eine progressive politische Bildung erscheint der Ansatz Moritz Peter Haarmanns und Dirk Langes (2016) besonders fruchtbar: Sie regen an, den Konsens vom Kopf auf die Füße zu stellen und vom dritten Prinzip aus zu lesen. Die politische Handlungsfähigkeit wird so zum zentralen Lernziel. Das Verbot der Indoktrinierung und das Gebot der Pluralität

70 Erheblich erweitert wurde der Beutelsbacher Konsens in der »Frankfurter Erklärung«, die im Juni 2015 von Wissenschaftler*innen und politischen Bildner*innen verfasst und von 170 Akteur*innen unterzeichnet wurde, einsehbar auf der Seite der Hochschule Darmstadt: https://sozarb.h-da.de/index.php?id=586

seien demgegenüber »keine Selbstzwecke« (S. 169), sondern hätten eine »dienende Funktion«, indem sie das eigenständige Denken der Lernenden schützten. Daraus lässt sich der Appell ableiten, »den politischen Charakter von vermeintlich unpolitischen gesellschaftlichen Räumen ans Licht zu bringen« (S. 167). Der Gedanke an die Geschlechterverhältnisse drängt sich förmlich auf. Es gelte weiter, einen »kritische[n] Blick auf scheinbar Selbstverständliches, die Infragestellung von Herrschaftsbeziehungen, die Suche nach Alternativen, die Frage nach der eigenen Verstricktheit« (S. 168) zu lehren.

Dieser letzte Punkt – die Frage nach der eigenen Verstricktheit – interessiert vor dem Hintergrund der in Teil 1 getätigten theoretischen Überlegungen besonders. Kaum ein gesellschaftlicher Bereich ist stärker von Tradition und Sozialisation, von Körperlichkeiten und Emotionalität bestimmt als der der Geschlechterpolitik. Das prägt, was wir diesbezüglich tagtäglich tun und denken. Was anti-queere Ideolog/innen gern als ›gesunden Menschenverstand‹ etikettieren, ist uns selbstverständlich, weil wir es uns über Jahrzehnte angeeignet und in unsere Intuition eingeschrieben haben. Die Alltagspraxen und Versatzstücke des Alltagsverstands, die in die hegemonialen Strukturen eingebunden sind, haben daher einen gehörigen Vorsprung gegenüber dem, was uns in einem Workshop neu begegnen mag.

Als weiterhin lernfähige Subjekte müssen wir uns jedoch Möglichkeiten schaffen, unseren Horizont wie auch unseren Handlungsraum (wieder) zu erweitern. Weil das mit Verunsicherungen, der Angst vor Veränderung und dem Trennungsschmerz beim Loslassen alter Gewissheiten einhergehen kann, müssen letztlich die Lernenden die Kontrolle darüber behalten, wie tief sie in einen Bildungsprozess einsteigen wollen.

Die Freiwilligkeit ist somit eine zentrale Maxime emanzipatorischer Bildung.[71] Sie erlaubt eine Erschütterung der Weltbilder, die unter Zwang weder sinnvoll noch vertretbar wäre. Letztlich geht es um die Balance auf dem schmalen Grat der fruchtbaren Verstörung, der zwischen der Einöde der Affirmation des Bestehenden und dem Abgrund der Überwältigung entlang in Richtung erweiterter Möglichkeitsräume führt.

Um sich in ihren idealerweise erweiterten Handlungsräumen zu orientieren, sollten Lernende verschiedene Standpunkte kennenlernen – so

71 Institutionelle Einschränkungen der Freiwilligkeit oder solche, die aus einer mangelnden Informiertheit der Teilnehmenden sich ergeben mögen, sind in der Planung und Umsetzung von Bildungsangeboten stets zu berücksichtigen.

lautet das Kontroversitätsgebot des Konsenses. Bettina Lösch warnt allerdings davor, dabei lediglich die best-etablierten Meinungen zu reproduzieren, unter denen wirklich Neues oder Alternatives unterzugehen drohe (vgl. 2016:224ff.). Auf eine solche Bildung, die im Bestehenden sich einrichtet, träfe Herbert Marcuses Kritik der »repressiven Toleranz« zu (1966:1):

> »Toleranz wird auf politische Maßnahmen, Bedingungen und Verhaltensweisen ausgedehnt, die nicht toleriert werden sollten, weil sie die Chancen, ein Dasein ohne Furcht und Elend herbeizuführen, behindern, wo nicht zerstören.«

Zu diesen »Maßnahmen, Bedingungen und Verhaltensweisen« zählen ohne Zweifel die Zustände in Geschlechterfragen: eine Normalität, die in Deutschland bereits von alltäglicher Gewalt geprägt ist (vgl. z.B. Bosen 2018), welche durch anti-queere Ideologie aber noch verschärft zu werden droht. Dem ist nicht mit Toleranz zu begegnen. Vielmehr muss das Kontroversitätsgebot hier so gelesen werden, dass politische Bildung die Stimmen und Interessen marginalisierter und ausgegrenzter Gruppen in den Fokus nimmt. Sie wird so zum ausgleichenden Korrektiv – und steht damit nicht unbedingt außerhalb des Beutelsbacher Konsenses, in dem Wehling bereits fragt, ob nicht der Lehrende »solche Standpunkte und Alternativen besonders herausarbeiten muß, die den Schülern (und anderen Teilnehmern politischer Bildungsveranstaltungen) von ihrer jeweiligen politischen und sozialen Herkunft her fremd sind« (1977/2016:24).

Mit den Betroffenen von Gewalt und Diskriminierung parteilich zu sein, bedeutet aber nicht, eigene und andere Standpunkte undifferenziert in einer Freund-Feind-Logik zu betrachten. Vielleicht sollten wir, wie Butler anregt, stattdessen Koalitionen formen, die innere Widersprüche aushalten, und die unvollständige Definition und Abgrenzung der eigenen Gruppe als erstrebenswerte Offenheit begreifen (vgl. 1990:20f.). Bei aller Offenheit des Selbstbilds ist es im Feld der antiqueeren Diskurse möglich, eindeutige Gegner/innen auszumachen. Es erschiene allerdings unklug und unlauter, zu verschleiern, dass auch sie *in Teilen* valide Punkte vorbringen. Zum Beispiel kam es ja tatsächlich in Teilen der 68er-Bewegung zu einer höchst problematischen Entgrenzung zwischen erwachsener und kindlicher Sexualität, zu Missbrauch auch in Kommunen und Reformschulen; tatsächlich war auch die ›sexuelle Revolution‹ nicht frei von Kontinuitäten patriarchaler

Machtgefälle. Diese als Kollateralschäden abzutun oder als unglückliche Missgeschicke unter den Teppich zu kehren, damit heute keine anti-queeren Argumentationen auf dieser Geschichte fußen können, wäre menschenverachtender Opportunismus. Vielmehr gilt es, sich diesen Fakten zu stellen und Akteur/innen anti-queerer Ideologie recht zu geben, wo sie recht haben. Zum ganzen Bild gehört dann selbstverständlich auch, dass es gerade die feministischen Bewegungen waren, die solche Kontinuitäten aufgedeckt und angeprangert haben, dass gerade sie um Konzepte und Praxen grenzachtender und konsensualer Sexualität ringen und dass andererseits eine Romantisierung von Familie und Kirche ganz sicher nicht dazu angetan ist, Übergriffe und Gewalt auszuschließen.

Allgemeiner gesprochen, lassen sich folgende Kriterien für eine angemessen kontroverse, nicht-indoktrinierende Bildungsarbeit formulieren (frei nach Hirseland & Schneider 2006:401f.):

Da wir stets aus einer bestimmten und begrenzten Perspektive heraus sprechen, sollten wir diese Position auch transparent machen. So ermöglichen wir Zweifel und Kritik an der eigenen Aussage. Dazu gehört, die Grundlagen der eigenen Begriffe nachvollziehbar zu machen. In der Regel ist es dabei zu präferieren, Inhalte dialogisch zu erarbeiten, anstatt sie frontal zu setzen. Weiterhin gehört dazu, die gesellschaftlichen Rahmenbedingungen des eigenen Sprechens zu reflektieren, also die Eingebundenheit in z.B. institutionelle Strukturen und die symbolische Macht der Lehrenden. Wenn wir diese Kriterien beherzigen, tun wir der Atmosphäre im Seminar ebenso etwas Gutes wie dem freien Denken der Teilnehmer*innen. Und wir können eine klare Haltung gegen anti-queere Ideologie einnehmen, ohne hinter die Grundsätze des Beutelsbacher Konsenses zurückzufallen.

2.1.3 Diversity Education als Form politischer Bildung

> »Das Handeln bedarf einer Pluralität, in der zwar alle dasselbe sind, nämlich Menschen, aber dies auf die merkwürdige Art und Weise, daß keiner dieser Menschen je einem anderen gleicht, der einmal gelebt hat oder leben wird.«
>
> Hannah Arendt (1960:15)

Diversity Education ist ein Zweig politischer Bildung, der gesellschaftliche Vielfalt in den Mittelpunkt stellt. Konzipiert als nuancenreiche Antwort auf eindimensional polit-ökonomische Bildungsangebote, trägt der Begriff doch auch ein problematisches, neoliberales Erbe mit sich. Hierzu müssen Akteur*innen der Diversity Education sich verhalten, wollen sie anti-queerer Ideologie nachhaltig entgegenwirken.

Ideologiekritische Stärke bei sozialkritischer Schwäche?

Katrin Reimer (2013) hat die Entwicklungen in der Jugend- und Bildungsarbeit im wiedervereinigten Deutschland untersucht. Mit Blick auf die Neonazismusprävention stellt sie fest, dass der in den 1990er-Jahren etablierten ›akzeptierenden Jugendarbeit‹ berechtigterweise eine mangelnde Abgrenzung von rechten Akteur*innen vorgeworfen wurde, die bis zur Förderung neonazistischer Szenen durch Zurverfügungstellung rechtsoffener Jugendzentren reichte. Jedoch habe die Jugendarbeit dieser Zeit auch ihre Stärken gehabt: Ihr Fokus auf die ökonomischen Ausschlüsse und Abstiege, die vor allem mit der Integration der ehemaligen DDR in den neoliberalen Westen einhergingen, war getragen von einer kritischen Haltung gegenüber den Produktionsverhältnissen. Dabei wurden jedoch die Gefahren der faschistischen Ideologie unterschätzt, die die Deklassierten sich teilweise aneigneten. Reimer nennt das »sozialkritische Stärke und ideologiekritische Schwäche« (2013:415).[72] Die 2000er-Jahre unter Rot-Grün brachten eine ausgeweitete öffentliche Förderung von Projekten gegen Rechtsextremismus, die diese Schwachstelle mit neuen Ansätzen ausglichen: Vorurteile sollten bekämpft, Einstellungen geändert und Vielfalt wertgeschätzt werden. Darüber wurde jedoch die kritische Analyse der Ökonomie vernachlässigt, die doch unter dem Regime der Agenda 2010 wichtiger denn je gewesen wäre. Zur Auslassung der Klassenfrage aus manchen Diversity-Ansätzen trugen auch die Antidiskriminierungspolitiken von EU und Bundesregierung bei, die

---

72 Der Begriff der ›Ideologiekritik‹ wird von Reimer eher im Sinne inhaltlich-politischer Auseinandersetzungen und damit im Gegensatz zur ›Sozialkritik‹ verwendet, die eine Analyse der ökonomischen Verhältnisse fokussiert. Diese begriffliche Trennung wäre in einer historisch-materialistischen Denktradition (die Ideologie immer im Kontext der Verhältnisse betrachtet) nicht sinnvoll, bezeichnet ja aber auch eine Bildungspraxis, deren Einseitigkeit Reimer hier kritisiert. Die zwei Stränge der Kritik in der politischen Bildung weisen eine interessante Analogie zur Sozialkritik vs. Künstlerkritik der 1968er bei Bolstanski auf (vgl. Abschnitt 1.1 dieser Arbeit).

Klassismus durchgängig ausblenden. Diese verhältnisvergessenen Ansätze könnten durchaus einer unterkomplexen Diversity Education zugeordnet werden.[73]

Bevor Diversity zum »Modewort« (Baader 2013:38) in der Erziehungswissenschaft und Pädagogik wurde, war der Begriff bereits in der postfordistischen Wirtschaftswelt präsent (vgl. Tripp 2016:8f.). Diese war geprägt von mehrfachen Ausdifferenzierungen. Die Lebensstile wurden vielfältiger, was die Industrie mit einer auf die neuen Zielgruppen zugeschnittenen Produktpalette auch auf die Konsumstile zu übertragen wusste. Damit einhergehend und durch demografische Entwicklungen verstärkt, wurde der Arbeitsmarkt diversifiziert: Zunehmend traten Frauen und Migrant*innen an die Seite der weißen Arbeiter in den USA und der Bundesrepublik. In dieser Situation trat die Schule des Diversity Management an, die Kommunikation zwischen Marketingabteilungen und Kund*innen, zwischen Chefs und Angestellten sowie zwischen den Kolleg*innen untereinander von Hindernissen zu befreien, wie sie durch Unverständnis und Diskriminierung entstanden. Die Zusammenarbeit sollte glatter vonstattengehen, die Ansprache der Absatzmärkte optimiert werden. Der neue Management-Ansatz fand auch in Trainings Niederschlag, die Entscheidungsträger*innen und Personaler*innen Gender-, Interkulturelle oder schlicht: Diversity-Kompetenzen vermitteln sollten. (Vgl. Emmerich & Hormel 2013:183ff.) In Teilen war dies durchaus im Sinne der Bewegungen marginalisierter Gruppen, die bereits seit Jahrzehnten Anerkennung und Teilhabe forderten. Problematisch waren und sind daran jedoch mindestens drei Aspekte: Erstens die Integration der Diversität in ein System, das eindimensional auf Leistung und Profitmaximierung ausgerichtet bleibt (vgl. Mecheril 2007). Zweitens die Normalisierung gesellschaftlicher Ungleichheitsstrukturen, die als Vielfalt verklärt werden, wo eigentlich Machtasymmetrien

73 Die hier dargestellte Entwicklung ist nicht flächendeckend in zwei so eindeutig aufeinanderfolgenden Schritten erfolgt. So weist Rosenstreich (2011:231) darauf hin, dass Diversity-Ansätze auch schon Anfang der 1990er-Jahre in Deutschland angewandt worden seien, also zeitgleich zur ›akzeptierenden Jugendarbeit‹. Im erziehungswissenschaftlichen Kontext hat Annedore Prengel 1993 ihre frühe, wegweisende Studie zur *Pädagogik der Vielfalt* publiziert (Prengel 2006). Allerdings sind mit »Eine Welt der Vielfalt«, dem »Anti-Bias-Ansatz« und den »Social Justice und Diversity-Trainings« drei zentrale Konzepte der Diversity Education erst seit den Jahren 1996, 2000 und 2001 in Deutschland präsent (vgl. Berlitz 2003:18; Gramelt 2010:14; Czollek, Perko & Weinbach 2012:9).

skandalisiert werden müssten (vgl. Eggers 2010). Drittens die Essenzialisierung von Differenz, wo Menschen als ›Andere‹ sichtbar werden und durch die ständige Thematisierung des Andersseins darauf festgeschrieben werden (vgl. Castro-Varela & Mecheril 2005; Çetin & Voß 2016).

Diversity Education als machtkritische Praxis

Demgegenüber ist es Aufgabe einer Diversity Education, die sich vom neoliberalen Diversity Management absetzen will, ihre Kategorien materialistisch *und* dekonstruktivistisch zu fassen. Das gelingt, in Anlehnung an die Überlegungen Linn Areskougs (2016), durch die Beachtung vier zentraler Bezugsgrößen: Intersektionalität, einer queeren Haltung, einem mehrdimensionalen Unterdrückungsbegriff und reflexiven Perspektiven auf soziale Positionierungen.

(a) Intersektionalität

Intersektionalität beschreibt die Wechselwirkungen von Diskriminierungsformen wie Rassismus, Sexismus und Klassismus, die jeder und jedem von uns einen Ort im komplexen Netz der Machtverhältnisse zuweisen.

Das Intersektionalitätsparadigma entspringt dem amerikanischen *Black Feminism*. Schon 1851 hatte Sojourner Truth die Zuschreibungen an Weiblichkeit infrage gestellt und mit ihrer Erfahrung kontrastiert. Der ihr nachträglich zugeschriebene Ausruf »Ain't I a woman?«[74] wurde zum vielfach aufgegriffenen Motto einer Bewegung, die die Anerkennung der Vielfalt innerhalb sozialer Gruppen forderte, mit McCall (2005) gesprochen: die Erkenntnis intrakategorialer Komplexität. Das Combahee River Collective stellte 1977 aber auch klar, dass die spezifische Unterdrückungssituation Schwarzer Frauen einen eigenen Befreiungskampf notwendig mache, der nicht zum Anhängsel der weißen Frauen-, der Arbeiter- oder der männlich dominierten Schwarzen Bewegung gemacht werden dürfe (interkategoriale Komplexität). Auf den Erkenntnissen des Black Feminism aufbauend, hat Kimberlé Crenshaw

---

74 Die berühmt gewordene Version der Rede Sojourner Truths ist 1863 veröffentlicht worden und beruht offenbar eher auf dichterischer Freiheit denn auf historischer Akkuratesse, erfuhr aber eine enorme Rezeption. Hintergründe liefern die Webseiten https://www.thesojournertruthproject.com/ und https://sojournertruthmemorial.org/.

1989 in einer juristischen Untersuchung die Eindimensionalität rechtlicher Maßnahmen zum Diskriminierungsschutz kritisiert. Eingesetzt werden konnten diese, wenn eine Schwarze Person rassistisch behandelt worden war. Ebenfalls greifen konnten sie bei einer sexistischen Diskriminierung von Frauen. In dieser Logik nicht denkbar aber waren Ausgrenzungen, die nicht alle Schwarzen, auch nicht alle Frauen, sondern spezifisch Schwarze Frauen trafen. Deren Position beschrieb Crenshaw mit der Metapher der Straßenkreuzung (*intersection*) und lieferte so einen Begriff, auf den sich Diskurse in Bewegungen und Akademie bis heute berufen.

Für eine subjektorientierte politische Bildung bedeutet ein intersektionaler Ansatz, die vielschichtige und letztlich einzigartige, entlang verschiedener sozialer Zugehörigkeiten strukturierte Erfahrung der Teilnehmer*innen stets mitzudenken. Diese ist weder ohne gesellschaftliche Kategorien zu denken noch auf eine einzelne Zugehörigkeit zu reduzieren. In den Worten der Schwarzen trans* Aktivistin Laverne Cox (2015):

> »I stand before you this evening a proud, African-American transgender woman from a working-class background, raised by a single mother. I stand before you an artist, and an actress, a sister, and a daughter. And I believe it's important to name the various intersecting components of my multiple identities, because I'm not just one thing. And neither are you.«[75]

Indem Diversity Education die Strukturkategorien dekonstruiert und als historisch und sozial geschaffen entlarvt, steht sie zugleich einem simplifizierten und starren Identitätskonzept entgegen. Sie sensibilisiert für die Vielfalt in uns selbst: Für die verschiedenen und miteinander in intersektionaler Wechselwirkung stehenden Zugehörigkeiten, aber auch für die Widersprüche und Unfassbarkeiten, die in jedem Subjekt bestehen und sich höchst widerspenstig gegenüber jedem Versuch zeigen, eine feste, immer-selbstgleiche Identität zu errichten. Sie steht so jeder Essenzialisierung entgegen.

75 Sinngemäße Übersetzung: »Ich stehe heute vor euch als stolze afro-amerikanische trans* Frau aus der Arbeiter*innenklasse, aufgewachsen bei einer alleinerziehenden Mutter. Ich stehe vor euch als Künstlerin und Schauspielerin, als Schwester und Tochter. Und ich glaube, dass es wichtig ist, diese verschiedenen sich überkreuzenden Komponenten meiner vielfältigen Identitäten zu benennen, weil ich nicht nur eines bin – und ihr auch nicht.«

(b) Queere Haltung

Queeres Denken und Handeln hinterfragt Normen, Kategorien und Identitäten.[76] Es bewegt sich dabei nicht jenseits dieser Konstrukte, sondern unterläuft und durchkreuzt, kombiniert und parodiert sie. Queere Forschung untersucht ihre Entstehungsprozesse und fragt danach, wie ihre Beschränkungen erweitert oder aufgebrochen werden können. In einer Fortschreibung feministischer Tradition befragt queere Forschung außerdem das akademische Wissen selbst auf die Bedingungen seiner Herstellung. Queere Praxis in Gesellschaftspolitik und Wissenschaft kritisiert Ausschlüsse und Festschreibungen, wie sie mit der vermeintlich natürlichen Ordnung der Heteronormativität, aber auch mit erstarrenden Formen von Identitätspolitik einhergehen. Im Ursprungsfeld des Queeren, der Geschlechter- und Sexualitätspolitik, eröffnen queere Ansätze neue Möglichkeitshorizonte, indem Normabweichungen nicht als Merkmal bestimmter Gruppen, sondern als Potenzial eines jeden Menschen aufgefasst werden: Das Begehren wird beweglich, der geschlechtliche Ausdruck kann spielerisch changieren. Queeres Denken ist aber von Beginn an auch durch die Erfahrung geprägt worden, dass geschlechtliche, vor allem aber auch klassenbezogene, rassifizierende und gesundheitliche Kategorisierungen sich als hartnäckig stabil erweisen und eine Transzendenz dieser Zugehörigkeiten nicht einfach durch individuelle, performative Praxis zu erreichen ist (vgl. Krasniqi & Kraut 2017).

Vor diesem Hintergrund will eine queer informierte Diversity Education Räume öffnen, in denen Menschen mehr sein können und dürfen als das eine oder das andere; Räume, in denen Identifizierungen und Praxen jenseits von Eindeutigkeiten lebbar werden. Sie erkennt aber auch das utopische Moment dieser Freiheit und reflektiert bestehende und bleibende Kategorisierungen und Zugehörigkeiten. Denn Differenzen prägen unsere Sozialisation und Erfahrung und können nicht hinfortdefiniert werden. Diversity Education dekonstruiert aber ihre soziale Gewordenheit, sieht also soziale Differenz nicht als essenziellen Unterschied, sondern als »Ergebnis von Unterscheidungsprozessen« (Messerschmidt 2016:166). Diversity Education tritt an, Freiheitsgrade im Rahmen des Möglichen zu mehren und im Rahmen des Unmöglichen zu erträumen. Sie lädt ihre Teilnehmenden ein, Normen und Kategorien aus einem re-

76 In diesem Teil verarbeite ich Anregungen aus den einführenden Texten von Jagose (2001), Hartmann (2002), Degele (2008), Hark (2009) und Bornstein (2016).

flexiven Abstand zu betrachten. Während sie die Perspektive und Erfahrung einer*eines jeden Einzelnen würdigt, zielt sie auf eine Abschaffung der Privilegierung und Dominanz einzelner Positionen gegenüber den anderen ab. Die Schwierigkeit dieses Vorhabens erkennt sie aufgrund ihres mehrdimensionalen Unterdrückungsbegriffs.

(c) Mehrdimensionaler Unterdrückungsbegriff

Es gibt Situationen, in denen sich gesellschaftliche Macht linear ausdrückt: wenn hohe Herren verfügen, dass ihre Ordnungskräfte die unteren Klassen unten halten, im drastischsten Fall mittels buchstäblich von oben nach unten schnellender Schlagstöcke. Dass sich die Wirkungsweisen der Macht darin aber nicht erschöpfen, ist keine neue Erkenntnis.[77] Ina Kerner (2009:37ff.) hat eine dreidimensionale Systematik von Unterdrückung entworfen: Demnach gelingt ein vollständiges Verständnis nur, wenn (1) persönliche Interaktionen, (2) Institutionelle Strukturen, z.B. Gesetze und Wirtschaftssysteme, sowie (3) Strukturen des Wissens und der Repräsentation, z.B. gängige Bilder und Narrative in der Wissenschaft oder auch in den Medien, miteinander im Zusammenhang gesehen werden.[78]

Für die Diversity Education hat diese Perspektive zwei Vorteile: Sie kann zwischen situativen Asymmetrien und gesellschaftlich eingebetteten Diskriminierungen unterscheiden helfen. Und sie bringt die Erkenntnis, dass wir uns als Individuen verantwortungsvoll zu den gegebenen epistemischen und institutionellen Strukturen verhalten müssen, aber nicht als Einzelne moralisch für die gesamte Unterdrückung verantwortlich gemacht werden können, die sie hervorbringen. Ein mehrdimensionaler Unterdrückungsbegriff begünstigt also eine reflektierte Handlungsfähigkeit.

---

77 Schon bei Marx und Engels ist eine Machtanalyse angelegt, die gesetzliche Regelungen mit den Infrastrukturen der Produktion, den Alltagspraxen und Ideologien der Menschen in Zusammenhang setzt. Wie sich Machtverhältnisse in die epistemischen (d.h. erkenntnis- und wissensbezogenen) und symbolischen Strukturen einer Gesellschaft ebenso einschreiben wie in die Selbstverständnisse und sogar Körper ihrer Subjekte, haben auf ihre je eigene Weise Pierre Bourdieu und Michel Foucault untersucht.

78 Die Rolle von Märkten und Konzernen, Kapitalverteilung und ökonomischen Ausbeutungsstrukturen kommt in Kerners Analyse im Verhältnis zu diskurstheoretischen Aspekten ein wenig kurz. Diese Gewichtung geht für das Nachdenken über Bildungsarbeit in Ordnung, sollte aber mit Blick auf ein Verständnis der Gesellschaft insgesamt kritisch reflektiert werden.

(d) Reflexive Perspektiven auf soziale Positionierungen
Dank der bislang eingeführten Kriterien ist deutlich geworden, dass Diversity Education ihren Gegenstand, die Vielfalt, nie losgelöst von Machtverhältnissen fassen kann. Keine*r steht außerhalb dieser Verhältnisse – gerade auch Pädagog*innen handeln innerhalb ihrer Rahmung und sind aufgerufen, ihre eigene Erfahrung zu reflektieren, um auch ihre Teilnehmer*innen dazu einzuladen. Indem wir thematisieren, wie sehr wir alle intersektional positioniert und mit queeren Potenzialen ausgestattet sind, können wir akademische Theorien lebensweltlich rekontextualisieren. Dabei sollten wir erinnern, dass es auch persönliche Erfahrungen und politische Überlegungen waren, die die paradigmensetzenden Begriffe *Queer* und *Intersektionalität* hervorgebracht haben. Weil unsere Sozialisationen stärker von Machtungleichheiten geprägt sind als von emanzipatorischen Bestrebungen, sollte Diversity Education schließlich die pädagogische Tugend der Fehlerfreundlichkeit hochhalten: Die Bemessung moralischer Schuld ist ihre Sache nicht. Stattdessen bestärkt sie die Subjekte darin, sich die Begriffe und Symboliken kultureller Repräsentation neu anzueignen, solidarische Umgangsformen zu entwickeln und so die Gesellschaft für alle zum Positiven zu verändern. Die Erkenntnisse über die spezifische Lage bestimmter Gruppen kommt dabei aus diesen Gruppen selbst; stärker als in vielen anderen politischen Erkenntnisprozessen wird in den Diversity Studies das Sprechen für Andere kritisiert.

Kritische Diversity Education ergreift in diesem Sinne Partei und verweigert sich der Instrumentalisierung zwecks glatterer Integration von Subjekten in Gesellschaft, Staat und Arbeitsmarkt. Dieser Anspruch steht im Spannungsfeld zu den gegebenen Möglichkeiten und der nicht negierbaren Wirkungsmacht dieser Institutionen, die schwer gänzlich zu meiden sind, ohne sich in enge Nischen zurückzuziehen.

Tabelle:
Was bedeuten die Bezugsgrößen kritischer Diversity Education im Verhältnis zu den Kernbegriffen politischer Bildung?

	Intersektionalität	Queere Haltung	Mehrdimensionaler Unterdrückungsbegriff	Reflexive Perspektiven auf soziale Positioniertheiten
Bildung	**Wo kreuzen sich die Linien der Macht – und wo stehen wir?** Kennenlernen der Geschichte sozialer Bewegungen, der Vielschichtigkeit der eigenen Verortungen & der anderer	**Was ist eigentlich normal?** (Er-)Kennenlernen von Normen und Kategorien als fragwürdige, historisch bedingte und machtvolle Konstrukte	**Was ist Herrschaft?** Verständnis der komplexen Dynamiken von zwischenmenschlichen Interaktionen, staatlichen und wirtschaftlichen Strukturen, Strukturen des Wissens und der kulturellen Repräsentation	**Wie könnte ich das noch betrachten?** Fehlerfreundlichkeit im Lernen; Erkundung neuer Blickwinkel auf eigene Erfahrung
Politik	**Gemeinsam fragend voran** Die Komplexität von Unterdrückung *innerhalb* von Gruppen ebenso zu betrachten wie die *zwischen* verschiedenen Gruppen, erlaubt Solidaritität in Vielfalt	**Stabiles Ich, stabiles Wir – gibt es das, und unter welchen Bedingungen?** Begreifen persönlichster, subjektiver Erfahrung als gesellschaftlich vermittelt; Kritik an Identitätspolitik	**Herrschaftskritik auf allen Ebenen** Die Kritik an Interaktionsmustern, Wissenssystemen und Institutionen verknüpfen & in Handlungsmöglichkeiten übersetzen	**In welchem Kontext handeln wir hier?** Mitdenken: Jeder Bildungsprozess ist eingebunden in institutionelle & informelle Machtverhältnisse; Wahrung größtmöglicher Freiwilligkeit im Lernen
Emanzipation	**Wie sind unsere Kämpfe miteinander verwoben?** Emanzipation ist komplex & vielschichtig: Wir sind nicht eindimensional, und unsere Befreiung ist es auch nicht. Die Emanzipation der einen darf nicht auf Kosten der anderer gehen	**Erweiterte Möglichkeitsräume erkunden** Gestaltung von Freiräumen, in denen Menschen über die Anpassung an Normen phantasievoll hinauswachsen können	**Wie agieren wir im Angesicht komplexer Machtverhältnisse?** Aneignung reflektierter Handlungsfähigkeit; verantwortungsvolles Verhalten im Angesicht institutionalisierter & epistemischer Herrschaft	**Wer spricht für wen?** Reflexion & Bescheidenheit: Emanzipation kann nicht vordefiniert, geschweige denn verordnet werden, sondern muss selbstbestimmt mit konkreten Inhalten gefüllt werden

2.2 Expert*inneninterviews: Transfermöglichkeiten im Feld der politischen Bildung

Mein Anliegen mit diesem zweiten Teil des Buches ist es, theoretischen Erkenntnisse über anti-queere Ideologie für die politische Bildung anwendbar zu machen. Dieser konkrete Fokus ist bislang in der politischen Bildungslandschaft kaum vertreten.[79] Gleichzeitig fügt sich meine Fragestellung in ein breites Feld von Veranstaltungen ein, in denen diverse Akteur*innen Diskriminierung und ungleiche Machtverhältnisse problematisieren. Drei in diesem Feld etablierte Institutionen sind *Dissens – Institut für Bildung und Forschung e.V.* (im Folgenden *Dissens*), *Phoenix – für eine Kultur der Verständigung e.V.* (im Folgenden *Phoenix*) und die Jugendorganisation des Deutschen Gewerkschaftsbundes (im Folgenden *DGB-Jugend*). Ich konnte drei in diesen Organisationen aktive Gestalter*innen von Bildungsprozessen dafür gewinnen, ihre Expertise mit mir zu teilen: Andreas Hechler, Mutlu Ergün-Hamaz und Ute Neumann. Mit den folgenden Zusammenfassungen und Auswertungen unserer Gespräche möchte ich die bis hierher getätigten theoretischen Überlegungen mit Erfahrungswissen aus der Praxis rückkoppeln, um Potenziale und Grenzen der Bildungsarbeit gegen anti-queere Ideologie zu erkennen und Fallstricke zu umgehen.

2.2.1 Anregungen aus der geschlechterreflektierten Rechtsextremismusprävention: Interview mit Andreas Hechler

Andreas Hechler, wissenschaftlicher Mitarbeiter und Bildungsreferent bei *Dissens e.V.* und Mitherausgeber des Buches *Geschlechterreflektierte Pädagogik gegen Rechts* (2015), hat unter anderem ein Fortbildungsprojekt zu Mädchen- und Jungenbildern im Neonazismus geleitet. Seit 2002 hat er in verschiedenen Projekten Erfahrung in der Jugend- und (Fort-)Bildungsarbeit gesammelt. Mit *Dissens* arbeitet er bei einem Verein, der auf vielfältige Weise intersektionale Geschlechterforschung

79 Meine Recherche nach Interviewpartner*innen fand im Sommer / Herbst 2018 statt. Ende des Jahres tauchte dann mit *Haltung zeigen* ein Argumentationstraining des Netzwerks *Gegenargument* gegen Antifeminismus im Programm der Heinrich-Böll-Stiftung auf. *Gegenargument* führt ähnliche Trainings schon seit längerer Zeit durch. Leider kam ein Expert*innen-Interview mit den Trainer*innen aus Zeitgründen nicht mehr zustande.

und geschlechterreflektierte Bildungsarbeit betreibt. Aktuelle Schwerpunkte Hechlers sind Prozessbegleitungen, in denen er Bildungsprozesse evaluiert oder Akteur*innen darin unterstützt, ihre Angebote zu reflektieren und mit Blick auf Anti-Diskriminierung zu modifizieren. Auch Fortbildungen, etwa zu geschlechterreflektierter Pädagogik oder zu Männlichkeit, gehören zu seinem Tätigkeitsbereich. Des Weiteren forscht und publiziert er im Themenfeld geschlechterreflektierte Pädagogik sowie insbesondere zu Inter*-Diskriminierung und zum Komplex NS-Euthanasie – Ableismus – Familienbiografien – Erinnerungspolitik.

Wir führten ein gut eineinhalbstündiges Gespräch in den Räumlichkeiten von *Dissens* in Berlin.

Grundhaltung

»Form follows function«, lautet ein zentraler Satz in Kommunikationsdesign und Gestaltung. Er lässt sich nicht nur aufs Layouten von Flugblättern, sondern in zweifacher Weise auch auf die Gestaltung von Bildungsprozessen anwenden, wie das Interview mit Andreas Hechler zeigt.

Zum einen ist der Begriff der Funktion im Sinne der Kritischen Psychologie bei *Dissens* zur Erklärung diskriminierenden Handelns zentral:

> »Die Leute handeln nicht einfach, weil sie schlecht erzogen sind oder weil sie böse Menschen sind, [...] sondern weil ihnen das einen Mehrwert bringt. Also zum Beispiel Identitätsstabilisierung – wichtiger Mehrwert, würde ich sagen. Und dann kann man fragen: Wie kann man da jetzt ansetzen, dass man das, was ihnen das gibt, trotzdem erhält, [...] *ohne* dass das diskriminierend ist. Also das finde ich einen wichtigen und sinnvollen Ansatz. Wenn Du Dir viele antidiskriminierende Ansätze anguckst, machen die das nicht. Da gibt es dann nur: böse, böse, darf nicht sein. Natürlich nicht effektiv, also das *kann* nicht funktionieren, würde ich sagen.«

Ergo sollte die subjektive Funktionalität problematischer Ideologien und Handlungsmuster verstanden werden, um sinnvolle Gegenentwürfe zu erarbeiten.

Zum anderen steht für Hechler die Frage nach der Zielsetzung und -gruppe einer Veranstaltung vor der Überlegung nach konkreten Formaten und Methoden. So gehörten zur Rechtsextremismusprävention drei Säulen, die jeweils ganz eigene Bedingungen und Bedarfe aufwiesen:

> »Die erste Säule, und ich finde auch die wichtigste, ist die Unterstützung und das Empowerment von diskriminierten Gruppen einerseits und andererseits der Schutz von realen oder potenziellen Opfern von Rechten. Die zweite Säule ist die Stärkung und der Ausbau von Alternativen zum Rechtsextremis-

mus. […] Und als *dritte* Säule hast Du dann die Arbeit mit realen oder potenziellen Täterinnen und Tätern oder Menschen, die Affinitäten zu solchen Gedankenwelten haben.«

Die Priorisierung der dritten Säule, also der »Privilegiertenfokus« der Rechtsextremismusprävention in Deutschland, ist für Hechler »ein zentraler Fehler«, weil »viel zu spät« ansetzend: »Prävention heißt eben Prävention und nicht Intervention«. In einer engen Verkopplung der ersten zwei Säulen gelte es mit Blick auf die Geschlechterverhältnisse, »alles, was LGBTQI ist, zu stärken. Das heißt, Geschlechterbilder und Szenen zu stärken, die nicht den traditionellen vorherrschenden Bildern entsprechen«. So werden die Betroffenen rechter Diskriminierungen unterstützt, die gleichzeitig auch Alternativen zu den rigiden Geschlechternormen von rechts leben. Zur zweiten Säule würde aber auch die Schulung und Stärkung pädagogischer Fachkräfte und Multiplikator*innen zählen. Das allerdings seien zwei Zielgruppen mit – zumindest außerhalb Berlins – eher geringen Überschneidungen und sehr verschiedenen Bedarfen, »zugespitzt: Die einen brauchen halt Empowerment, die anderen Sensibilisierung«. Entsprechend muss das Angebot verschieden gestaltet werden oder besonderes Augenmerk auf die Binnendifferenzierung legen.

Unabhängig von der genauen Gruppe gilt für Hechler ein machtkritischer Ansatz:

»Im Idealfall heißt halt ein Bildungsprozess, dass man Leute begleitet im Lernen. Und ich kann nicht vorher definieren, was dabei herauskommt. Ich bin nicht frei davon, bestimmte Ziele zu haben. Und ich vertrete auch *Werte*, […] das finde ich auch richtig und legitim. Aber natürlich muss ich akzeptieren und akzeptiere das auch, wenn Leute zu anderen Schlüssen und Ergebnissen kommen. […] Und es geht darum, Differenzen auch auszutragen, aber auch stehen zu lassen. Und es geht nicht, also explizit nicht, um Umerziehung. *Wenn* Umerziehung, oder wenn von Pädagog_innenseite Macht ausgeübt wird, dann finde ich das dezidiert kritikwürdig.«

In diesem Sinne ist das Schaffen von Alternativen nicht darüber zu erreichen, dass die Teilnehmer*innen in ihre Richtung gedrängt würden. Vielmehr sollten sie als erweiterte Möglichkeitsräume eröffnet und freigestellt werden, um dem Anspruch emanzipatorischer Bildung in Form wie Inhalt gerecht zu werden.

Didaktische Reduktion

Zur Frage nach einer Reduktion aufs Wesentliche nennt und begründet Hechler den inhaltlichen Fokus auf die Geschlechterverhältnisse. Politische Bildung könne in diesem Themenfeld Leerstellen teilweise abdecken, wie sie zum Beispiel das Wegbrechen der emanzipatorischen Männerbewegung um die Jahrtausendwende hinterlassen habe. Seit dem Abebben dieser Bewegung seien es beinahe nur noch rechte Kräfte, die Hetero-cis-Männern Angebote machten. Generell bauten rechte und fundamentalistische Szenen in ihrem Funktionieren auf rigiden Vorstellungen von Geschlecht und Sexualität, von Normierungen und Kontrolle auf:

> »Und ich finde, wenn man da eine Form von antifaschistischer Politik machen will, muss man auch eine Form von sinnvoller Geschlechterpolitik machen.«

So kann, gleich einem Hebelpunkt, ein Aspekt aufgegriffen werden, der das Zeug hat, das Fundament dieser Ideologien aufzubrechen.

Wissensvermittlung und Selbstreflexion

Solche politischen und theoretischen Überlegungen bedürfen der nachhaltigen pädagogischen Umsetzung. Darin spielen Räume für Selbstreflexion eine zentrale Rolle:

> »Wissenstransfer ist natürlich immer wichtig, aber immer auch beschränkt.«

> »Also, wenn die eigene Gewordenheit, die eigene geschlechtliche Gewordenheit, nicht reflektiert wird, dann, würde ich sagen, ist die Wahrscheinlichkeit sehr hoch, dass unbewusst eine ganze Menge Dinge tradiert werden.«

Zunächst gilt es also, ein Bewusstsein für die Relevanz dieses gemeinhin zu wenig beleuchteten Themas zu schaffen. Dazu müssen verbreitete Missverständnisse ausgeräumt werden, die zu Ignoranz gegenüber den Erkenntnissen queerer Gesellschaftskritik beitragen. So laute das »Konstruktionsmissverständnis«: Wenn Geschlecht ›nur‹ konstruiert sei, könnten wir alle unser Geschlecht ständig nach Belieben wechseln. Zwar wäre das in Hechlers Augen gar kein so schlechtes Szenario, jedoch als Beschreibung des Status quo fehlerhaft:

> »Es ist ja *nur* konstruiert – das ist das falsche Wort, das ›nur‹. Es ist halt nicht *nur*, sondern: es ist total viel. Das schreibt sich ein in Körper, in Gedanken, in Wahrnehmungsweisen und so weiter.«

An dieser Stelle hat die kognitive Vermittlung grundlegender konstruktivistischer Theorie durch Inputs ihren Platz. Damit auch andere Stimmen gehört werden und mit ihnen weitere (marginalisierte) Positionierungen Raum erhalten, setzt Hechler zur Wissensvermittlung regelmäßig Videoclips ein. Um die Gruppe über theoretische Fragen ins Gespräch kommen und eigene Einstellungen und Erfahrungen einbringen zu lassen, eignet sich hervorragend die Quiz-Spiel-Methode *Der Große Preis*:[80] »Ich habe damit wirklich so Highlights gehabt in meinem Leben«. Eine bewährte Methode für Multiplikator*innen, in der gängige Gender-Stereotype aus dem pädagogischen Alltag reflektiert werden, ist »Praxissituationen entgeschlechtlichen«:[81]

> »Da wird dann klar: In so einem Satz wie ›Ladies first‹ steckt eigentlich die gesamte Geschlechterordnung drin. Und das ist immer ein tolles Aha-Erlebnis. […] Das ist eine total schöne Methode. Und das sensibilisiert. Also ich glaube, nach der Methode sprechen Leute massiv sprachsensibler.«

Mit der Sprache wird auch die Verwobenheit des eigenen Denkens mit gesellschaftlichen Strukturen thematisiert. Noch tiefer geht es, wenn die ganz persönlich-biografische Eingebundenheit in Machtverhältnisse in den Blick kommt und das »Minderheitenmissverständnis« aufgelöst wird:

> »Wenn wir halt über Homofeindlichkeit oder Transfeindlichkeit reden, dann reden wir ja nicht über eine Minderheit, sondern über ein Normierungssystem, das erstmal alle Menschen trifft. Es trifft sie unterschiedlich […], aber als Normierungsinstrument trifft es alle. Und das ist etwas, das wir auch in Fortbildungen versuchen sehr deutlich zu machen.«

Daher sind gerade jene Teilnehmer*innen, die sich als ›ganz normal‹ betrachten, aufgefordert, zu begreifen, dass LGBTIQ-Feindlichkeit nicht nur die Betroffenen zu interessieren hat, sondern auch viel darüber aussagt, wie Hetero- und Cis-Geschlechtlichkeit funktioniert. Letztlich geht es darum, sich selbst zu diesen Mechanismen in Relation zu setzen. Das

80 In dieser Methode suchen zwei Teams sich abwechselnd Fragen aus, die nach Themenbereichen und Komplexitätsgraden geordnet umgedreht an einer Pinnwand angeordnet sind. Im Fokus steht der Austausch in der Gruppe, nicht die ›korrekte‹ Beantwortung. (Vgl. dazu auch Hechler & Stuve 2015:100ff.)

81 Diese Methode lädt Bildungsarbeiter*innen ein, übliche Formulierungen und Gesten aus ihrer Praxis auf geschlechtliche Implikationen hin zu überprüfen. Dazu werden gängige Szenarien auf Kärtchen in Kleingruppen gegeben. (Details in Hechler & Stuve 2015:73ff.)

Mittel der Wahl dazu ist die Biografiearbeit: »Das, würde ich sagen, ist immer die Grundlage dafür, dass man überhaupt sinnvoll arbeiten kann. Und dass sich wirklich was verändern kann«. Das braucht Zeit:

> »Ich weiß das aus Erfahrung: Das dauert lange, bis das verstanden wird. [...] Es dauert sehr lange, zu verstehen: Es geht hier auch um einen selber [...] Dieser Switch darin: Es geht hier nicht um Toleranz gegenüber einer kleinen, diskriminierten Minderheit, so ›ich tu ja niemandem was und ich bin ja ganz tolerant‹, sondern es geht um die Infragestellung der Norm. Und es geht darum, zu verstehen, dass die Normierung *auch* die Privilegierten einschränkt. Und auch eine permanente Angst produziert: Angst abzurutschen.«

Demnach gehört etwa zur männlichen Sozialisation das Wissen darum, dass klare Grenzen zu allem zu wahren sind, was in der jeweiligen Peergroup als weiblich gilt. Und dieses Wissen werde den Betreffenden mit »Formen von Gewalt unterschiedlichster Art« eingebläut.

Hechler und Kolleg*innen haben Methoden entwickelt, um die oft verdrängten und verleugneten Verwerfungsprozesse all jener Möglichkeiten, die jenseits der gelernten Geschlechterrolle liegen, sichtbar zu machen. Eine davon heißt »Verlustspur des Subjekts«. In ihr wird eine Reihe von möglichen Personeneigenschaften auf Zuruf an der Flipchart gesammelt und dann daraufhin abgeklopft, ob und inwiefern sie innerhalb einer bestimmten Rolle lebbar wären.

Die persönliche Selbstreflexion der Teilnehmer*innen folgt bei *Dissens* dem Schema Einzelarbeit – Austausch zu zweit – freiwilliges Teilen im Plenum. Dabei werde regelmäßig offenbar, dass Menschen mit mehr Diskriminierungserfahrungen die Biografiearbeit als schmerzhafter erleben, jedoch einen leichteren Zugang zu relevanten Erinnerungen haben. Privilegierte hingegen müssten »viel tiefer graben«, um ihre Prägungen offenzulegen.

Emanzipation lustvoll gestalten

Um der Attraktivität der Selbstaufwertung durch die Abwertung des als anders Konstruierten zu begegnen, muss ihre langfristige Dysfunktionalität entlarvt werden. Mit der Kritischen Psychologie bezeichnet Hechler solche Prozesse als »defensiv«, die durch Konkurrenz unter Ausgebeuteten zwar das eigene Überleben begünstigen mögen, die Verhältnisse mitsamt der Ungerechtigkeiten jedoch zementieren. »Expansiv wäre, genau diese Mechanismen zu verstehen und gegen das System der Ausbeutung anzugehen«. Wenn die Reflexion eigener Verwobenheiten in Machtverhältnisse also auch anstrengend sein mag, so liegt doch ihr großes und attraktives Potenzial darin, aus der Defensive in die Expansion zu gelangen. »Also wirklich zu verstehen: hier sind alle gemeint und alle profitieren davon, nicht mehr in einer Gesellschaft zu leben, die diese Art von Normierungen vornimmt«. Wenn schon Kinder lernten, dass sie sich von rigiden Geschlechternormen unabhängig frei entfalten dürften, nähme das rechten Ideologien von Anfang an die Anziehungskraft.

Neben ihrer Qualität der trügerischen Selbstaufwertung kann es auch die scheinbare Plausibilität ihrer naturalisierenden Argumentation und Rückgriffe auf den ›gesunden Menschenverstand‹ sein, die Individuen an regressiven Geschlechterverständnissen anzieht. Hechler begegnet entsprechenden Fragen von Seminarteilnehmer*innen mit folgender Antwort:

> »Naja, es gibt wissenschaftliche Literatur, die beweist: Das ist alles natürlich. Und es gibt wissenschaftliche Literatur, die beweist: Das ist falsch. Den letztgültigen Beweis dazu hat niemand erbracht, sonst würden wir darüber nicht mehr diskutieren.«

Es gebe zwar unbestrittene Naturzwänge für den Menschen, das Atmen von Luft etwa, das ja auch kein Gegenstand akademischer Dispute sei. Im Falle der Geschlechtlichkeit aber, so Hechler, liegt gewissermaßen eine Auswahl wissenschaftlicher Wahrheiten vor:

> »Im Kern ist das ein Glaubenssystem. Du musst eine Entscheidung treffen. Die meisten Menschen treffen die nicht bewusst, sondern werden da irgendwie so reinsozialisiert.«

Ein mehrfaches Missverhältnis liege erstens darin, dass die Naturwissenschaften über eine mächtigere gesellschaftliche Stimme verfügen als die Geistes- und Sozialwissenschaften. Erstere haben bekanntermaßen eine Tendenz zum Essenzialismus, die allerdings durch eine »selektive Lesart« in mehreren »Kaskaden« noch verstärkt würde: So würden in großen Journals eher solche Studien publiziert, die Gender-Klischees bestätigen, während andere hier seltener Eingang fänden. Magazine und Zeitungen schlachteten diese Studien dann mit besonderer Vorliebe aus, was schließlich zu Kompendien »zu Mars und Venus und Einparken und Zuhören« führte. Diese Dynamiken aufzuzeigen, kann den Eindruck der unhintergehbaren Allmacht naturwissenschaftlichen Wissens brechen. Zusätzlich könne theoretisch interessierten Teilnehmer*innen Literatur von Donna Haraway, Anne Fausto-Sterling, Malin Ah-King, Sigrid Schmitz oder

Kerstin Palm dabei helfen, sich ein differenzierteres Bild vermeintlicher Natürlichkeiten zu machen.[82]

Fallstricke und Schwierigkeiten

Wenn ein Konzept mit dem Anspruch theoretischer Fundierung antritt, gilt es, übliche Ausblendungen wie z.B. von Inter*diskriminierung zu vermeiden. Zentral ist auch die Richtigstellung der inzwischen verbreiteten Verzerrungen der Analyse-Kategorie Gender:

> »Fast immer wird der Gender-Begriff falsch verwendet. [...] also zum Beispiel zu sagen, man gendert jetzt Sprache. Das ist *Unsinn*. Sprache ist immer, immer immer immer gegendert. [...] Das ist eine völlige Verdrehung und ich würde sagen, das ist ein Sieg der Rechten. Da müsste man sehr grundlegend dagegenhalten.«

Hechler bezieht sich in der Rede von der immer schon gegenderten Sprache u.a. auf die normalisierte, männerzentrierende Grammatik des generischen Maskulinum. Solcherlei Normalitäten zu hinterfragen, legt jedoch erst die Grundlage für weitere Fragestellungen. Das führt zu einer ganz praktischen Schwierigkeit inhaltlich komplexer Programme wie solcher zur geschlechterreflektierten Neonazismusprävention oder auch zu antiqueerer Ideologie, nämlich dem Zeitproblem: Das Thema in seinen verschiedenen Dimensionen nur zu erklären, kann dauern und wenig Raum für die daran anschließende Besprechung von Handlungsmöglichkeiten lassen.

Heterogene Gruppen bringen außerdem diverse Wissensstände und Betroffenheiten in den Raum, häufig aneinandergekoppelt: Wer mit Diskriminierung im Alltag zu kämpfen hat, weiß mehr darüber, wie sie funktioniert, und möchte präzise deshalb nicht unbedingt als »Erklär-Bär*in« für Privilegierte zur Verfügung stehen. Andererseits gebe es auch eine

> »Unzufriedenheit mit queeren Szenen, oder generell linken Szenen, die lernunfreundlich sind. Wo Du immer so tun musst, als wenn Du alles schon immer gewusst hast. Das ist die beste Voraussetzung, um nicht lernen zu können.«

---

82 Haraway hat sich u.a. in der feministischen Wissens- und Wissenschaftskritik profiliert, Fausto-Sterling in der Forschung zu Intergeschlechtlichkeit; Ah-King hat einen Band zur (Evolutions-)Biologie der Geschlechter aus gender-sensibler Perspektive veröffentlicht, während Schmitz und Palm beide die moderne Hirnforschung auf ihre Fortschreibung und Verfestigung ideologischer Geschlechterstereotype hin befragen.

Pädagogische Logiken aber sind andere als politische Logiken, und während in politischen Auseinandersetzungen Abgrenzungen, Wut und auch Hass seitens Diskriminierter legitim und nachvollziehbar sein mögen, können sie für Lernprozesse zerstörerisch wirken. Beim Nachdenken über Pädagogik jedoch »wäre es mein Anspruch und Wunsch, allen Leuten erstmal ein Lernen zu ermöglichen«.

Schlussfolgerungen

Das gut eineinhalbstündige Gespräch mit Andreas Hechler brachte eine Fülle von Anknüpfungspunkten für das Vorhaben dieser Arbeit zum Vorschein. Die weitgehenden Parallelen zwischen der anti-queeren Ideologie aktueller Anti-Gender-Kampagnen und dem Geschlechteraspekt jener rechten Weltbilder, auf die Hechler und seine Kolleg*innen bei *Dissens* abzielen, bringen ein großes Transferpotenzial für die Bildungsarbeit in Fragen der Haltung und Methodik mit sich. Die Notwendigkeit eines spezifisch auf anti-queere Ideologie hin zugeschnittenen Angebots wurde im Interview nicht in Abgrenzung zu den bereits existierenden Konzepten, sondern in ihrer Ergänzung in Anbetracht einer massiven Problemlage deutlich.

Im Interview ungeklärt blieben die spezifischen Potenziale eines neuen Konzepts gegen anti-queere Ideologie in Abgrenzung zu bereits durchgeführten *Dissens*-Projekten. Verschiedene noch ungenutzte Möglichkeiten wurden angerissen – etwa spezifische Zielgruppen wie Rechtsextremismusforscher*innen oder Journalist*innen –, jedoch aufgrund der besonders hohen Hürde der Erreichbarkeit auch wieder verworfen. Selbst zu anderen Zielgruppen, in diesem Fall Pädagog*innen, erklärte Hechler:

> »Also irgendetwas verstehe ich daran auch nicht, ich kann es nur so sagen: Es ist schwierig, mit dem Thema zu landen.«

Damit mag in Wechselwirkung stehen, dass im Bereich rechter Weltbilder und Geschlecht nach wie vor zu wenige Angebote gemacht werden:

> »Ich finde prinzipiell alles, was in dem Themenfeld gemacht wird, gut und sinnvoll und notwendig. In meinen Augen passiert das zu wenig. Ich lese ja relativ viel aus dem Bereich der Rechtsextremismusprävention. Es ist bis heute so, dass sich eigentlich nichts verändert hat. […] Geschlecht kommt nach wie vor eigentlich nicht vor, mit wenigen Ausnahmen«

Hierin nun liegt eine Herausforderung, aber auch ein Anlass, weitere Konzepte zum Thema zu schaffen. Unter anderem, weil an der unzureichenden Durchdringung des Stellenwerts von Geschlecht in rechten Ideologien bzw. der Wirkungsmacht rechter Ideologien in Geschlechterfragen auch Teile der emanzipatorischen Kritik kranken: »Wenn *das* die Kritiker_innen der Rechten sind, dann muss ich sagen: Gute Nacht«, beklagt Hechler mit Blick auf eine solche mangelhafte Analyse.

> »Also, das ist eine völlig krasse Situation, finde ich. Und natürlich bräuchte es da nicht nur die Bildungsarbeit. Aber wenn Du nach Bildungsarbeit fragst – ja, die braucht es auch.«

Mit der Analyse anti-queerer Ideologie aktuelle Diskurse vom rechten Rand bis in die Mitte der Gesellschaft in den Blick zu nehmen, ein theoretisch fundiertes Konzept zu liefern und Angebote politischer Bildung zu erarbeiten, scheint nach dem Gespräch lohnenswerter denn je: Es gilt, Leerstellen zu schließen, flächendeckend beengte Handlungsräume zu erweitern und damit totalitären Ideologien einen Grundpfeiler zu entziehen.

Offen bleibt zu diesem Zeitpunkt die Wahl der Zielgruppe und des entsprechenden Formats, da spezifische Gruppen als schwer erreichbar eingeschätzt werden, gleichzeitig aber ein auf die Gruppe hin zugeschnittenes Angebot als Grundbedingung erfolgreicher Arbeit gelten kann und also kein One-size-fits-all-Format vorstellbar ist. Unentrinnbar bleibt auch ein Paradox queerer Bildung: Diese sollte einerseits Empowerment an erste Stelle stellen, wie Hechler überzeugend argumentiert. Andererseits aber sind die Linien von Privilegierung und Diskriminierung mit einer queeren Brille in Fragen der Geschlechterverhältnisse kaum eindeutig zu ziehen, fokussiert doch eine queere Kritik gerade auf Mehrdeutigkeiten, Brüche und Verwischungen sozialer Kategorien wie Geschlecht und Sexualität. Wer vermag etwa zu sagen, welche inneren Verwerfungen es einen heterosexuellen Mann kostet, seine Rolle auszufüllen, seine Identität alltäglich zu stabilisieren und dabei feminine und homoerotische Impulse im Zaum, ja vielleicht außerhalb des eigenen Bewusstseins zu halten? Wer vermag zu sagen, was Alice Weidel bewegt, ihre Zeit und Kraft einer Partei zu opfern, die Menschen wie sie offen verachtet? Macht ihre Prominenz und Aktivität die Betroffene zur Täterin? Kann sie beides zugleich sein? Bei genauerem Blick lassen sich solche Kategorien oft nur bedingt halten; sie formen eher empirische Oberflächen, an denen sich soziale Wahrnehmung und Identifizierungen orientieren, ohne dass darunter unbedingt eine fundierte Substanz gegeben sein muss. Aufgrund dieser lebensweltlichen Orientierung aber ist zumindest in der Tendenz feststellbar, welche Gruppen anti-queeren Angriffen stärker ausgesetzt sind und welche weniger. Einiges Potenzial läge in Hechlers Augen darin, diese in verschiedener Weise negativ betroffenen Gruppen anzusprechen, um ein Bewusstsein über die Zusammenhänge anti-queerer Angriffe und daraus erwachsender gemeinsamer Interessen zu stärken. Weiterhin sinnvoll scheint aber auch die Förderung alternativer, offenerer Weltbilder durch präventive Ansprache größerer Personengruppen, eventuell vermittelt durch die Schulung von Multiplikator*innen.

2.2.2 Anregungen aus der antirassistischen Bildungsarbeit: Interview mit Mutlu Ergün-Hamaz

Mutlu Ergün-Hamaz ist Sozialwissenschaftler, Anti-Rassismus- und Empowerment-Trainer. Seit dem Jahr 2001 ist er Teil von *Phoenix – für eine Kultur der Verständigung*, einem Verein, der seit drei Jahrzehnten ein einzigartiges Trainingskonzept durchführt und weiterentwickelt. Mutlu Ergün-Hamaz ist als Performer der antirassistischen Satire *Edutainment Attacke* (2008-2012, gemeinsam mit Noah Sow), als Redaktionsmitglied des Kultur- und Gesellschaftmagazins *freitext*, als Mitherausgeber der Reihe *insurrection notes* im Unrast-Verlag und als Autor (*Kara Günlük – die geheimen Tagebücher des Sesperado*, Münster 2010) kulturschaffend tätig. Gegenwärtig stellt er an der London School of Economics seine Dissertation zu Rassifizierung und Empowerment in Deutschland fertig, in der er eine Verknüpfung von Bildungsarbeit und Wissenschaft vornimmt.

Für unser achtzigminütiges Gespräch lud er mich nach Berlin zu sich nach Hause ein.

Der Rahmen bestimmt den Fokus

Auf die Frage nach der didaktischen Reduktion gibt Ergün-Hamaz eine zweigeteilte Antwort. Eigentlich liege der Schwerpunkt in der biografischen Arbeit: »In dem persönlichen Erleben von sich selbst, in der persönlichen Erfahrung von sich selbst«. Diese Form des Arbeitens aber benötige zwei bis drei Tage. Anfragen für kürzere Formate lehne *Phoenix* regelmäßig ab. Wenn Ergün-Hamaz als Einzelperson eine Einladung für einen Vortrag oder kürzeren Workshop annimmt, verändert das sein Herangehen grundlegend:

»[...] dann sage ich auch immer klipp und klar: Das ist jetzt hier wissenschaftlich-verkopft. Und ich habe dann nicht den Anspruch, da so diese persönliche Selbsterfahrung zu machen. Das ist dann, was ich den Leuten empfehle. Also ich knalle dann quasi die letzten wissenschaftlichen Forschungen, die es in diesem Bereich gibt, den Leuten vor den Latz und sage dann: Das ist die Forschung. Wir können damit was anfangen, wenn wir wollen. Oder nicht. Aber das braucht Zeit. Und das lässt sich hier nicht in zwei Stunden oder drei Stunden bewerkstelligen.«

Die gewissermaßen verkürzte Form der Wissensvermittlung, die Ergün-Hamaz hier beschreibt, kann also nur als Anreiz gelten, sich dem Thema wirklich zu widmen. Ein Input allein kann die Wichtigkeit einer vertieften Auseinandersetzung begründen, sie aber keinesfalls ersetzen.

Ist der angemessene Zeitrahmen gegeben, gehe es »darum, eine gute Mischung zu finden«. Sinnvoll platzierte Einheiten der Wissensvermittlung mittels verschiedener Medien kämen dabei der Aufnahmefähigkeit der Teilnehmer*innen zugute. Auch freie Diskussionen hätten ihren Raum. Sie dürfen jedoch nicht in Konkurrenz zum Kernstück, der biografischen Arbeit, treten:

»[...] drauf achten, dass Prozesse nicht zerredet werden. Es kommt auch vor, dass eine total schöne, emotionale Atmosphäre entsteht und dann fängt eine ganz seltsame, verkopfte Diskussion an, die dieses persönliche Erleben wieder verdeckt und in den Hintergrund rücken lässt«.

Offenbar kann sich die Dynamik der Gruppe einem vielleicht ungewohnten, vielleicht unangenehm intimen Bildungsvorgang in den Weg stellen. Es kommt zu einer Art unsachgemäßer Versachlichung. Hier kann es die Rolle des*der Trainer*in sein, die Teilnehmer*innen darin zu bestärken, sich auch den persönlichen Facetten des Themas zu stellen. Das genaue Verhältnis der Anteile von Selbstreflexion, Input und Austausch in der Gruppe, so Ergün-Hamaz, sei jedoch stets von Ziel und Ansatz abhängig und in keiner Faustregel zu bestimmen.

Von zentraler Bedeutung ist für Mutlu Ergün-Hamaz die Verzahnung der gesellschaftstheoretischen Wissensvermittlung mit dem persönlichen Erleben der Teilnehmenden:

»Ich glaube, es ist wichtig, dass Leute verstehen: Das ist der Rahmen. Also das Strukturelle ist der Rahmen der persönlichen Erfahrung. [...] Und der ist ja auch nicht seit gestern da, sondern der hat eine historische Vorgeschichte.

> Und das mit in den Raum zu bringen mit den persönlichen Erfahrungen, die da sind, das ist wichtig. Um das halt deutlich zu machen, worum es eigentlich geht.«

Worum es »eigentlich« geht: Das sind demnach die sozialen Ursachen und Folgen individuellen Handelns. Es geht um die Verortung der eigenen Erfahrung im gesellschaftlichen Feld. Darin schwingt eine gehörige Tragweite persönlicher Entscheidungen mit, (re-)produzieren sie doch Strukturen der (Un-)Gleichheit. Die Ergänzung der historischen Komponente macht das Ausmaß des Unrechts deutlich, birgt aber auch Stoff für Entlastung und einen vorsichtigen Optimismus. Denn einerseits hat das Individuum keine Geschichte persönlich zu verantworten, deren Ursprünge Dutzende Generationen vor seine Geburt zurückreichen. Indem es sich zu dieser Historie aktiv verhält, kann es aber dazu beitragen, eine weniger gewaltvolle Geschichte der Zukunft mitzuschreiben. Immerhin ist auch die Vorgeschichte heutiger Probleme nicht im Vakuum entstanden, sondern Resultat menschlicher Handlungen.

Zunächst gilt es aber, die ganz persönliche Geschichte, also die eigene Sozialisation zu begreifen. Das bringt uns zurück zum biografischen Ansatz. *Phoenix,* so Ergün-Hamaz, knüpft dabei an die Methode der Erinnerungsarbeit nach Frigga Haug an.[83] Damit nehmen die Anti-Rassismus-Trainer*innen die Frage in den Blick:

> »Kannst Du Dich erinnern, wann Du das erste Mal Dich selbst als weiß wahrgenommen hast, oder gespürt hast: Hier ist ein ›rassisch‹, in Anführungsstrichen, Anderer, durch den ich spüre, ich gehöre der Norm [..] an?«

Vor allem in weißen Gruppen, so Ergün-Hamaz weiter, benötige diese Methode viel Zeit und Vertrauen. Seiner Erfahrung nach ist sie somit nicht für Workshops geeignet, sondern bedarf des Rahmens eines intensiven Trainings. Für Personen of Color seien die eigenen Rassifizierungsprozesse präsenter und leichter der Erinnerung zugänglich.

Eine weitere Verknüpfung von eigener Person und Geschichte ist die Empowerment-Methode *Geschichte meines Namens*, in der eine transgenerationale Selbstverortung geleistet wird: Die Teilnehmer*innen haben Gelegenheit, etwas über die Geschichte und Bedeutung der ihnen gegebenen Vornamen und ihrer Familiennamen mit der Gruppe zu teilen. Häu-

83 Die marxistische Sozialwissenschaftlerin und Feministin Frigga Haug hat mit der Erinnerungsarbeit eine Methode zur kollektiven Produktion kritischen Wissens über die Sozialisation von Frauen geschaffen.

fig, so Ergün-Hamaz, verbringe er dann zwei bis vier Stunden mit intensivem, ja fasziniertem Zuhören. Mit weißen Gruppen sei diese Methode hingegen wenig ergiebig.[84]

Der Trainer als Hirtin

Das Verhältnis des Trainers zur Gruppe ist ein Faktor, dessen Bedeutung Mutlu Ergün-Hamaz im Gespräch mehrfach betont.

> »Also, ich glaube, die gewaltfreie Kommunikation hilft, dass die Leute sich nicht bedroht fühlen von diesem Punkt, wo Du die Leute hinführen willst, der sagt: Schaut mal, wo Ihr Teil dieser Struktur seid. Ich glaube, es geht darum, irgendwie den Leuten klarzumachen: Wir sprechen nur eine Einladung aus. Ihr seid nicht gezwungen, Euch dem Punkt anzunähern. Und das ist hier die Möglichkeit, mal in sich selbst hineinzuschauen. Und zu gucken: Was kommt dabei heraus?«

Mit der Anleitung persönlicher Lernprozesse geht die Verantwortung einher, ein Klima der Freiwilligkeit zu wahren. Die Aufgabe besteht in der Ermöglichung von Erkenntnissen, nicht darin, sie den Teilnehmer*innen aufzuzwingen. Dies ist nicht gleichzusetzen mit einem unreflektierten Streben nach Harmonie. Vielmehr müsse der Trainer den Wunsch nach Beliebtheit loslassen: »Die Gruppe muss mich nicht gernhaben.« So gewinne er »eine Mischung von innerer Freiheit, Unabhängigkeit, und gleichzeitig ein liebevolles Sich-Sorgen, aber immer auch nur bis zu einem gewissen Punkt«. Aus dieser Haltung heraus lese er feinfühlig, was die Gruppe gerade kommuniziert und braucht. Vor allem bei Personen mit einem stark idealisierten Selbstbild, die Schwierigkeiten hätten, unangenehme Seiten ihrer Selbst in den Blick zu nehmen, kann der Bedarf durchaus in einem deutlichen Weckruf bestehen:

> »Manchmal [...], wenn ich an einen Punkt komme, wo ich denke, die Gruppe versucht gerade, komplett sich dem Thema zu entziehen, dann sage ich auch: Ey, wir können auch so tun, als gäbe es keinen Rassismus in Deutschland. Dann packe ich jetzt meine Sachen ein und gehe wieder und Ihr könnt hier Ringelpiez mit Anfassen machen, so quasi. Und alles ist Friede, Freude, Eierkuchen. Ich glaube, spätestens dann merken die Leute: OK, gut, wir sind gerade mitten in einer Fluchtbewegung und das wird uns hier gespiegelt. Und natürlich ist eben nicht alles in Ordnung.«

---

84 Vermutlich kann dies mit der Unmarkiertheit der weißen Norm in Deutschland und mit der universalistischen Orientierung weißer Teilnehmer*innen in Zusammenhang gebracht werden.

Auch eine solche Ansage, die immerhin eine rhetorische Drohung des Abbruchs impliziert, gelte es aber, noch »liebevoll einzurahmen« und nicht als Vorwurf zu formulieren. Letztlich sei es auch zu akzeptieren, wenn eine Gruppe nicht in der Lage sei, das Training zu durchlaufen. Wenn diese Unfähigkeit auf wiederholte Störungen durch einzelne Teilnehmer*innen zurückgehe, könne es aber auch ein legitimer Umgang sein, diese zu isolieren:

> »[...] indem ich sage: [...] Ich merke, das ist nichts für Dich. Aber es wäre schön, wenn die zehn, fünfzehn Leute im Raum jetzt noch weiter an dem Prozess sich beteiligen können. Ist es OK, wenn Du den nicht mehr störst? [...] Und dann kriegen die mit: Irgendwie sind alle Leute voll im Prozess drin, aber diese eine Person nicht. Und die sitzt dann da und fragt sich: Warum sind sie alle im Prozess drin und ich nicht? Und dann passiert vielleicht doch nochmal irgendwie was mit denen. Oder auch nicht, je nachdem.«

Es geht also mitnichten um einen stets auf Harmonie und Selbstbestätigung abzielenden Kuschelkurs mit der Gruppe. Ergün-Hamaz greift zu einem durchaus nicht hierarchiefreien Vergleich, wenn er fragt:

> »Wie führe ich, so ein bisschen wie eine Hirtin, sage ich jetzt mal, die Schäfchen ins Trockene? Also wie kann ich die Gruppe da abholen, wo sie sind, aber dann auch da hinbringen, wo ich sie gerne hinbringen möchte?«

Die Rolle der Hirtin im Trainingsprozess ist allerdings eine hochkomplexe und bedarf der durchgängigen Selbstreflexion, denn:

> »Die Methoden – das ist halt so die Technik. Und die kannst Du auch relativ schnell lernen. Das ist nicht so die Herausforderung. Die Herausforderung ist vielmehr: Was lösen die Teilnehmerinnen in Dir aus? Und was triggern sie vielleicht auch in Dir? Im Positiven wie im Negativen. Und kannst Du das händeln? Deswegen sind wir auch immer zwei Leute bei uns im Team. Das macht irrsinnig viel aus [...]. Deshalb dauert bei Phoenix halt auch die Ausbildung so wahnsinnig lange. Weil es eigentlich viel mehr darum geht als um: Nach X machst Du Y und nach Y machst Du Z. Das muss einfach nur gut angeleitet werden und dann geht das meist schon. Aber was dann halt mit Dir passiert, ist nochmal eine ganz andere Sache.«

Um das Fingerspitzengefühl aufzubringen, der Gruppe die Impulse zu bieten, die sie in ihrem Lernen gerade unterstützen, muss der Trainer sich sicher sein können, nicht unversehens eigene Verletzungen oder Affekte auszuagieren. Weil das nicht in jeder Situation funktioniert, muss der*die Kolleg*in auch spontan übernehmen können und umgekehrt. Dies gilt umso mehr, als die von Ergün-Hamaz skizzierte Trainer*innenrolle in

Sensibilisierungstrainings eine machtvolle und beizeiten direktive ist. Zugleich kann eine bestmögliche Ausbildung der Trainer*innen ihrem Selbstschutz dienen, wenn gewaltvolle Thematiken verhandelt werden.

Machtreflexion als Heilung

Im deutschen Kontext ist Rassismus, zumindest im Diskurs der weißen Mehrheitsgesellschaft, jahrzehntelang ausschließlich als historisches Phänomen des Nationalsozialismus und allenfalls ein Problem rechtsextremistischer Gruppen verhandelt worden.[85] Entsprechend schwer fällt es weißen Personen in der Regel, sich der eigenen Verstrickung in rassistische Strukturen zu stellen. Denn wo es der reflektierten Ablehnung bedürfte, steht häufig nur eine Tabuisierung. So können rassistische Stereotype im Denken fortbestehen, aber sich und anderen nur schwer eingestanden werden. Heraus kommt der floskelhafte Satzbeginn »Ich bin ja kein Rassist«, gefolgt vom »Aber« der vermeintlich offensichtlichen oder biologischen Differenzen.

Mutlu Ergün-Hamaz will den Teilnehmer*innen seiner Trainings zunächst nahebringen, dass sie auch als Personen, die Gleichheitswerte bejahen, unbewusste Vorurteile und diskriminierende Denkstrukturen verinnerlicht haben. In der Folge gehe es dann darum, ihre essenzialistischen Kategorien kritisch zu befragen, etwa indem die Willkür ihrer Grenzziehungen thematisiert wird. Noch über die Infragestellung der biologischen Gültigkeit von Rassenideologien hinausgehend, kann das Begreifen der historischen Kontingenz aller Kategorien dabei helfen, gewohnte Normen zu destabilisieren:

> »[Als] Soziologe sage ich ja: Biologie ist halt auch nur Kultur. Und wenn ich bestimmte Grundvorstellungen in meiner Kultur habe, dann entwickele ich halt auch eine Biologie, die so funktioniert. [...] Wie kann ich die Leute dahin bringen, das wahrzunehmen? Das, was um mich herum ist an Strukturen, auch kritisch zu hinterfragen? Zu sehen: Das ist halt von *Menschen* gemacht, ist von uns gemacht, und nicht irgendwie von Natur oder Gott oder Universum oder was auch immer.«

Diese Konstruiertheit der sozialen Welt nicht erkennen zu können, sich in ihren Paradigmen zu verfangen und dadurch keine Gegenwehr gegen ihre Ungerechtigkeiten aufbringen zu können, ist ein Symptom von Privilegiertheit – aber eigentlich doch ein massiver Mangel. Als *déformation*

---

85 Darauf haben u.a. Broden & Mecheril (2010:12) sowie Messerschmidt (2016:174) kritisch hingewiesen.

professionnelle wird es bezeichnet, wenn der Beruf sich prägend auf den Charakter auswirkt. Mutlu Ergün-Hamaz schildert hier einen Sachverhalt, der als *déformation privilégiée* bezeichnet werden könnte:

> »Was ich erlebe, ist, dass [...] soziale Kategorien, Konstrukte, uns Halt geben. Die sind ja sehr identitätsstiftend. Und sicherlich: Das infrage zu stellen, ist eine Herausforderung. Weil ich auch viel von dem gehen lassen muss, was ich halt vorher als gegeben wahrgenommen habe, und feststelle: Nee, es ist wohl alles doch nicht so leicht, wie ich das gedacht hab. Und ich glaube, spätestens dann, wenn die Leute sich darauf einlassen, diese Sachen auch mal infrage zu stellen und zu gucken: Wo kommen die denn eigentlich her? – wird manchmal auch [...] festgestellt [...]: Auch, wenn ich jetzt vielleicht strukturell privilegiert bin von diesen Sachen, auch wenn sie mir irgendwie auf einer Ebene Halt geben – auf einer anderen Ebene deformieren sie mich auch. Und das zu erkennen, diese Deformation, das ist auf einer Ebene irrsinnig schmerzhaft. Und es kann auch der erste heilsame Schritt sein, um zu erkennen: Eigentlich möchte ich nicht deformiert sein. Eigentlich möchte ich nicht Teil dieses Systems, dieser Struktur sein. Eigentlich möchte ich nicht in einem System funktionieren, das andere unterdrückt und auch tötet und vernichtet oder einfach komplett ausblendet, unsichtbar macht. [...] Und darum geht es doch, das deutlich zu machen: Was diese Kategorien uns *nehmen* an Lebensmöglichkeiten, an Möglichkeiten des Seins.«

In dieser Hinsicht handelt es sich bei Sensibilisierungstrainings, die ihre Teilnehmenden zur Infragestellung der eigenen Privilegien anregen, auch um eine Form des Empowerments: die Bestärkung darin, mich aufzulehnen gegen eine Struktur, die mich ungefragt auf Kosten anderer bevorteilt. Es braucht Kraft, anzuerkennen, dass das Problem dieser Struktur nicht nur im Außen, sondern wesentlich auch im Inneren meiner selbst liegt. Doch das Streben nach Befreiung beginnt nicht *vor* der eigenen Haustür, sondern schon *dahinter*.

Zu den spezifischen Potenzialen politischer Bildung gegen anti-queere Ideologie

Gefragt nach den Potenzialen politischer Bildung gegen anti-queere Ideologie, geht Ergün-Hamaz vor allem auf Transfermöglichkeiten ein: »Wenn es quasi das, was wir [bei *Phoenix*] als Anti-Rassismus-Training oder als Empowerment-Training machen, in diesem Bereich gäbe, dann würde ich mich sofort dafür anmelden.« Dafür gelte es, einen »Raum für einen sicheren Austausch« zu schaffen, in dem auch Unangenehmes und Tabuisiertes aussprechbar werde und der eine Reflexion der »persönlichen Erfahrung, [...] eingerahmt in einen wissenschaftlichen Diskurs« erlaube. Die Herausforderung bestehe darin, einen »Rahmen zu finden, wo die Leute dann auch Interesse haben mitzumachen und dabei zu sein«, das heißt: sich für tiefgreifende Lernprozessen zu öffnen. Dafür brauche es zwei bis drei Tage:

> »Wenn Du jetzt einfach nur sagst: Dir geht es nur darum, Dinge anzukratzen und die Leute einfach mit verschiedenen Fragezeichen nach Hause zu schicken, dann kannst Du sagen, Du machst halt einen Tag. Aber wenn es Dir wirklich darum geht, in die Tiefe zu gehen und die Leute mit einer kritischen Selbstreflexion, die [..] schon *beginnt,* nach Hause zu schicken, dann brauchst Du, glaube ich, mehr.«

Nur ein mehrtägiges Training ermögliche es den Teilnehmer*innen, ganzheitlich anzukommen und nicht nur mit dem Kopf, sondern auch mit Körper und Bauch dabei zu sein.

In der Frage der Zielgruppen ordnet Ergün-Hamaz die Thematik zunächst grundsätzlich ein: »Die Zielgruppe ist die Gesellschaft. Besonders interessiert zeigen könnten sich Studierende, aber auch zivilgesellschaftliche Organisationen, die zu geschlechterpolitischen Themen arbeiteten oder sich in diesem Bereich sensibilisieren und öffnen wollten. Hierzu zählten zum Beispiel Migrantenselbstorganisationen, die LGBTIQ-inklusiver werden wollten. Komplizierter werde es in der Verwaltung und in Wirtschaftsunternehmen. Ämter geben ihren Mitarbeiter*innen demnach selten die Zeit, mehrtägige Trainings zu absolvieren. In Firmen sei das Problem eher inhaltlich gelagert, wenn es um Diskriminierungs- und Unterdrückungsmechanismen gehe, denn:

> »Irgendwann kommst Du da so zu einer Kapitalismuskritik, habe ich immer das Gefühl. Und deshalb weiß ich nicht, ob der Vorstand von Mercedes-Benz das Interesse hat, sich in dieser Hinsicht schulen zu lassen. Aber wer weiß.«

Die Frage bleibt wohl, welche Teile einer Gesellschaft sich für Bildungsprozesse offen zeigen, die einen Wandel ihrer Struktur nach sich ziehen könnten.

Im Vergleich zu *Phoenix* erscheint die inhaltliche Spezifizierung der Bildung gegen anti-queere Ideologie noch ausbaufähig:

> »[...] bei uns, im Anti-Rassismus-Training, ist es ja [...] reduziert [...] auf diesen kolonialen, anti-schwarzen Rassismus. Und ich könnte das ja aber noch *so* breit machen, ich könnte ein Training machen zu Orientalismus, zu antiislamischem Rassismus, oder [...] zu Nationalismus, das hängt ja auch damit zusammen. Also da gibt es irrsinnig viele *Stränge* innerhalb dieser Unterdrückungsstrukturen. Und wir haben uns halt einen ausgesucht [..]. Haben gesagt: Irgendwie ist das so die Ursuppe, die fängt halt so vor fünfhundert Jahren an.«

Diesen Einstieg ins Thema, der an einem spezifischen Punkt einsetzt, gilt es auch im Bereich der anti-queeren Ideologie zu finden. An diese Frage der Fokussierung schließt dann auch die nach der Aufteilung der Gruppe an. Durch welche Zugangspolitik ein *Safe Space* entstehe, hänge eben wesentlich von der Fragestellung ab: »Wenn Du es spezifisch machen willst zu Cis-Sexismus, dann geht es halt um die Trennung von cis Leuten und nicht-cis Leuten. Aber wenn es um Heterosexismus geht, machst Du wieder eine andere Trennung«. Die Scheidelinie zwischen Sensibilisierungsbedarf und Empowerment-Bedürfnis ist in Fragen queerer Praxen und Identifizierungen nicht allgemein zu ziehen.

Auch in *Phoenix*-Trainings ist diese Frage aber zunehmend komplex:

> »Diese Zweiteilung ist nicht immer so eindeutig. Und ich habe auch das Gefühl, die ist in den letzten Jahren immer weniger eindeutig geworden. Und da wir es eh nicht so cool finden, Leute rauszuschmeißen... – also wir sagen ganz selten Nein, es geht nicht, dass Du mitmachen darfst – aber wir sprechen mit den Leuten. Wir gucken, was die Leute brauchen.«

Besprechen und herausfinden, was die Teilnehmer*innen brauchen, auch spontan auf die Dynamiken der Gruppe reagieren: Hier scheint ein Schlüssel zu einem guten Training zu liegen.

Damit einher geht der Impuls, sich gemeinsam mit den Teilnehmer*innen auf einen Weg der Heilung und des Wachstums zu begeben. Selbstverständlich würden gut ausgebildete Trainer*innen auch zahlreiche Ansatzpunkte für heftige Kritik an Denk- und Handlungsweisen ihrer Teilnehmer*innen finden:

> »Ich hab' auch manchmal Lust, den Holzhammer rauszuholen, aber ich mache das im Training relativ selten. Weil ich halt weiß: Ich mache mir mehr damit kaputt, als ich damit bewirke.«

Von Holzhammermethoden wie der direkten Sanktionierung inhaltlicher Fehler und politischer Fragwürdigkeiten im Training rät Ergün-Hamaz daher ebenso ab wie vom Moralisieren, das immer auf fragwürdigen Grundparametern beruhe. Stattdessen stellt er nicht die Schwere und Gewaltigkeit der Probleme, nicht die Größe der nötigen Anstrengungen, sondern die Potenziale der Heilung in den Fokus:

> »Wenn ich den Leuten sage, ich mache diese Arbeit seit siebzehn Jahren und die macht mir Spaß und mir geht's gut dabei. Ihr könnt Euch auch damit auseinandersetzen, und es muss Euch nicht schlecht dabei gehen, im Gegenteil. Vielleicht findet Ihr auch Punkte, wie ich beschrieben hatte, so einer Deformation, wo ich dann merke: Wow, da könnte ich mich auch auf einen per-

sönlichen Weg der Heilung begeben. Was ist anstrengend daran? Klar ist es anstrengend. Aber gleichzeitig ist es auch eine tolle Sache, die mich, die meine Umwelt weiterbringt.«

Zusammenfassung und Schlussfolgerungen

Mutlu Ergün-Hamaz setzt in der politischen Bildungsarbeit schwerpunktmäßig auf tiefgreifende, persönliche Prozesse. Diese benötigen Zeit. Während ein Vortrag das Interesse an einem Thema wecken, ein Tagesworkshop erste weitergehende Fragen aufwerfen kann, braucht es ein mehrtägiges Training mit biografischer Arbeit, um nachhaltige Entwicklungen anzustoßen. Empowerment-Trainings bieten dabei eine einzigartige Chance der Verbundenheit in Unterschiedlichkeit, der Situierung der eigenen Erfahrung in transgenerationalen und gesellschaftlichen Kontexten und der kollektiven Bearbeitung von Verletzung. Gewissermaßen ist Letzteres auch Teil von Anti-Rassismus-Trainings, greifen sie doch die Deformation einer weißen Sozialisation auf und ermöglichen erste Schritte in Richtung eines bewussteren Denkens und weniger gewaltvollen Handelns. Der Trainer holt dabei die Gruppe an ihrem Ausgangspunkt ab und begleitet sie, gleich einer Hirtin, auf dem Weg durch das unwegsame Gelände des Verlernens von Diskriminierung. Die Methodik, um unbewusste Essenzialismen aus der Gruppe hervorzubringen und gemeinsam zu dekonstruieren, ist dabei nicht die zentrale Herausforderung. Einer langen Ausbildung bedarf es hingegen, angemessen und reflektiert mit den eigenen Verletzungen, Emotionen und Verunsicherungen umzugehen, die gerade im Trainingsprozess aufkommen können. Leitlinie ist eine nicht-harmoniebedürftige, aber sich um das Wohl der Teilnehmenden sorgende Haltung, aus der heraus Prozesse angestoßen werden können – wo möglich zurückhaltend, wo nötig direktiv. Diese bedeuten Arbeit und mitunter schmerzhafte Erkenntnisse. Ziel ist aber nicht das pflichtbewusste Abarbeiten anstrengender Themen, sondern die Heilung von Verletzung und Deformation und das persönliche Wachstum der Beteiligten.

Hier liegt auch das Potenzial politischer Bildung im Kontext antiqueerer Ideologie. Mittels der Reflexion biografischer und alltäglicher Erfahrungen vor dem Hintergrund einer kritischen Gesellschaftsanalyse kann sie es ihren Teilnehmer*innen ermöglichen, sich von engen, starren Kategorien zu lösen. Ihr Wahrnehmen, Denken und Alltagshandeln kann dadurch an Weite, an Freiheit gewinnen.

Zwar ziel diese Bildung letztlich auf die Gesamtgesellschaft ab, doch werden vermutlich Studierende und Mitarbeiter*innen zivilgesellschaftlicher Organisationen am besten damit erreichbar sein.

Fraglich bleibt, ob und wie eine Aufteilung in Sensibilisierung und Empowerment erfolgen sollte. Dies hängt davon ab, ob ein konkretes Unterthema als Aufhänger gewählt wird, aus dem sich Trennlinien durch die Teilnehmendengruppe ergeben. Ebenso offen bleibt die Möglichkeit einer Übertragung des transgenerationalen Ansatzes, der in antirassistischen Empowerment-Trainings zum Tragen kommt: Schließlich ist die Diskriminierungserfahrung auf Basis von Sexualität, Trans*- oder Inter*geschlechtlichkeit weniger unmittelbar mit den Erfahrungen von Familie und Vorfahren in Zusammenhang zu bringen.

2.2.3 Anregungen aus der geschlechterreflektierenden gewerkschaftlichen Bildung: Interview mit Ute Neumann

Ute Neumann ist als Bezirksjugendsekretärin des DGB Niedersachsen – Bremen – Sachsen-Anhalt für Jugendpolitik und Jugendbildung zuständig. Die DGB-Jugend repräsentiert die jungen Mitglieder der DGB-Mitgliedsgewerkschaften, bietet Bildung und Beratung rund um die Themen Ausbildung, Arbeit und Gesellschaft an. Neumann hat die geschlechterreflektierende Bildungsarbeit der DGB-Jugend maßgeblich mit aufgebaut, ist Teil des Autor*innenkollektivs, das den diesbezüglichen Methodenordner verfasst hat (2011) und hat einschlägige Schulungen für angehende Teamer*innen mit konzipiert und geleitet. Als Bezirksjugendsekretärin nimmt sie einen Rechtsruck wahr, der sich auch in vermehrten Angriffen auf die Antidiskriminierungsarbeit der Gewerkschaften niederschlägt. Die Debatten um ›Gender‹ sieht sie in diesem Kontext verortet.

Für unser einstündiges Gespräch stellte Ute Neumann ihr Büro im DGB-Haus zur Verfügung.

*Teilnehmer*innengerechte Zielorientierung bei klarer Haltung*

Für jede Bildungseinheit müsse es ein Ziel geben, sagt Ute Neumann. Von der Planung bis zur Leitung des Seminars vor Ort müsse jeder Schritt zielgerichtet geschehen, wenn auch der angepeilte Punkt nicht mit jeder*jedem Teilnehmer*in erreicht werden möge. In der Zielbestimmung bewegt sich der*die Bildungsarbeiter*in zwischen dem Sendungsbewusstsein des*der Redner*in und der Nachfrageorientierung des*der Dienstleister*in. »[Was] das genau für ein Ziel ist, ist sehr abhängig von der Gruppe«, leitet sich also nicht unmittelbar aus abstrakten Überlegungen ab. Ebenso wenig sollte jedoch bedient werden, was die Gruppe ohnehin kennt und erwartet:

> »Also wir haben manchmal Gruppen gehabt, die sind schon sehr selbstreflektiert. Mit denen muss ich nicht noch zum Thema Selbstreflexion arbeiten, auch wenn die das dann die ganze Zeit einfordern und wollen. An manchen Stellen – vor allen Dingen im Zeitalter von Fake News – geht es manchmal auch einfach darum, Fakten darzustellen«.

Bei anderen Gruppen könne das Gegenteil gelten; dort müsse das vorhandene solide Faktenwissen mit einer bislang fehlenden Reflexion eigener Erfahrungen und Positioniertheiten verbunden werden. Letztlich, so Neumann, funktioniere Bildung »nur im Ganzen«. Es gelte, die Stärken der Gruppe zu erkennen und dann nicht bei ihnen zu verharren, sondern sie um eine »weitere Dimension« zu ergänzen. Denn:

> »Um […] Diskriminierung aufgrund von Geschlecht zu verstehen, braucht es sowohl eine symbolische Ebene als auch eine faktische Ebene, damit das nicht einfach nur so mysteriös im Raum schwebt, sondern eine Erdung hat. Es braucht Haltung […]. Es braucht halt diese mehreren Ebenen.«

Mit der Ebene der Symbolik meint Neumann primär die Repräsentation von Geschlecht und den geschlechtlichen Ausdruck. Sie könnten über die Arbeit mit Klischees eingeführt werden; zentral gehe es aber darum, wie sich die Teilnehmer*innen persönlich zu diesen Rollen und Klischees positionieren und verhalten. Dadurch gehe diese Ebene den Teilnehmer*innen besonders nahe. Dementsprechend berge sie auch das größte Veränderungspotenzial. Gleichzeitig lägen hier die Themen, die am häufigsten zu hitzigen Diskussionen und Streit führen könnten. Wenn ein*e Teilnehmer*in eine besonders vulnerable Stellung in der Gruppe einnehme, könnten sich diese Spannungen leicht an ihr*ihm entladen. Daher sei Zeit hier ein entscheidender Faktor: Der*Die Teamer*in müsse die Gruppe kennengelernt und sich von ihrem solidarischen Miteinander überzeugt haben, bevor sie die Arbeit auf der symbolischen Ebene beginnen sollte: »Die Gruppe muss zusammen funktionieren. […] Vor dem dritten Tag haben wir das nie gemacht.« Seien diese Bedingungen nicht gegeben, sei von der Behandlung dieser Ebene insgesamt abzuraten.

Um die vertrauensvolle Arbeit an persönlichen und konfliktträchtigen Themen zu gewährleisten, teilt Neumann die Gruppen entlang verschiedener Kriterien. Für Teenager sei die Aufteilung in »vermeintlich geschlechtshomogene« Kleingruppen das probate Mittel. Diese erspare es geschlechtlich non-konformen oder zweifelnden Teilnehmer*innen, sich vor der Gruppe zu outen. Gleichzeitig sei es entscheidend, »verschiedene Lebensrealitäten zu benennen und die immer mitzuthematisieren und die nicht unsichtbar zu machen«. Für erwachsene Teilnehmer*innen präferiert Neumann »Wohlfühlgruppen«: »Also da appelliere ich einfach daran, dass die Leute wissen, mit wem sie sich wohlfühlen.« Ziel sei es letztlich, einen Schutzraum zu kreieren, in dem die Teilnehmer*innen auch über intime Themen in Austausch treten können.

Reihenfolge, Akzentuierung und methodische Ausgestaltung der Ebenen ist also an Rahmen und Zielgruppe anzupassen. Um schon zu Beginn ein Gefühl für die Gruppe mit den in ihr vertretenen Meinungen und den Verhältnissen der Mitglieder zueinander zu entwickeln, empfiehlt Neumann das *Meinungsbarometer*, für das sich die Teilnehmer*innen entlang einer gedachten Skala zu verschiedenen Fragen positionieren. Sie betont im Anschluss die Wichtigkeit der Wissensvermittlung, die mitnichten abstrakt ablaufen müsse: Zahlen und Daten seien zum Beispiel durch Ratemethoden auch spielerisch zu erarbeiten und könnten für »verkopfte Gruppen« auch der richtige Einstieg ins Thema sein. Um wirklich begreifbar zu werden, müssten alle vermittelten Inhalte mit den Erfahrungen der Teilnehmer*innen rückgekoppelt werden: »Also die Lebenswelt muss auf jeden Fall immer vorkommen, das ist *völlig* klar«.

Mit der Lebenswelt verbundene Fakten sind also der Grundstock der geschlechterreflektierenden Bildungsarbeit und können bei intensiven Seminaren mit der Ebene der Symbolik verbunden werden. Ausgerichtet ist das Handeln der Teamenden auf gruppenspezifische Ziele, dabei aber auch getragen von einer klaren Haltung:

> »Haltung ist, klare Grenzen zu setzen. Also nicht alles einfach zu akzeptieren, was da geäußert wird, nicht alles einfach stehen zu lassen. Und gleichzeitig aber die jungen Leute, die nun mal in einer Gesellschaft aufwachsen, die ist, wie sie ist, nicht zu verurteilen. Und das ist eine Gratwanderung. Das verlangt von Menschen sehr viel ab […]. Und dabei kann viel schief gehen und das ist auch nicht schlimm, wenn man irgendwie einen Weg findet, wieder miteinander zu kommunizieren.«

Die Haltung prägt also jene Interaktionen von Teamer*in und Teilnehmer*innen, die vom geplanten Seminaraufbau abweichen. Das haltungsgelenkte Handeln ist flexibel, aber ausgerichtet auf ein übergreifendes Ideal:

> »Haltung heißt für mich, im Kopf zu haben: Was ist Diskriminierung? Wie wirkt die sich aus? Und immer das Ziel im Kopf zu haben, das letztendlich abschaffen zu wollen. Und sich nicht auf Kompromisse einzulassen. Also das Ziel ist gesetzt: Das gehört abgeschafft. Und alle, die sagen, es gehört nicht abgeschafft, muss man dazu irgendwie bewegen, dass sie das einsehen, dass das abgeschafft gehört. [...] Ohne Ihnen gleichzeitig was aufdrücken zu müssen oder zu wollen.«

Einen belehrenden Ton, eine rein rationale Gegenargumentation oder die bloße prinzipielle Ablehnung sexistischer Einstellungen schätzt Ute Neumann dabei als wenig zielführend ein: »Könnte man machen – bringt halt nicht so viel.« Stattdessen setze sie auf Alternativen und darauf, bei den Teilnehmenden ein eigenes Interesse an einem anderen Verhalten zu wecken. Beispielsweise könne ein heterosexueller Junge, der an Mädchen ausschließlich das Aussehen wichtig findet, auf gezielte Nachfragen hin selbst zur Erkenntnis gelangen, das andere Aspekte für eine lange und erfüllende Beziehung unverzichtbar sind.

Ansatzpunkte an den Brüchen zwischen Ideologie und Praxis

Mit Blick auf das Miteinander der Teilnehmenden stellt Ute Neumann eine zwiegespaltene Entwicklung fest. Einerseits sei der Umgang junger Menschen mit Normabweichungen, beispielsweise in Schulklassen, im Laufe des letzten Jahrzehnts annehmender und weniger dramatisierend geworden. Die Wenigsten hätten noch ein Problem mit queer verorteten Menschen im Bekanntenkreis: »Auf so einer praktischen Ebene geht das an vielen Stellen schon gut«, wenn auch Homo- und Transphobie nach wie vor ein Thema wäre, das sie nicht kleinreden wolle:

> »Aber es hat auf jeden Fall wesentlich abgenommen – im Vergleich zu dem, was uns früher begegnet ist. Natürlich ist schwul immer noch ein Schimpfwort, und trotzdem: Wenn da ein schwuler Junge in der Klasse ist, ist das nicht mehr so ein Drama, wie es das noch vor zehn Jahren war. Also da hat sich schon was verändert auch. Zumindest von dem, wie miteinander umgegangen wird.«

Hier spiele gerade die Erfahrung mit LGBTIQ-Jugendlichen eine Rolle; in Gruppen ohne diesen persönlichen Bezug sei die Lage nach wie vor »schwierig«.

Bemerkenswerterweise stellt Neumann jedoch auch in den queerfreundlichen sozialen Umgebungen eine Unstimmigkeit zwischen dem unkomplizierten Miteinander und der ideologischen Diskriminierungshaltung fest: Zumindest in Jugendgruppen hätten »die wenigsten [...] noch so ein explizites Problem, wenn sie queere Menschen kennen«; das sei dort »gar nicht mehr so ein Riesenthema«.

> »Aber wenn sie abstrakt darüber reden, finden sie es ganz schlimm. Also da gibt's so eine Trennung [...]. [Wenn] ich mit denen was ausdiskutieren will, oder denen sagen will, wie Transphobie oder Homophobie funktioniert, das ist was, das wollen die nicht hören, damit wollen die sich nicht befassen. Das klafft total auseinander.«

Im Bruch zwischen persönlichem Umgang und abstrakter Ablehnung sieht Neumann einen pädagogischen Ansatzpunkt: »Das kriegen die meisten dann nicht zusammen, diesen Widerspruch, und das ist dann das, womit ich arbeiten würde.«

Kompliziert wird der Sachverhalt aber durch aktuelle Diskursverschiebungen: »Der Rechtsruck hat die Leute einfach verändert und eben auch die Teilnehmenden, mit denen wir arbeiten.« Die Ablehnung einer grundlegend kritischen Analyse von Ungleichheit geht teils so weit, dass Neumann einen Zuwachs »geschlossener« rechter Weltbilder konstatiert. Zwar äußerten sich diese eher indirekt und blieben teils hinter einer Fassade sozialer Erwünschtheit verborgen. Die betreffenden Teilnehmer*innen verweigerten sich jedoch der Arbeit am Widerspruch zwischen ihrem guten sozialen Miteinander in Vielfalt und ihren abstrakten Diskriminierungen. Sie zögen sich auf ihre »Kopfebene« zurück und ließen die »emotionale Ebene«, die des persönlichen Bezugs, außen vor. Auf dieser abstrakten »Kopfebene« aber legten sie eine Ideenwelt an den Tag, wie sie »Grundlage ist von diesem Rechtsruck«: eine generalisierte Ideologie der Ungleichheit.

> »Das geht jetzt alles vielmehr in eine Richtung. Also die Leute, die Widerstände entwickeln bei dem Thema Gender [...], das sind die, wenn man sich mit denen über Migration und Flucht unterhält, die auch ein rassistisches Gedankenbild haben.«

Als ein weiteres Element dieses Weltbilds beschreibt Ute Neumann die Neigung, sich als benachteiligt und vernachlässigt darzustellen, obwohl man einer verhältnismäßig privilegierten Gruppe angehöre. Hierfür liefert sie eine unbequeme Interpretation: »Wenn Gleichberechtigung hergestellt werden soll, dann müssen Leute abgeben, damit andere dazugewinnen können und das ist der *Effekt.*«

Die wachsende Verbreitung rechter Ideologie erleben die Bildungsarbeiter*innen des DGB als so stark, dass sie eigens ein neues Angebot geschaffen haben. Die etablierten Projekttage bleiben bestehen.

> »Aber wir bieten jetzt auch ein Bildungsangebot an, wo das alles so zusammengedacht wird, um halt nicht mehr nur an einer Front zu diskutieren, sondern eher so ein genereller Ansatz von ›Diskriminierung ist Mist‹. [...] Das kann man dann auf viele verschiedene Sachen beziehen: auf Antisemitismus, auf Rassismus, das kannst du auf Sexismus, auf Homophobie, Transphobie – also das lässt sich ja quasi ausweiten, aber der *Grundmechanismus* ist der gleiche. Und das ist das, wo wir festgestellt haben: dieser Grundmechanismus, wenn sie den verstanden haben, *dann* kann man anfangen zu den einzelnen Themen zu arbeiten.«

Da es noch ganz am Anfang steht, könne noch nicht eingeschätzt werden, wie gut das Konzept aufgehe. Doch habe sie, so Neumann, die Erfahrung gemacht, mit den spezialisierteren Angeboten Teile der Zielgruppe nicht mehr zu erreichen. »Deswegen finde ich, wir müssen da grundlegend nochmal was überdenken.« Es gebe »massive *Hetze* gegen alle möglichen Menschen, die vermeintlich anders sind«, und dieser um sich greifenden Grundtendenz gelte es anders zu begegnen als mit hochgradig ausdifferenzierten Angeboten, so wichtig diese auch seien. Ansonsten sieht Neumann auch die Gefahr, dass Teilnehmer*innen mit detailliertem Wissen zu einem Teilbereich, aber ohne eine grundlegend diskriminierungskritische Haltung aus dem Seminar gehen. Denn wenn die Teilnehmer*innen in einem Teilaspekt fit seien, für andere Ideologeme der Ungleichheit aber empfänglich blieben, könnte das Gelernte schnell verdrängt werden. Daher ist Ute Neumann zu dem Schluss gelangt, mit einer allgemeinen Antidiskriminierungsbildung zu beginnen, um von dort aus weiter auszudifferenzieren.

Potenziale politischer Bildung gegen anti-queere Ideologie: Stärkung und Perspektiven für Engagierte

Ute Neumann ist sehr klar in der Frage, wo sie die Potenziale eines auf anti-queere Ideologie fokussierten Bildungsangebots sieht. Abhängig sei das von der Zielgruppe, und dazu gehörten die von anti-queerer Ideologie Affizierten eben nicht:

> »Leute zu erreichen, die sich eh schon so vernachlässigt fühlen und denen quasi versuchen, vorzuführen, dass sie eigentlich ganz privilegiert sind – ich glaube, das funktioniert nicht. Da muss man einen anderen Ansatz finden.«

Vielmehr müsse es um die Ansprache, Fortbildung und Stärkung jener gehen, die sich in diesem und in angrenzenden Bereichen gesellschaftspolitisch engagieren und/oder persönlich von anti-queerer Diskriminierung betroffen sind. Als konkrete Personengruppen benennt sie interessierte Studierende, Menschen, die durch anti-queere Angriffe in ihrer Lebensweise, ihrer Geschlechtlichkeit oder sexuellen Orientierung angegriffen würden, und Multiplikator*innen. Die letztgenannte Kategorie umfasst für sie drei Gruppen. Da wären zunächst die Bildungsarbeiter*innen in Jugendverbänden, aber auch in der schulischen Bildung: »Lehrerfortbildungen fände ich wichtig.« Hinzu kämen die im sozialen Bereich Tätigen, »Sozialpädagogen, Sozialarbeiter, Schulsozialarbeiter [...]. Die ackern sich da gerade ganz schön ab.« Und schließlich der Bereich des Ehrenamts und des politischen Engagements, also die Freiwilligenagenturen, wo sich Interessierte melden, sowie Gewerkschafter*innen, die zunehmenden Anfeindungen ausgesetzt seien und Aktive aus antirassistischen Kontexten und der Arbeit mit Geflüchteten. Diese wollten sich gegen Rechts einsetzen, übersähen aber häufig die Überschneidungen von antifaschistischem und queerem Feld:

> »Also diese ganzen Angriffe vor allen Dingen auch im Bereich der Geschlechterverhältnisse: Derzeit kommen die von rechts. Und ja: Da springen andere mit auf und das fängt nicht nur bei rechts an, das ist mir völlig klar. Aber die, die es am meisten pushen gerade und vorwärts bringen und auch [...] am weitesten schieben: das kommt von rechts. [...] Das sind diejenigen, die gerade gegen alle vorgehen.«

Es kommt also nach Ute Neumann darauf an, eine Zielgruppe zu erreichen, die über eine Vorbildung und eine klare Haltung in Fragen der Diskriminierung verfügt und nun davon ausgehend verstehen möchte, was im Diskursfeld um Gender aktuell geschieht und wie sie sich hierzu verhalten kann.

Neben der Zielgruppe ist der zweite entscheidende Faktor der zielgerichtete Aufbau.

Mit Blick auf den Rahmen stimmt Neumann der Idee einer Aufteilung in Einstiegs- und Vertiefungsmodul unbedingt zu. In jedem Falle müsse das Seminar strukturiert und zielorientiert durchgeführt werden; es gelte also auch, Beiträge von Teilnehmer*innen einzubetten und in Bezug zu Fakten und Realitäten zu setzen und nicht unmoderiert stehenzulassen.

Inhaltlich würde Neumann mit einer Problemanalyse beginnen. Dazu sei die Problematik zunächst konkret auszubuchstabieren, von diskriminierenden Äußerungen bis zu Änderungen in Gesetzen und Haushaltsplänen im Kontext anti-queerer Ideologie mitsamt den zu erwartenden Folgen. Hier sei vor allem Wissensvermittlung auf der Faktenebene gefragt.

> »Um erst mal das Problem zu benennen und dann den Schritt hinzugehen zu: OK, wie kann man sich jetzt schützen davor? Wie kann man sich jetzt stärken, sich dagegen hinzustellen?«

Nun gehe es um Empowerment, um die Bestärkung zum Engagement. Als ein Kernstück nachhaltigen Empowerments benennt Neumann das Wissen um Netzwerke, um Ansprechpersonen und Anlaufstellen, »[im] Sinne von: Du hast ein Netzwerk, du bist nicht allein«. Denn das sorge dafür, den Effekt des bestärkenden Schutzraums über das Seminar hinauszutragen. Neumann sieht die Möglichkeit des Rückzugs in abgeschirmte Räume als notwendig an, um Kraft zu schöpfen. Sie sieht aber auch zwei inhärente Risiken darin. Zum einen das Verharren im eigenen Wohlfühlmilieu:

> »Jeder Mensch sollte so einen Kreis haben. Das ist nicht der Punkt. Aber die Gefahr ist, dass es darüber nicht hinausgeht. Und [...] in der aktuellen gesellschaftlichen Lage wäre das nicht sehr zielführend, finde ich.«

Zum anderen die Tendenz, sich stärker mit Detailstreitigkeiten der eigenen Szene auseinanderzusetzen als mit problematischen gesamtgesellschaftlichen Tendenzen:

> »[Ich] finde, dass in so einem Kreis von Menschen, die die Welt verändern wollen, die die vorwärts bringen wollen – im emanzipatorischen Sinne – sie sich oft gerne untereinander zerstreiten und derweil vergessen, dass aber so ein krasser Rechtsruck da ist und sich quasi mit sich statt mit der Gefahr beschäftigen. Und das finde ich auch schwierig.«

Bei aller Wichtigkeit der eigenen Bewegung oder des Milieus, in dem mensch sich zugehörig fühlt, möchte Neumann die Rückkopplung an die Gesellschaftspolitik gewährleistet sehen. Dabei erkennt sie an, dass die Verbindung des Wissens um rechtsgerichtete Entwicklungen mit der eigenen Lebenswelt berechtigte Ängste auslösen können. Aber:

> »[Ich] kann viel über Ängste diskutieren, selbst wenn die bei Menschen, die von Diskriminierung betroffen sind, natürlich total berechtigt sind, aber wenn ich über diese Ängste nicht hinausgehe, ist auch niemandem geholfen, weil dann hab ich diese Ängste nur verstärkt. Deswegen: Niemals immer nur wild, sondern immer zielorientiert. Und vor allem dürfen die Handlungsoptionen, die Perspektiven, nicht fehlen. Weil das Schlimmste ist, wenn die Leute am Ende dasitzen und sich denken: ›Die Welt ist schlecht. Ich will zu Hause unter die Bettdecke und nie wieder raus.‹ Dann hast Du auch verloren.«

Zusammenfassung und Schlussfolgerungen

Ute Neumann plädiert für eine Balance von Teilnehmer*innen- und Zielorientierung, gehalten von einer Haltung der Antidiskriminierung. Der Aufbau eines guten Seminars setzt demnach an den Stärken der Zielgruppe an, ergänzt sie aber um weitere Dimensionen. Ob Faktenwissen, Lebensweltbezug oder die Ebene der Symbolik im Vordergrund stehen, hängt somit davon ab, wo der größte Bedarf der Gruppe besteht. Um zu intimen und persönlichen Themen zu gelangen, plant Neumann mindestens drei Tage ein. In ihrem Verlauf gilt es, den Teilnehmer*innen respektvoll zu begegnen, problematische Äußerungen aber auch moderierend in Richtung nicht-diskriminierender Überlegungen zu lenken. Ein Ansatzpunkt dafür kann ihrer Erfahrung nach sein, das häufig recht gute Miteinander vor allem jugendlicher Gruppen aufzugreifen, das der Ausbreitung einer generalisierten Ideologie der Ungleichheit entgegensteht. Weil Letztere zu zunehmend geschlossen rechten Weltbildern führt, setzt die DGB-Jugend in einem neuen Format auf einen basalen Ansatz und fokussiert auf die Grundmechanismen von Diskriminierung, um Grundlagen für eine egalitäre Haltung zu schaffen. Spezialisiertes Wissen kann erst darauf aufbauend vermittelnd werden.

Für politische Bildung gegen anti-queere Ideologie sieht Neumann primär Potenziale in der Bestärkung und Fortbildung von Personengruppen, die mit dem Thema bereits persönlich, beruflich oder politisch zu tun haben. Ein modularer Aufbau von Einstiegs- und Vertiefungsseminar erscheint ihr dabei sinnvoll. Von einer fundierten und konkreten Problemanalyse sollte der Seminarverlauf über das Empowerment im geschützten Raum hinausgehen, um auf die Erweiterung der Handlungsmöglichkeiten *nach* dem Seminar zu fokussieren.

Daher Neumanns Betonung der Netzwerke außerhalb des Seminars sowie der Befähigung, das angeeignete Wissen und die Stärkung mit nach Hause und auf die Straße mitzunehmen, denn:

> »Das Schlimmste ist Perspektivlosigkeit. Und in dem Moment, wo ich eine Perspektive einbaue in meine Bildung, gebe ich Hoffnung, und in dem Moment geben die Leute nicht auf.«

3. Diversity Education gegen anti-queere Ideologie: Zusammenfassung und pädagogische Schlussfolgerungen

> »Dem Hass begegnen lässt sich nur durch das, was dem Hassenden abgeht: genaues Beobachten, nicht nachlassendes Differenzieren und Selbstzweifel.«
>
> Carolin Emcke (2016a:18)

Teil 1 dieses Buches hat die Wirkungsweisen anti-queerer Ideologie auf verschiedenen Ebenen aufgezeigt, Teil 2 hat die Potenziale politischer Bildungsarbeit in diesem Kontext erörtert. Im Schlussteil möchte ich nun noch einmal mit der Entstehung der anti-queeren Ideologie (3.1), ihrem Wirken auf den Ebenen der Ökonomie (3.2), der Kollektive (3.3) und der Einzelnen (3.4) die Ergebnisse des ersten Kapitels aufgreifen und klären, was Diversity Education dem jeweils entgegensetzen kann. Zu jeder Ebene finden sich dabei zwei Unterpunkte: Aspekte kognitiver Wissensvermittlung und Aspekte der Selbstreflexion, zu der Teilnehmer*innen angeregt werden können. Als Ausblick auf eine didaktische Konkretisierung der Kritik stelle ich diesen Inhalten einige Methodenbeispiele und -ideen zur Seite. Ergänzend mache ich einige dem zweiten Kapitel entlehnte Anmerkungen zu kritischer Diversity Education als Empowerment (3.5) und ziehe ein abschließendes Fazit (3.6).

Ein Wort noch zur Einordnung: Auf welche Art Anregungen wie die nun folgenden konkret umgesetzt werden – das haben vor allem Andreas Hechler und Ute Neumann betont –, muss kontextabhängig und teilnehmer*innenorientiert immer wieder neu gestaltet werden. Wie Mutlu Ergün-Hamaz ausgeführt hat, ist es außerdem Aufgabe der jeweiligen Teamer*innen, im Bewusstsein der eigenen Erfahrungen einen für sie stimmigen Zugang zum Thema zu finden.

3.1 Bildung zu Genese und Narrativen der anti-queeren Ideologie

Seit den 1990er-Jahren sind stark affektiv aufgeladene Narrative um Gender Studies und Gender-Mainstreaming, Sexualpädagogik und Pädagogik der Vielfalt gesponnen worden. In diesem weiten Diskursfeld finden sich diverse Akteur*innen in teils überraschenden Allianzen. Katholik/innen kooperieren mit Evangelikalen, Natur- und Sozial-wissenschaftler*innen schließen sich ihnen an, bürgerliche PolitikerInnen entdecken Schnittmengen mit Neuen Rechten und Neonazis. In heißen Debatten erzeugen sie den Eindruck akuter Bedrohungen, in deren Abwehr sich ihre Milieus zusammenfinden. Letztlich laufen ihre Warnungen und Forderungen darauf hinaus, kategoriale Grenzen gegen Überschreitungen und Auflösungserscheinungen in Schutz zu nehmen. Kern der Auseinandersetzungen ist also das *queere* Potenzial kritischer genderbezogener Theorien und Praxen. Dahinter stehen ökonomische Interessen eines Mittelstands, der die Prekarisierung fürchtet (siehe 3.2); kulturkonservative und bevölkerungspolitische Interessen weißer Männer und Frauen, die mit ihrem Verständnis von Geschlechtern und Familie den Grundstein der Nation und ihrer Privilegien in Gefahr wähnen (siehe 3.3); und sozialpsychologische Dynamiken, in denen die Subjektwerdung mit der Vergeschlechtlichung der Einzelnen verknüpft ist (siehe 3.4).

Politische Bildung kann ihren Teilnehmer*innen hier über Wissensvermittlung und die Anregung zur Selbstreflexion ermöglichen, anti-queere Ideologeme als solche zu erkennen.

3.1a Wissensvermittlung zu Genese und Narrativen anti-queerer Ideologie

Zum Verständnis aktueller Diskurse um Gender und Queer gehört das Wissen um ihre Geschichte. Diese baut auf jahrhundertealten Antifeminismen auf. Eine Zäsur stellt die Einführung der UN-Politik des Gender-Mainstreaming seit den 1990er Jahren dar. Die Reaktionen des Vatikans und der Neuen Rechten, ihre internationale Vernetzung und Verbreitung über Milieugrenzen hinweg bieten den Stoff für eine spannende, lehrreiche und gut vermittelbare Geschichtserzählung.

Ein zweites sinnvolles Modul der Wissensvermittlung betrifft die inhaltlichen Themen der inzwischen ausdifferenzierten anti-queeren Ideologie. Diese findet Anwendung auf Wissenschaft und Sprache, auf staatliche Geschlechterpolitik, auf Bildung und Aufklärung sowie auf das Aufbrechen heteronormativer Geschlechter- und Familienbilder. Es ist wichtig, Betroffenen und Multiplikator*innen einen Überblick über die Areale zu verschaffen, in denen anti-queere Ideologie sich äußert. Dazu gehört auch das Wissen um die durchwachsenen Ergebnisse anti-queerer Mobilisierungen in verschiedenen geografischen und inhaltlichen Gebieten, die von der Selbstbestätigung in Online-Foren über Petitionen und kleine wie große Demonstrationen bis zur Beeinflussung von Regierungspolitiken reichen.

Für die genannten Themenbereiche anti-queerer Ideologie können typische Argumentationsmuster und Begrifflichkeiten benannt werden. Dem gegenüberzustellen sind komplexere und kritischere Verständnisse von Geschlecht.

Verschiedene Dimensionen von Geschlecht können mittels Visualisierungen wie des Gender Unicorns oder der Genderbread Person greifbar gemacht werden. Gender Unicorn und Genderbread Person sind Figuren, deren Körperteilen verschiedene Aspekte von Geschlecht zugeordnet sind: Das Hirn steht für die Geschlechtsidentität, das Herz für die romantische Orientierung, der Genitalbereich für das bei Geburt zugewiesene Geschlecht, eine angedeutete äußere Hülle für den geschlechtlichen Ausdruck usw. Die Grafiken werden von Trans Student Educational Resources[86] bzw. Sam Killerman[87] zur Verfügung gestellt. Vertiefend sind Texte von Heinz-Jürgen Voß (2011:122ff.) oder Julia Serano (2007:320ff.) einsetzbar, die den Facettenreichtum von Geschlecht u.a. aus biologischer Perspektive darlegen.

Wie viel Sehgewohnheiten und Kontext zur vermeintlichen Eindeutigkeit von Geschlecht beitragen, können die Fotos von Daniela Comani (2014) eindrucksvoll verdeutlichen, auf denen die Künstlerin *beide* Rollen in einer heterosexuellen Ehe einnimmt. Etwas abstrahiert kann die kognitive Herstellung von Eindeutigkeit an Kippbildern demonstriert werden, die zwei Dinge zeigen, die nie zugleich, sondern nur abwechselnd wahrnehmbar sind.

Das Entweder-Oder unserer Wahrnehmung ist kaum zu umgehen. Im sozialen Miteinander gilt es aber, sich nach dem ersten vermeintlichen Erkennen die nötige Zeit zu nehmen, um weitere Facetten zu entdecken.

Um die komplexe Kategorie Geschlecht weiter zu kontextualisieren, kann sie ins Verhältnis zu anderen sozialen Kategorien gesetzt werden. Kate Bornstein (2013:60ff.) nennt 13 Faktoren, die die soziale Identi-

86 TSER: http://transstudent.org/gender/

87 Sam Killerman: https://www.itspronouncedmetrosexual.com/edugraphics-printables/

tät mitbestimmen und allesamt auch in Wechselwirkung zu Geschlecht stehen: (1) Klasse und Milieu, (2) natio-ethno-kulturelle Zugehörigkeit und Herkunft, (3) körperliche Fähigkeiten und Behinderungen, (4) geistige und seelische Gesundheit, (5) Region, Stadt oder Land, (6) Umwelt und Ökologie, (7) Beruf und Alltagspraxen, (8) Wohnform und Familie, (9) Aussehen, (10) Alter, (11) Religion, (12) Politik und (13) Sprache. Diese können in Kleingruppen diskutiert werden. Wenn die Ergebnisse zusammengetragen werden und dabei für jede vorgestellte Kategorie eine beschriftete Moderationskarte an eine Mindmap gepinnt wird, in deren Zentrum *Gender* steht, ergibt sich eine Visualisierung der Komplexität. Bindfäden zwischen den Kategorien können ihre Wechselwirkung symbolisieren. Lernziel dieser Übungen ist, Geschlecht als komplexe und kontingente Angelegenheit zu begreifen.

»Kontingenzbewusstsein« nennt Sabine Hark (2014:54) »die Fähigkeit, das Wirkliche als Teil des Möglichen zu betrachten« (S. 55). Es gilt, das Geschlecht als etwas historisch Gewordenes verstehen zu lernen; der Naturalisierung eine Geschichte des Körpers und des Begehrens entgegenzusetzen (vgl. ebd. S. 69).

Zur Veranschaulichung sind folgende Texte geeignet:

Marion Müller (2018) beschreibt die Herstellung und Aufrechterhaltung der Geschlechtertrennung im Sport: Demnach scheuen die Sportverbände keine Kosten und Mühen, um die vermeintliche Eindeutigkeit der Zweigeschlechtlichkeit gegen alle Zweifel und Zwischenstufen durchzusetzen.

Kate Bornstein schildert, wie sie nach der Transition willkürlich anders behandelt wurde (vgl. 2016:146f): Wie andere ihr Verhalten wahrnahmen oder was sie ihr zutrauten, veränderte sich demnach drastisch, ohne dass ihre Verhaltensweisen oder Kompetenzen sich nennenswert verändert hätten.

Carolin Emcke hinterfragt die Behauptung, dass es – selbst wenn es ein natürliches Geschlecht geben sollte – moralisch höherwertig wäre, darin zu verharren (vgl. 2016b:138). Warum sollte es tabuisiert werden, auch mit medizinischer Unterstützung in ein Geschlecht zu transitionieren, in dem es mir besser geht – wenn doch die wenigsten von uns auf den ebenfalls ressourcenintensiven künstlichen Komfort von Computern, Zentralheizungen oder verarbeiteten Lebensmitteln verzichten wollen würden?

Mit Komplexitäts- und Kontingenzbewusstsein gewappnet, lassen sich Dualismen neu betrachten. Bornstein verhandelt das Aufbrechen von Binärlogiken als Vorbedingung für die Überwindung ungerechter Hierarchien (vgl. 2016:131ff.). Didaktisch lässt sich das mit Tetralemmata (vierseitige Dilemmata) aufbereiten, die Dichotomien wie männlich/weiblich, deutsch/ausländisch oder Kultur/Natur eine dritte und vierte Variante zuordnen: nämlich das, was wir erhalten, wenn wir beide Dinge zusammendenken, und das, was eine ganz andere Option ausmachen könnte.

Wie ein Tetralemma visualisiert werden kann, zeigen die folgenden drei Beispiele; wobei die kursiv geschriebenen Begriffe nur Beispiele für viele Möglichkeiten sind, die die Teilnehmenden hier eintragen könnten:

Abbildung 1: Tetralemma

(3) beides, z.B.: *grau*

(1) schwarz / (2) weiß

(4) nichts davon, z.B.: *rot*

---

(3) beides, z.B.: *Zentaur*

(1) Mensch / (2) Tier

(4) nichts davon, z.B.: *Pilz*

---

(3) beides, z.B.: *androgyn, bi-gender*

(1) männlich / (2) weiblich

(4) nichts davon, z.B.: *genderqueer, neutrois*

3.1b Persönliche Reflexion zu Genese und Narrativen anti-queerer Ideologie

Die Grenze zwischen Wissenserwerb und Selbstreflexion verschwimmt bereits, wenn wir uns mit Wahrnehmungsmustern und Sehgewohnheiten befassen. Sinnvolle Fragen, um die persönliche Erfahrung von Teilnehmenden weiter in den Raum zu bringen, wären hier etwa:

Wo bin ich anti-queerer Ideologie bereits begegnet? In welchem Kontext denke ich manchmal in anti-queeren Bahnen? Wie/wo bin ich von anti-queerer Ideologie betroffen, z.B. durch Ausschlüsse oder dadurch, dass meine Freiheit eingeschränkt werden könnte?

Tiefer zu gehen, ist hier noch nicht ratsam. Wie die Expert*inneninterviews gezeigt haben, gehört z.B. autobiografische Arbeit nicht an den Beginn eines Seminars. Die genannten Übungen und Fragen reichen aus, um ein persönliches Interesse an der weiteren Durchdringung der behandelten Ideologie zu wecken. Die nun folgenden Vertiefungen ergeben vor allem in mehrtägigen Seminaren und Trainings Sinn.

3.2 Bildung zur Ebene der Ökonomie

Trotz eines insgesamt hohen Wohlstandsniveaus erhöht sich in diesen Jahrzehnten der Druck auf abhängig Beschäftigte. Global vernetzte und projektförmige Arbeitsfelder in einer pluralisierten Gesellschaft verlangen vermehrt die Reflexion und den Einsatz der ganzen eigenen Persönlichkeit; eine Diversifizierung der Zugänge zum Arbeitsmarkt erhöht die Konkurrenz.

Anti-queere Ideologie schiebt die Schuld für die Misere den jüngsten Neuzugängen auf dem Arbeitsmarkt und deren Gleichheitsansprüchen zu. Sie transportiert die irrige Hoffnung, der Prekarisierung durch die Rückwärtsbewegung zu alten Rollenverteilungen zu entgehen. Daher wendet sie sich gegen Gender-Mainstreaming.

3.2a Wissensvermittlung auf der Ebene der Ökonomie

Die Wahrnehmung der globalisierten, von Großkonzernen dominierten Wirtschaft ist eng verbunden mit transnationalen Politiken: Beide sind unübersichtlich und können Ohnmachtsgefühle hervorrufen. Die Mär von der ›Gender-Verschwörung‹ erhält ihre Plausibilität teilweise daher, dass tatsächlich UNO, EU und andere globale Akteur*innen Gender-Mainstreaming als Agenda verfolgen und insbesondere Großunternehmen und Behörden entsprechende Praxen angenommen haben. Politische Bildung sollte die Verschränkungen von Diversity Management, Gleichstellungspolitik und staatlichen Apparaten durchaus kritisch diskutieren. Ihnen zur Seite zu stellen sind Gegennarrative, die verdeutlichen, wie lange das Aufbrechen stereotyper und repressiver Rollen schon eine Kernforderung queerer und feministischer Bewegungen von unten ist.

Zum einen kann dazu eine Geschichte queerer Ansätze auf Graswurzelebene erzählt und/oder ein Zeitstrahl gemeinsam erarbeitet werden. Zum anderen kann eine Kritik des neoliberalen Feminismus aus feministischer Perspektive geleistet werden. Als vertiefende Texte könnten der Aufsatz von Volker Woltersdorff (2003) zu den Ausgangspunkten queerer Politik sowie die Vorworte zur Kritik des neoliberalen Feminismus bei Angela McRobbie (2016) verwendet werden.

Politische Bildung sollte ihre Teilnehmer*innen befähigen, die Zusammenhänge zwischen den wirtschaftlichen Verhältnissen und ihrem Alltag zu erkennen.

Zum Thema der Verunsicherungen in Fragen der Geschlechterrollen, die eine sich verändernde Arbeitswelt mit sich bringt, können die Thesen von Wimbauer et al. (2015) zur Prekarisierung behandelt werden. Um zu verdeutlichen, dass trotz allem Ungleichheiten fortbestehen, eignet sich die Methode *Wer macht welche Arbeit?* aus den Methodenkoffern der DGB-Jugend. Darin ordnen drei Kleingruppen Berufe nach Wichtigkeit, nach Ansehen und nach Einkommen an. Die Reihenfolgen werden verglichen und diskutiert. Im zweiten Schritt werden den Berufen Frauenanteile zugeordnet, evtl. ergänzt durch Migrant*innen-Anteile. Die Korrelation von hohen (nicht-migrantischen) Männeranteilen und hohen Gehältern wird sichtbar und diskutierbar. (Vgl. Autor_innenkollektiv 2011:129).

3.2b Selbstreflexion auf der Ebene der Ökonomie

Eine naheliegende Verknüpfung von Faktenwissen und eigener Erfahrung ist über die eigene ökonomische Eingebundenheit zu erreichen.

Wie stehe ich zur Arbeit? Wo setze ich meine Arbeitskraft ein, wie werde ich entlohnt und wie erhole ich mich? Wo entspreche ich in diesem Tun klassischen Geschlechterrollen, wo nicht, und wie fühlt sich das an? Wo betreibe ich Selbstoptimierung – und wie? Inwiefern ist sie bereichernd, inwiefern bedrückend oder mit Zwängen verknüpft? Wie erlebe ich Diversity im Arbeitsleben? Wo fühle ich mich gut aufgehoben, wo ausgeschlossen? Und wo habe ich Angst vor Konkurrenz? Solche und ähnliche Fragen können Teilnehmende einer Diversity Education gegen antiqueere Ideologie für sich und miteinander bearbeiten.

Ein Feld, in dem persönliche Wünsche und Ideen zum Tragen kommen, ist das der Utopien. Wie Nadja Meisterhans (2017) argumentiert, hat der Neoliberalismus ein Klima der Sachzwänge geschaffen, in denen gesellschaftliche Alternativen kaum noch denkbar erscheinen. Wenn ein*e jede*r zum Schmieden des eigenen Glücks angehalten ist, sind Wünsche für die Zukunft meist nur noch individuell. So kommt es zu Zerrbildern des Feminismus mit dem Ideal der starken Frau, die alles schafft. Strukturelle Privilegien und Benachteiligungen geraten dabei aus dem Blickfeld. Als Gegenbewegung kommt es zum Familismus, der einen kleinen Rückzugsraum im Stile des bürgerlichen Biedermeier zu erhalten sucht, um sich vor der um sich greifenden Kälte der Konkurrenz und des Erwerbslebens zu schützen.[88]

Dem kann im besonderen Raum des Seminars, des Workshops oder des Trainings ein kollektives Träumen entgegengesetzt werden, das auf eine vernünftige Einrichtung der Gesellschaft abzielt. Wie könnte ein gutes Leben für mich und für uns alle aussehen? Sich diese Fragen ernsthaft zu stellen, stärkt auch gegen die Verlockungen des Rückzugs in die vermeintlichen Sicherheiten von Volk und Familie.

3.3 Bildung zur Ebene der Kollektive

Die Etablierung der bürgerlichen Gesellschaft hat neue Freiheiten, aber auch mehr Anonymität und schwerer durchdringbare Abhängigkeiten mit sich gebracht. Umso verlockender ist der Rückzug in Gemeinschaften, die den Einzelnen schützend einschließen. Problematisch an den kollektiven Identifizierungen, die Gemeinschaften stützen, ist deren Hang zur Abgrenzung und zur Abwertung des Anderen.

Diversity Education kann keine Antwort auf die Suche nach mehr Geborgenheit in einer modernen Gesellschaft geben. Sie kann aber zu einer

---

88 Eingehend untersucht hat das Phänomen des Familismus Gisela Notz (2015).

erhöhten Reflexions- und Differenzierungsfähigkeit und zum Erkennen des Werts von Vielfalt beitragen. Idealerweise kann ein Sicherheitsgefühl gerade auf der Unterschiedlichkeit in der pluralen Gesellschaft aufbauen: Das sichere Gefühl, in einer »Gesellschaft zu leben, die meine individuellen Eigenheiten verteidigt und beschützt, selbst wenn sie nicht mehrheitsfähig, selbst wenn sie altmodisch, neumodisch, merkwürdig oder geschmacklos sind« (Emcke 2016a:195).

3.3a Wissensvermittlung auf der Ebene kollektiver Identifikation

Politische Bildung kann die Zusammenhänge von Nation und Geschlecht greifbar machen. Zu nennen sind hier etwa maskulinistische Zusammenschlüsse in Reaktion auf die Erfolge von Frauen- und LGBTIQ-Bewegungen. Unter Verweis auf die Wehrhaftigkeit des Landes wollen sie eine privilegierte Männlichkeit wiedererrichten. Der nationale Bezugsrahmen wird gestärkt durch die Abgrenzung zu äußeren (männlich und muslimisch markierten) und inneren (jüdisch und/oder queer markierten) Feindbildern. Angehörigen sexueller und geschlechtlicher Minderheiten wird gleich einer okzidentalen Dividende versprochen, ein gemeinsamer Nationalismus würde ihnen Schutz vor äußeren Bedrohungen verleihen. Durch das Aufzeigen der Zusammenhänge anti-queerer, anti-semitischer und nationalistischer Argumentationsweisen und Akteur/innen kann dieses Versprechen als fadenscheiniger Vorwand entlarvt werden. Im Fokus dieser diskriminierenden Ideologien steht das Volk, das durch Biopolitik gestärkt und optimiert werden soll. Die Regulierung des Volkskörpers läuft dabei über das Begehren der Regierten. Die heterosexuelle Familie wird zur Norm, andere Formen von Sexualität und Zusammenleben werden auf Minderheiten ausgelagert.

Diese Zusammenhänge können mit den Ausführungen in Abschnitt 1.2 dieses Buches, mit diskursanalytischen und historischen Untersuchungen wie bei Culina (2018) und Fedders (2018) verdeutlicht werden.

Kollektiv-identitäre Narrative arbeiten mit Naturalisierungen, Stereotypen und vermeintlich harten Fakten. Die Wissensvermittlung in der Diversity Education kann daher auch auf die Kompetenz abzielen, Faktenbehauptungen und *allzu* einleuchtende Erzählungen kritisch zu überprüfen. Dazu gehört neben dem in 3.1 erwähnten Hinterfragen der Biologie auch das Wissen um die Manipulationsmöglichkeiten von Zahlen, die im ideologischen Sprechen als unhintergehbare und daher unverhandelbare, unpolitische Faktizität genutzt werden (vgl. Woelk 2018). Auch andere argumentative Werkzeuge anti-queerer Ideologie sind zu benennen. So entscheiden Neuheitswert und Affektgeladenheit maßgeblich über die Verbreitung auf Twitter, was laut einer Studie des Boston MIT *fake news* eine größere Reichweite verschafft als realen Nachrichten (vgl. Langin 2018).

Anti-queere Ideologie macht sich in hervorstechender Weise das Kind als affektiv aufgeladene Chiffre zunutze, häufig in Verquickung mit Sex und Gewalt. Wie wirksam die rhetorische Legierung dieser drei Elemente – Kind, Sex, Gewalt – funktioniert, kann politische Bildung in Übungsdebatten erlebbar machen: Wo eine Seite dieses Instrument anwendet, hat es die andere, selbst bei objektiv richtigen Sachargumenten, schwer.

Auch die Herstellung eines ideologisch zurechtgeschnittenen Narrativs kann auf Basis kurzer Meldungen, die in Kleingruppen zu Artikeln ausgearbeitet werden, selbst geübt und dadurch durchschaubar werden.

3.3b Persönliche Reflexion auf der Ebene kollektiver Identifikation

Die Funktionsweise ideologischer Narrative und Angebote kollektiver Identifikation zu verstehen, heißt noch nicht, ihre Attraktivität begreifen zu können. Hierbei hilft die Reflexion eigener Bezüge zu Kollektividentitäten.

Mögliche Fragen in diesem Kontext wären:

Was finde ich eigentlich typisch männlich / weiblich? Was finde ich gut daran, was störend?

Welche Situationen fallen mir ein, wo Leute diese Rollen durchkreuzen? Was finde ich gut daran? Was stört mich daran?

Wann durchkreuze ich diese Rollen? Was ist schön daran, was ist schwierig?

Woraus ziehe ich ein Zugehörigkeitsgefühl? Was ist schön daran? Was gut und richtig? Wo sehe ich mich dadurch Einschränkungen unterworfen?

Wo schließe ich andere aus? Wo will ich das? Wo würde ich es gern sein lassen?

Wie vielfältig diese Zugehörigkeiten sind und wie stark mit Macht verbunden, lässt sich zusätzlich anhand der Visualisierung *Power Flower*

(Autor*innenkollektiv / DGB-Jugend 2011:202f.) reflektieren. Diese dem Anti-Bias-Ansatz entlehnte Übung lädt die Teilnehmer*innen ein, sich in sozialen Kategorien näher oder weniger nah zur Mitte – d.h. zum Zentrum, zur Norm – zu positionieren. Visualisiert wird dies in einer Blütengrafik, auf deren Blütenblättern je eine soziale Kategorie geschrieben steht. Die Teilnehmenden malen das Blütenblatt so weit aus, wie sie sich von der Norm entfernt sehen. Eine durchgängig privilegierte Person erhielte so eine Blüte mit kurzen kolorierten Blättern, eine durchgängig benachteiligte Person erhielte eine mit langen bemalten Blättern; faktisch werden die Teilnehmenden in der Regel ungleichmäßige Blütenbilder erstellen.

3.4 Bildung zur Ebene der Einzelnen

Anerkennung wird dem Subjekt seit frühester Kindheit meist in vergeschlechtlichten Formen zuteil. Der soziale Spiegel spiegelt mich als Junge oder Mädchen wider, und das bedingt meine soziale Existenz: Ich bin Resultat der ›Dus‹, die an mich gerichtet worden sind. Will ich mich selbst finden, so muss das in Begriffen geschehen, die der herrschende Diskurs mir zur Verfügung stellt. Als Bedingungen meines Selbstverständnisses werden sie narzisstisch aufgeladen.

Im Feld der sozialen Anerkennung und des Diskurses kann ich mich als eindeutig vergeschlechtlichtes Subjekt erheblich leichter bewegen. Insofern haben die Geschlechterrollen eine entlastende Funktion. Dass für ihre Ordnung normwidrige Impulse unterdrückt werden müssen, führt zwar zu unbehaglichen inneren Spannungen; eine autoritär formierte Persönlichkeit findet jedoch einen Blitzableiter im Anderssein jener, die sich der Ordnung nicht unterwerfen.

Um die Teilnehmenden für die Fragilität einer offenen Gesellschaft zu sensibilisieren, kann die Leipziger Studie (Decker et al. 2018) zur Dynamik und Verbreitung des autoritären Syndroms als gut zugängliche Fachliteratur dienen.

3.4a Haltung in der Wissensvermittlung auf der Ebene der Einzelnen

Die erste Aufgabe politischer Bildung auf dieser Ebene ist es, Angst zu nehmen. Keine relevante queere Strömung will die Menschen mittels Umerziehung zum Anderssein zwingen. Diese Information muss zusammenkommen mit einer pädagogischen Grundhaltung von Akzeptanz, Fehler- und damit Lernfreundlichkeit.

Mittels Übungen wie dem Meinungsbarometer kann schon zu Beginn demonstriert werden, dass verschiedene Sichtweisen Raum im Seminar haben und es nicht um ein Einüben nach Richtig/falsch-Mustern geht.

Die Teilnehmer*innen sind grundlegend ›OK‹ so, wie sie sind.[89] Fernab eines Abtrainierens von Geschlecht kann Diversity Education die Lust an vergeschlechtlichten Praxen und die Wichtigkeit der mit ihnen einhergehenden Anerkennung wertschätzen. Vorsichtig thematisiert sie aber auch die Unterwerfung in der Subjektwerdung, den Ver-lust der für die eigene Rolle nicht anerkennungsfähigen Genüsse.

3.4b Persönliche Reflexion auf der Ebene der Einzelnen

Die pathische Projektion ist ein zentrales Element anti-queerer Ideologie. Das Pathische an ihr ist ihr Mangel an Reflexion. Die Ermöglichung von Reflexion aber ist eine Kernkompetenz politischer Bildung und auf der Ebene der Einzelnen, wie die Expert*innen-Interviews gezeigt haben, ihr wohl wirksamstes Mittel.

Eine queere Projektion würde danach fragen, was an der Zugehörigkeit zu einer mir fremden, suspekten oder unsympathischen Gruppe *attraktiv* wäre. So kann ich unterdrückten Impulsen nachspüren, die ich anderen zuschreibe und die mit meiner Ablehnung ihrer Gruppe zu tun haben mögen. Das pathische Element, also die fehlende Selbstwahrnehmung und -reflexion, wird aus der Projektion genommen.

Welche Dynamiken von Selbst- und Fremdzuschreibungen zu verhärteten Fronten und versteiften Zugehörigkeitsgefühlen führen, kann auch mit dem Wertequadrat nach Schulz von Thun (1992:38ff.) reflektiert werden. Auf die queere Diversity Education angepasst, können Teilnehmende einen Wert oder ein Persönlichkeitsmerkmal oben links in ein Quadrat schreiben, der/das ihnen in diesem Kontext persönlich wichtig ist. In die untere rechte Ecke kommt das direkte Gegenteil, also ein Wert, der ihnen fremd oder unsympathisch ist. Unten links schreiben sie, was herauskäme,

89 Sich selbst wie auch das Gegenüber als ›OK‹ anzunehmen, ist die Basis zielführender Interaktionen, wie die theoretische Schule der Transaktionsanalyse gezeigt hat (vgl. z.B. English 1980:76).

würden sie ihren Wert übertreiben: Einen >Unwert<, des Guten zu viel. Für die obere rechte Ecke überlegen sie, welcher positive Wert im gänzlich negativen Gegenteil stecken könnte, wenn es ein wenig entschärft würde: Einen positiven Gegenwert zu ihrem zuerst aufgeschriebenen Wert.

Abbildung 2: Eine Version des Entwicklungsquadrats vom SvT-Institut (2011), passenderweise mit Regenbogen.

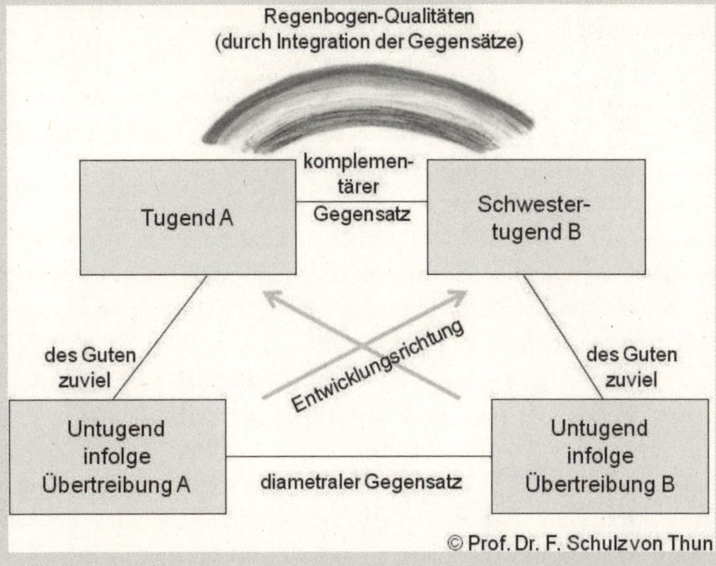

Fragen zum Quadrat können sein: In welchen Situationen mag ich den direkten Gegensatz sehen, obwohl mein Gegenüber *auch* den positiven Gegenwert verkörpert? In welchen Situationen mag ich für mein Gegenüber den Unwert verkörpern, obwohl ich mich eigentlich im Wert-Feld sehe?

Die Wissensvermittlung der vorangegangenen Abschnitte hat Geschlecht in seiner kontingenten und komplexen Gewordenheit erkennbar gemacht. Um dieses Wissen wirklich zu begreifen, liegt es nahe, dem geschlechtlichen Werden in der eigenen Biografgrafie auf die Spur zu kommen. Dies ist in Einzelübungen möglich, die in Tandems oder Kleingruppen und abschließend auch im Plenum reflektiert werden können. Dabei ist es entscheidend, emotionalen Prozessen Raum zu geben und sie nicht durch eine unsachgemäße Versachlichung zu ersticken.

Wie bin ich geschlechtlich so geworden, wie ich heute bin? Dieser Frage geht die Übung »Gender-Biografgrafie« (Autor*innenkollektiv / DGB-Jugend 2011:149ff.) nach, bei der die Teilnehmenden ebendiese anhand eines Fragebogens selbst erstellen. Gefragt wird nach Erfahrungen mit Zuschreibungen, Rollenzuweisungen, sozialen Anforderungen und eigenen Wünschen usw. Die Ergebnisse werden, soweit von den Teilnehmenden gewünscht, in Dreiergruppen und eventuell im Plenum diskutiert. Eine alternative Reihe von Fragen kann Kate Bornstein (2016:100ff.) entlehnt werden:

Was ist mein Geschlecht? Wann wurde mir zum ersten Mal bewusst, dass ich diesem Geschlecht angehöre? Gibt es etwas an meinem Geschlecht oder meiner Rolle, das mich stört oder einschränkt? Drücke ich meine Geschlechtszugehörigkeit schon immer ganz automatisch aus, oder musste ich üben, um ›richtig‹ männlich/weiblich/anders zu wirken? Bin ich schon einmal ausgeschlossen worden – a) wegen meines Geschlechts, oder b) weil ich meinem Geschlecht nicht entsprach? Gibt es einen Aspekt an einem anderen Geschlecht, der mich so sehr anspricht, dass ich ihn vielleicht in mein Alltagsleben übernehmen würde? Was würde das an meinem Geschlecht verändern? Welche Reaktionen anderer würde ich erwarten? Was würde das für mich bedeuten / mit mir machen?

Es lohnt sich, die Frage der ansprechenden Aspekte an einer anderen Geschlechterrolle weiter zu verfolgen. Wo kommen in meinem Alltag Energien und Impulse zum Tragen, die ich ganz explizit nicht ausleben wollen würde oder könnte? Anhand dieser Frage, die ein gewisses Reflexionsvermögen und ein großes Vertrauen aufseiten der Teilnehmer*innen voraussetzt, kann zum Thema werden, dass tabuisierte Potenziale in allen Individuen vorhanden sind. Sichtbar wird die homoerotische Komponente jener geschlechtshomogenen Räume, in denen Weiblichkeit respektive Männlichkeit besonders inszeniert wird – etwa im Sport oder in bestimmten Gremien.

Um die Problematik der Forderung und Einschränkung gender-konnotierter Praxen im Subjektivierungsprozess zu thematisieren, kann einsteigend auch die von Andreas Hechler beschriebene Übung »Verlustspur des Subjekts« zum Einsatz kommen (vgl. auch Debus & Stuve 2013). Ein Verlustgefühl mag auch mit dem Gedanken an klassische Familienarrangements einhergehen. Die Teilnehmenden können daher ihr Wissen um traditionelle Geschlechterrollen zusammentragen und diskutieren, was sie daran mögen, wo sie diese Rollen heute ausleben, aber auch, welche Einschränkungen es bedeuten würde, sich ihnen vollkommen anzupassen. Dabei können auch Familienerzählungen zum Tragen kommen, womit die intergenerationale Weitergabe und Veränderung von Geschlechterbildern thematisierbar wird. Ergänzend oder alternativ können Filmausschnitte aus den 1950er- und 1960er-Jahren als Diskussionsgrundlage dienen. In jedem Fall ist die Relativität der nachträglichen Rekonstruktion bzw. medialen Repräsentation von Geschlecht zu problematisieren.

Ziel ist es, die Wirkungsweise rigider Geschlechternormen auf die Mitglieder einer Gesellschaft im Spannungsfeld von Kontingenz und Unentrinnbarkeit begreifbar zu machen: ein Gespür dafür zu ermöglichen, dass zwar normative Zwänge und Gewaltverhältnisse fortbestehen, diese aber durch bestimmte soziale Prozesse und Kontinuitäten bedingt und somit auch veränderbar sind.

3.5 Bildung als Empowerment und Stärkung von Alternativen

Ein kritischer Diversity-Begriff meint keine beliebige Vielfalt in Stile einer bunten Tüte. Vielmehr geht es um soziale Kategorien, mittels derer machtvolle Unterscheidungen zwischen Menschen getroffen und in alltäglichen Interaktionen stetig aufs Neue hergestellt werden. Strukturkategorien wie *Race*, Geschlecht und Klasse sind weder neutral noch gleichgestellt. Ihre jahrhundertelangen Geschichten von Ausbeutung, Unterdrückung und Gewalt bilden einen blutigen Boden, auf dem unsere sozialen Wahrnehmungs- und Deutungsprozesse heute fußen. Vor diesem Hintergrund liegt der Schwerpunkt kritischer Diversity Education auf der Stärkung benachteiligter Individuen und Gruppen. Sie sollten sich darin bestärkt sehen, die Ursache ihrer Benachteiligung in den Verhältnissen – und nicht in ihrer Person – zu erkennen und ihre Handlungsspielräume insbesondere in solidarischen Zusammenhängen zu sehen und zu erweitern.

Im *Resilienz-Koffer,* visualisiert an einer Tafel, sammelt die Gruppe Techniken und Hilfsmittel im Umgang mit Diskriminierungserfahrungen, die die Beteiligten selbst schon einmal angewandt haben. Die verschiedenen Umgangsweisen können geclustert werden; im Koffer ist auch Raum für

Gegensätze (z.B. ›dem Ausgrenzenden lautstark die Meinung sagen‹ und ›mich mit meinem Lieblingsbuch zurückziehen‹). Die Beiträge werden nicht gewertet. Wenn sie möchten, können die Teilnehmenden von ihrer Erfahrung erzählen. Die Vielfalt der Kofferinhalte soll Ohnmachtsgefühlen entgegenwirken. Wichtig ist die Ergänzung, dass es aber sehr verständlich ist, sich trotz aller guten Tipps in einer Situation hilflos zu fühlen bzw. es aufgrund struktureller Gegebenheiten auch zu sein.

Gegen Ende eines Trainings steht das Ziel, dass die Teilnehmenden etwas von der Bestärkung des Seminars in ihr Alltagsleben mitnehmen. Hierzu eignen sich z.B. *Mindmaps*, die das eigene Netzwerk visualisieren. Eine Methode, um dies und weiteres zu reflektieren, ist die *Kompetenzfigur*: Die Teilnehmer*innen malen einen Körperumriss, der sie selbst darstellt, und schreiben zum Kopf, was sie wissen oder wissen können, zur einen Hand, was sie gut können, zur anderen Hand, wer zu ihrem Netzwerk zählt, zum Herzen, wofür ihr Herz schlägt, zum Bauch, was ihnen Bauchschmerzen bereitet, und zu den Füßen, wohin sie wollen. Außen können auch Erwartungen des Umfelds ergänzt werden. Sinnvoll zum Seminarabschluss ist es auch, *konkrete Vornahmen*[90], die eine bestimmte Handlung (z.B. ein Gruppentreffen zu besuchen, einen Aufruf zu verfassen oder ein Streitgespräch mit einem Kollegen auszutragen) in einem bestimmten Setting zu einer bestimmten Zeit in der absehbaren Zukunft envisionieren.

Die im asymmetrischen System der Zweigeschlechtlichkeit Privilegierten (also insbesondere als normgerecht männlich gelesene sowie cisgeschlechtliche Personen) sollten Gelegenheit bekommen, ihre *déformation privilégiée* zu verstehen. So können sie reflektieren, dass die Vorteile ihrer Position Teil eines Ungleichgewichts sind. Die Illusion zu verlieren, dass ihre Position selbstverständlich und verdient ist, ist ein herausfordernder Prozess, führt jedoch auch zu einem Zugewinn an Begegnungen auf Augenhöhe und ermöglicht, die als Ballast empfundenen Anforderungen abzuwerfen. Eine bestärkende Bildung bietet ihnen so die Möglichkeit, den Verlockungen anti-queerer Ideologie nicht zu folgen, sondern andere Wege zu erkunden.

Das Empowerment im Sinne einer Erweiterung von Möglichkeitsräumen und Selbstbestimmung richtet sich so gewissermaßen an *alle* Teilnehmer*innen eines Seminars gegen anti-queere Ideologie.

90 ›Vornahme‹ ist ein Begriff aus der kognitiven Psychologie. Anders als bei oft allgemein formulierten und folgenlos bleibenden Vorsätzen handelt es sich um eine konkret envisionierbare, also bildlich vorstellbare Handlung.

3.6 Abschluss

Diversity Education vermittelt eine ideologiekritische Haltung, die zur Analyse agitatorischer Mittel und allzu eingängiger Narrative befähigt. Sie kann die Debatten um Gender und Queer geschichtlich einzuordnen helfen. Ebenso wird deren Hauptgegenstand – Geschlecht – als eine komplexe und historisch kontingente soziale Konstruktion erkennbar. So wird die vermeintliche Natürlichkeit von Geschlecht ebenso widerlegt wie die Behauptung, Gendertheorien würden Geschlecht zur beliebig wechselbaren Laune der Individuen verklären. Die soziale Wirkungskraft, die Geschlecht auf *alle* Subjekte ausübt, wird begreifbar.

Auf der Ebene der Ökonomie kann Diversity Education neoliberalen Verzerrungen von Feminismus eine Geschichte der queeren und feministischen Graswurzelbewegungen entgegenstellen. Sie kann dazu anregen, eigene ökonomische Abhängigkeiten anzuerkennen, ohne in eine Sündenbock-Dynamik zu geraten. Und sie kann Raum schaffen für kollektives Träumen, für eine Utopiebildung jenseits der Alternativen von ›weiter so‹ oder ›zurück zur guten alten Zeit‹.

Auf der Ebene der kollektiven Identitäten kann Diversity Education Wissen über die Dynamiken von Maskulinismus, Nationalismus, Rassismus und Antisemitismus im Kontext anti-queerer Ideologie vermitteln. Dadurch wird die Notwendigkeit der intersektionalen Strategien gegen diese regressiven und autoritären Tendenzen verdeutlicht. Andererseits können eigene Bedürfnisse nach Gemeinschaft und Zugehörigkeit reflektiert werden, in ihrer Wichtigkeit für das eigene Sicherheits- und Wohlbefinden ebenso wie in ihren ausschließenden und unterdrückerischen Potenzialen.

Auf der Ebene der Einzelnen kann Diversity Education begreifbar machen, in welch machtvollen Prozessen ein Subjekt strukturell unterworfen wird, sich die Strukturen aber auch aneignet und sich zu ihnen in mehr oder weniger autonomer, mehr oder weniger autoritärer Weise verhalten kann. Die persönliche Selbstreflexion birgt die größten Potenziale der Diversity Education. Die eigene geschlechtliche Gewordenheit kann nachvollzogen, die eigene Fantasie auf unterdrückte Impulse und problematische Projektionen hin befragt werden. Erkennbar werden eigene Potenziale und unterschwellig bereits alltägliche Praxen, die rigide Geschlechternormen transzendieren. Diffuse Ängste vor einem Zerfallen oder Zerfließen, die mit der Aufweichung der Geschlechtergrenzen verbunden sind, können zumindest ein Stück weit gelöst werden.

Im Zentrum von Diversity Education gegen anti-queere Ideologie steht die Stärkung jener, die sich für eine freiheitliche Gestaltung der Gesellschaft und ihrer Geschlechterverhältnisse einsetzen. Sie gibt Einblicke in erweiterte Möglichkeitsräume geschlechtlichen Begehrens und Ausdrucks. Sie kritisiert die Ideologie hinter den zunehmenden anti-queeren Aussagen und macht ihre Zusammenhänge auf polit-ökonomischer, kultureller und psychologischer Ebene begreifbar. Damit hilft sie Betroffenen bei der Einordnung von Angriffen und Diskriminierungen und unterstützt Engagierte im strategischen Vorgehen. Um diesen Effekt über den Seminarraum hinauszutragen, macht politische Bildung ihren Teilnehmer*innen Mut zur Handlungsfähigkeit und ermöglicht ihnen, gemeinsame Perspektiven zu erdenken und zu konkretisieren. Die Wichtigkeit einer solchen Bildung reicht über das Feld von Sexualität und Geschlecht hinaus. Indem sie die identitären Kategorien destabilisiert, die für Sexismus, Nationalismus und Rassismus unabdingbar sind; indem sie das diffuse Unbehagen auf die realen Ungerechtigkeiten der Verhältnisse zurückverweist und Sündenbock-Dynamiken nicht gelten lässt; indem sie Freiheitsgrade mehrt, ohne vorzugeben, wie diese genutzt werden sollen; und indem sie auch eigene Standpunkte und Forderungen verhandelbar und undogmatisch hält, schafft sie Sicherheit durch Verunsicherung.

Danksagung

Es freut mich sehr, diesen Text – der in einem universitären Kontext entstanden ist und auch dort hätte verbleiben und versauern können – im Unrast Verlag veröffentlichen zu dürfen. Mit der Verknüpfung von Theorie und Aktivismus, die der Verlag seit Langem leistet, macht er sich um uns alle verdient, denen uns eine engagierte Wissenschaft und reflektierte soziale Bewegungen am Herzen liegen.

Ich danke Tatjana Freytag für die Ermutigung, sich dem politischen Streit in der Wissenschaft ebenso zu stellen wie grundlegenden theoretischen Fragen. Eva Reuter danke ich für unbequeme Fragen an queere Bildung, Sichtbarkeit und Identität – und für die Mitbegründung der Studierendeninitiative hi*queer!

Großer Dank gilt Karu-Levin Grunwald, Sophie Schneider sowie meinen Eltern, Linda und Ingo Engelmann, für das intensive Korrekturlesen meines Textes. Auch das Kürzen vieler Redundanzen wäre mir ohne Euch, Ingo und Linda, nicht gelungen!

Ganz herzlich danke ich Mutlu Ergün-Hamaz, Andreas Hechler und Ute Neumann für die Zeit und Expertise, die sie in unsere Gespräche haben fließen lassen. Auch danke ich dem ganzen Verein *Phoenix* für unzählige inspirierende Impulse.

Danken möchte ich außerdem Andreas Kemper für die anregende und gut zugängliche Arbeit zur Geschlechterpolitik im Umfeld der AfD und die Hinweise zu Akteuren der politischen Bildung. Ich danke Isabelle Hannemann, Sebastian Winter sowie Sina Isabel Freund für die freundliche Zurverfügungstellung unveröffentlichter Manuskripte zum Thema. Außerdem danke ich meinen Schwiegereltern, Annemarie und Rainer Gith, für die faszinierenden Texte und Hintergrundgespräche zu den Geschlechterrollen vergangener Tage.

Und von ganzem Herzen danke ich meiner Partnerin, Anja Scarlett Gith, für die Unterstützung in Zeitplanung, Literaturrecherche und generellem Dranbleiben.

Verzeichnis der Tabellen und Abbildungen

Tabelle 1: Was bedeuten die Bezugsgrößen kritischer Diversity Education im Verhältnis zu den Kernbegriffen politischer Bildung?

Abbildung 1: Eine Version des Entwicklungsquadrats vom SvT-Institut (2011), passenderweise mit Regenbogen. Veröffentlicht als »Schaubild.jpg« bei Wikimedia Commons [URL: https://commons.wikimedia.org/w/index.php?curid=15094303] unter der Lizenz Creative Commons Attribution 3.0 Unported (CC BY 3.0). Mehr zu den Lizenzbedingungen unter URL https://creativecommons.org/licenses/by/3.0/deed.en.

Abbildung 2: Die Abbildung wurde als »Schaubild des Werte- und Entwicklungsquadrates nach Prof. Friedemann Schulz von Thun« vom SvT-Institut im Jahr 2011 unter einer Creative Commons License (CC BY 3.0) veröffentlicht. Abgesehen vom Titel ist die Abbildung hier unverändert reproduziert. Link zur deutschsprachigen Lizenz: https://creativecommons.org/licenses/by/3.0/de/

Literaturverzeichnis

Nachschlagewerke

Bisexual Yankee geek (2003): Queer. Online-Wörterbucheintrag Nr. 7 vom 21. Juni 2003 im *Urban Dictionary*. URL: https://www.urbandictionary.com/define.php?term=queer [2018-09-12]

Merriam-Webster inc. (o.D.): Queer. Online-Wörterbucheintrag. URL: https://www.merriam-webster.com/dictionary/queer [2018-09-12]

Summers, Della; Bullon, Stephen; Gadsby, Adam; et al. (2003): *Longman Dictionary of Contemporary English*. Harlow (UK): Pearson Education Limited.

Quellen

AfD (Alternative für Deutschland) (2016): *Programm für Deutschland. Das Grundsatzprogramm der Alternative für Deutschland*. Online abrufbar auf der AfD-Homepage, URL: http://alternativefuer.de/wp-content/uploads/sites/7/2016/05/2016-06-27_afd-grundsatzprogramm_web-version.pdf [2017-3-23]

AfD-Fraktion im Thüringer Landtag (2018): Leitkultur, Identität, Patriotismus. Ein Positionspapier der AfD-Fraktion im Thüringer Landtag als Beitrag zur Debatte um die deutsche Leitkultur. Erfurt, April 2018. Online abrufbar unter URL: http://docs.dpaq.de/13546-leitkultur__identit_t__patriotismus.pdf [2018-10-05]

Baunack, Friedrich & Kubitschek, Götz (2013): Volkslustige Träumereien. Ein Gespräch mit Friedrich Baunack. *Sezession 52* (Februar 2013). S. 38-39.

Becker, Claudia (2018): »Sex-Broschüre«: Warum Murat nicht einfach Prinzessin spielen darf. Artikel auf Welt.de vom 16.2.2018. URL: https://www.welt.de/vermischtes/article173662825/Berliner-Senat-finanziert-Broschuere-zu-sexueller-Vielfalt-in-Kitas.html [2018-08-30]

Berger, David (o.D.a): David Berger. Selbstporträt auf dem Blog *Philosophia Perennis*. URL: https://philosophia-perennis.com/david-berger/ [2018-11-08]

Berger, David (o.D.b): PP Thema: Genderideologie. Themenseite auf dem Blog *Philosophia Perennis*. URL: https://philosophia-perennis.com/genderideologie-gender-auseinandersetzung/ [2018-11-09]

Besorgte Eltern (2015): Die verborgenen Wurzeln der ›modernen‹ Sexualaufklärung. 2. Auflage. Broschüre im Selbstverlag. Online abrufbar unter URL: http://www.besorgte-eltern.net/pdf/broschure/broschure_wurzeln/BE_Verborgene-Wurzeln_A5_v02.pdf [2019-01-16]

Beverfoerde, Hedwig Freifrau von (2016): AfD nicht am Bündnis ›Demo für alle‹ beteiligt. Erklärung, dokumentiert auf kath.net am 15. Februar 2016, URL: http://www.kath.net/news/54030 [2019-01-14]

Bischofssynode (2015): XIV. Ordentliche Generalversammlung: Die Berufung und Sendung der Familie in Kirche und Welt von heute. Abschlussbericht der Bischofssynode an Papst Franziskus. Vatikanstadt, 24. Oktober 2015. Online zugänglich unter URL: http://www.vatican.va/roman_curia/synod/documents/rc_synod_doc_20151026_relazione-finale-xiv-assemblea_ge.html [2018-11-30]

Compact Magazin (2018): Volksaustausch: Die harten Zahlen und Fakten – und die Lösungen: Alles in der neuen COMPACT-Spezial! Artikel vom 22. Juli 2018 auf der Homepage des Magazins. URL: https://www.compact-online.de/volksaustausch-die-harten-zahlen-und-fakten-und-die-loesungen/ [2018-09-19].

Daniels, Johannes (2018a): »PRINZESSIN MURAT WILL PIMPERN«:»BABY-lon Berlin«: KiFiKa-KiTa-Broschüre völlig gaga! Artikel auf PI-News vom 17. Februar 2018, URL: http://www.pi-news.net/2018/02/baby-lon-berlin-kifika-kita-broschuere-voellig-gaga/ [2018-08-30]

Daniels, Johannes (2018b): GurKo: Travestie-Zentren statt Transit-Zentren! Artikel auf PI-News vom 7. Juli 2018. URL: http://www.pi-news.net/2018/07/gurko-travestie-zentren-statt-transit-zentren/ [2019-01-16]

Demo für alle (2015): Ehe bleibt Ehe! Petition und Begleitartikel mit Update vom 30.7.2017 auf CitizenGo. URL: https://citizengo.org/de/24468-ehe-bleibt-ehe [2018-12-05]

Demo für alle (2018): Kein Vielfalts-Sex in KiTas: Indoktrinierende Broschüre sofort zurückziehen! Petition und Begleitartikel mit Update vom 16.2.2018 auf CitizenGo. URL: http://www.citizengo.org/de/ed/156998-kein-vielfalts-sex-kitas-indoktrinierende-broschuere-sofort-zurueckziehen [2018-08-30]

Der Flügel (2015): Erfurter Resolution. Die Gründungsurkunde des Flügels. Online Abrufbar unter URL: https://www.derfluegel.de/erfurter-resolution/ [2018-10-05]

Eisenberg, Peter (2017): Das missbrauchte Geschlecht. Essay in der Süddeutschen Zeitung vom 3.3.2017. Online abrufbar unter URL: https://www.sueddeutsche.de/kultur/2.220/essay-das-missbrauchte-geschlecht-1.3402438 [2018-11-15]

Eisenberg, Peter (2018a): Das generische Maskulinum. »Ich nenne das sprachpolizeiliche Allüren«. Interview von Hans-Joachim Wiese auf Deutschlandfunk Kultur am 13. März 2018. Transkript online abrufbar unter URL: https://www.deutschlandfunkkultur.de/das-generische-maskulinum-ich-nenne-das-sprachpolizeiliche.1008.de.print?dram:article_id=413000 [2018-11-15]

Eisenberg, Peter (2018b): O-Ton in der Sendung »Hintergrund« von Monika Dittrich am 15. November 2018, Titel: »Er, sie, *: Die Genderfrage im Rechtschreibrat«. Transkript online abrufbar unter URL: https://www.deutschlandfunk.de/er-sie-die-genderfrage-im-rechtschreibrat.724.de.html?dram:article_id=433109 [2018-11-15]

Elsässer, Jürgen (2013): Neue Weltordnung: Porno und Gender. Artikel vom 8. April 2013 im Compact Magazin Dossier »Neue Weltordnung«. Online abrufbar unter: https://www.compact-online.de/neue-weltordnung-porno-und-gender/ ; vertiefendes Interview zum Thema auch in Compact Youtube Video unter: https://www.youtube.com/watch?v=IB7sVGPVUNI [2018-09-29]

EuropeForFamily (2015): EU will unseren Schulen Gender-Ideologie aufzwingen. Petition und Begleitartikel mit Update vom 17.9.2015 auf CitizenGo. URL:https://www.citizengo.org/de/28742-eu-will-unseren-schulen-gender-ideologie-aufzwingen [2018-12-05]

FPÖ – Freiheitliche Partei Österreichs (2013): *Handbuch Freiheitlicher Politik. Ein Leitfaden für Führungsfunktionäre und Mandatsträger der Freiheitlichen Partei Österreichs. 4. Auflage/2013.* Wien: FPÖ-Bildungsinstitut. Online abrufbar unter URL: *https://www.fpoe.at/fileadmin/ user_upload/www.fpoe.at/dokumente/2015/Handbuch_freiheitlicher_Politik_WEB.pdf [2018-10-02]*

Gauland, Alexander (2014): Die AfD in der Krise. Frankfurter Allgemeine Zeitung, 24.01.2014, Nr. 20. S. 10.

Habermann, Gerd (2015): Staatsfeminismus: Gleich und Gleicher. Artikel vom 16. Dez. 2011. In: Junge Freiheit Edition (Hrsg.): *Gender Mainstreaming. Beiträge und Interviews zu einer gefährlichen Ideologie.* Berlin: Junge Freiheit. S. 209-216.

Hitler, Adolf (1937): *Mein Kampf. Zwei Bände in einem Band. Ungekürzte Ausgabe. 277./280. Auflage.* München: Zentralverlag der NSDAP.

Höcke, Björn (2015): Merkel muss scheitern, damit Deutschland und Europa gerettet werden können. Rede auf einer AfD-Demonstration am 30. Oktober 2015 in Gera. Online unter URL: https://afd-thueringen.de/2015/10/reden-der-demo-in-gera-am-30-10-2015/ [2018-09-18]

Hoffmann, Nadine (2019): Land der Naivität und Feigheit: Weder Freiheit noch Verantwortung. Artikel auf PI-News vom 1. Januar 2019. URL: http://www.pi-news.net/2019/01/weder-freiheit-noch-verantwortung/ [2019-01-16]

Kardinal Ratzinger, Joseph (1989): Difficulties confronting the faith in Europe today. Meeting with the Doctrinal Commissions of Europe. Online unter URL: http://www.vatican.va/roman_curia/congregations/cfaith/incontri/rc_con_cfaith_19890502_laxenburg-ratzinger_en.html [2018-11-30]

Kelle, Birgit (2013): Dann mach doch die Bluse zu! Kolumne im Online-Magazin *The European* vom 29. Jan. 2013. URL: https://www.theeuropean.de/birgit-kelle/5805-bruederle-debatte-und-sexismus [2018-11-28]

Kelle, Birgit (2015): Echte Männer brauchen wir! Geschlechterrollen im Umbruch? Artikel vom 27. September 2013. In: Junge Freiheit Edition (Hrsg.):

Gender Mainstreaming. Beiträge und Interviews zu einer gefährlichen Ideologie. Berlin: Junge Freiheit. S. 165-172.

Klein, Michael (2018): URL: Die Diktatur der Gutmenschen – Ein 1994 veröffentlichtes Buch, das verstört. Artikel auf ScienceFiles.org vom 5. August 2018. URL:https://sciencefiles.org/2018/08/05/die-diktatur-der-gutmenschen-ein-1994-veroffentlichtes-buch-das-verstort/ [2018-11-09]

Kleine-Hartlage, Manfred (2013): Der Islam als Kampfgemeinschaft. *Sezession* 52 (Februar 2013), S. 40-42.

Kraus, Josef (2018): QUEERFORMAT und so weiter. Berlin: Bildung schwach, aber schon in Kitas in »Gender« gut. Artikel auf dem Portal Tichys Einblick vom 13.9.2018, URL: https://www.tichyseinblick.de/kolumnen/josef-kraus-lernen-und-bildung/berlin-bildung-schwach-aber-schon-in-kitas-in-gender-gut/ [2018-08-30]

Kuby, Gabriele (2007a): Auf dem Weg zum neuen Menschen. Artikel vom 29.06.2007 in der Jungen Freiheit. Online abrufbar unter: https://jungefreiheit.de/sonderthema/2007/auf-dem-weg-zum-neuen-menschen/ [2018-09-27]

Kuby, Gabriele (2007b): *Verstaatlichung der Erziehung. Auf dem Weg zum neuen Gender-Menschen. 2. Auflage.* Kisslegg: Fe-Medienverlag.

Kuby, Gabriele (2011): *Die Gender Revolution. Relativismus in Aktion. 5. Auflage.* Kisslegg: Fe-Medienverlag.

Kuby, Gabriele (2014): *Die globale sexuelle Revolution: Zerstörung der Freiheit im Namen der Freiheit. 5., aktualisierte Auflage.* Kisslegg: Fe-Medienverlag.

Kutschera, Ulrich (2017): Ehe für alle? ‚Diese widersinnige Entscheidung überrascht mich nicht.' Interview auf kath.net vom 6. Juli 2017. URL: http://kath.net/news/60177 [2018-10-22]

Kutschera, Ulrich (2018): Homo-Ehe: Staatlich-kirchliche Zementierung von Fehlverhalten? Interview auf kath.net vom 5. Juli 2018. URL: http://www.kath.net/news/64343 [2018-10-22]

Lichtmesz, Martin (2010): Vom schwulen Eros. *Sezession* 36 (Juni 2010), S. 28-31.

Ludwig, Johann (2010): Schwule Verschwörungen. *Sezession* 36 (Juni 2010), S. 36-39.

McKenna, Thomas (2018): Cardinal Burke Adresses the Clergy Scandal. Artikel mit Interview auf der Homepage von *Catholic Action – For Faith and Family* vom 16. August 2018. URL: https://www.catholicaction.org/cardinal_burke_addresses_the_clergy_scandal [2018-10-05]

Meuthen, Jörg (2018): Vergewaltigung der deutschen Sprache verhindern! Pressemitteilung vom 8. Juni 2018, veröffentlicht auf der Homepage der AfD. URL: https://www.afd.de/joerg-meuthen-vergewaltigung-der-deutschen-sprache-verhindern/ [2018-09-18] mke (2018): CDU schreitet ein! Politiker verteilen heikle Aufklärungs-Broschüre an Kita-Kinder. Artikel auf merkur.de vom 16.2.2018. URL: https://www.merkur.de/politik/politik-verteilt-aufklaerungs-broschuere-an-kita-kinder-zr-9619833.html [2018-08-30]

Olles, Werner (2010): Sex 68. *Sezession 36* (Juni 2010), S. 16-19.

Papst Franziskus (2016): *Nachsynodales apostolisches Schreiben* Amoris Laetetia *des Heiligen Vaters Franziskus an die Bischöfe, an die Priester und die Diakonie, an die Personen des geweihten Lebens, an die christlichen Eheleute und an alle christgläubigen Laien über die Liebe in der Familie.* Vatikanstadt: Libreria Editrice Vaticana.

Papst Johannes Paul II (1995): Letter of Pope John Paul II to Women. Vatikanstadt: Libreria Editrice Vaticana.

Papst Paul VI (1968): *Enzyklika Seiner Heiligkeit Paul Pp. VI* Humanae Vitae *über die Weitergabe des Lebens.* Vatikanstadt: Libreria Editrice Vaticana.

Pegida (2014): Positionspapier in 19 Thesen. Online abrufbar unter URL: https://www.menschen-in-dresden.de/wp-content/uploads/2014/12/pegida-positionspapier.pdf [2015-07-15]

Pirinçci, Akif (2015): *Die große Verschwulung. Wenn aus Männern Frauen werden und aus Frauen keine Männer.* Leipzig: Manuscriptum / Edition Sonderwege.

Pontifical Council for the Family (2003): *Lexicon. Termini ambigui e discussi su famiglia, vita e questioni etiche.* [Lexikon. Uneindeutige und umstrittene Begriffe von der Familie, vom Leben und von ethischen Fragen.] Bologna: Edizioni Dehoniane.

Redaktion (an) (2017): Bürger wehren sich gegen die aufgezwungene Gender-Ideologie. Artikel auf dem Webportal *Freie Welt* vom 8. Dez. 2017. URL: https://www.freiewelt.net/nachricht/unterstuetzung-in-millionenhoehe-durch-globalisten-soros-rothschild-und-goldman-sachs-aufgedeckt-10075122/ [2018-11-09]

Redaktion (an) (2018): Wer finanzierte Macrons Wahlkampagne? Unterstützung in Millionenhöhe durch Globalisten Soros, Rothschild und Goldman-Sachs aufgedeckt. Artikel auf dem Webportal *Freie Welt* vom 23. Juli 2018. URL: http://www.freiewelt.net/nachricht/buerger-wehren-sich-gegen-die-aufgezwungene-gender-ideologie-10072961/ [2018-11-09]

Redaktion (hb) (2018): Wie ist es dazu gekommen? Der große Gender-Schwindel. Artikel auf dem Webportal *Freie Welt* vom 17. Okt. 2018. URL: https://www.freiewelt.net/nachricht/der-grosse-gender-schwindel-10075968/ [2018-11-09]

Redaktion (mk) (2018): Steckt der geheime Soros-Besuch von Ende Juni dahinter? Spanien das neue Einfallstor für Migranten nach Europa. Artikel auf dem Webportal *Freie Welt* vom 12. Juli 2018. URL: https://www.freiewelt.net/nachricht/spanien-das-neue-einfallstor-fuer-migranten-nach-europa-10075018/ [2018-11-09]

Schupelius, Gunnar (2018): CDU will sie stoppen lassen: Berliner Senat verteilt Sex-Broschüre für Kita-Kinder. Artikel auf der Website der Berliner Zeitung vom 16.2.2018. URL: https://www.bz-berlin.de/berlin/kolumne/berliner-senat-verteilt-sex-broschuere-fuer-kita-kinder [2018-08-30]

Schwilk, Heimo & Schacht, Ulricht (1994): *Die selbstbewußte Nation. »Anschwellender Bocksgesang« und weitere Beiträge zu einer deutschen Debatte.* Frankfurt am Main: Ullstein.

Siggelkow, Bernd & Büscher, Wolfgang (2008): *Deutschlands sexuelle Tragödie. Wenn Kinder nicht mehr lernen, was Liebe ist.* Asslar / München: Gerth Medien / Random House.

Sommerfeld, Caroline (2018): Bin ich völkisch? Drei Volksbegriffe. Artikel vom 22. September 2018 auf der Website der Zeitschrift *Sezession.* URL: https://sezession.de/59430/bin-ich-voelkisch-drei-volksbegriffe [2018-10-02]

Stern, Felix (1994): Feminismus und Apartheid. Über den Krieg der Geschlechter. In: Heimo Schwilk & Ulrich Schacht (Hrsg.): *Die selbstbewußte Nation. »Anschwellender Bocksgesang« und weitere Beiträge zu einer deutschen Debatte.* Frankfurt am Main: Ullstein. S. 291-308.

Storch, Sven von (2017): Soros will mit 18 Milliarden Dollar die »offene Gesellschaft« erzwingen. Freie-Welt-Wochen-Revue vom 20.10.2017. URL: http://www.freiewelt.net/blog/soros-will-mit-18-milliarden-dollar-die-offene-gesellschaft-erzwingen-freie-welt-wochen-revue-10072474/ [2018-11-09]

Trans-Team Philosophia Perennis (2018): Transsexuelle gegen die Glaubenssätze der Genderideologen. Artikel auf dem Blog *Philosophia Perennis* vom 29. Juli 2018. URL: https://philosophia-perennis.com/2018/07/29/transsexuelle-gegen-die-glaubenssaetze-der-genderideologen/ [2018-11-08]

Trans-Team Philosophia Perennis & Berger, David (2017): Genderkritiker sollen endlich erkennen, dass Transsexuelle wichtige Verbündete im Kampf gegen den Genderwahn sind! Artikel auf dem Blog *Philosophia Perennis* vom 10. Nov. 2017. URL: https://philosophia-perennis.com/2017/11/10/transsexuelle-gegen-genderwahn/ [2018-11-08]

Voigt, Martin (2017): Wie die Gender-Ideologie Ehe und Familie zerstört. Gastbeitrag auf dem Blog *Philosophia Perennis* vom 21. Jan. 2017. URL: https://philosophia-perennis.com/2017/01/21/wie-die-gender-ideologie-ehe-und-familie-zerstoert/ [2018-11-09]

Vonderach, Andreas (2013): Wir selbst – anthropologisch. *Sezession* 52 (Februar 2013), S. 4-7.

Weidel, Alice (2017): Alice Weidel: »Die AfD ist die einzige echte Schutzmacht für Schwule und Lesben in Deutschland«. Interview von David Berger auf dem Blog *Philosophia Perennis* vom 20. Sept. 2017. URL: https://philosophia-perennis.com/2017/09/20/alice-weidel-interview/ [2018-11-10]

Weidel, Alice (2018): Lesetipp: #Gender-Irrsinn in der Schweiz. Tweet vom 6. Feb. 2018, 3:56pm. URL: https://twitter.com/alice_weidel/status/961025904012156928 [2018-11-10]

Weißmann, Karlheinz (2010a): Editorial. *Sezession* 36 (Juni 2010), S. 1.

Weißmann, Karlheinz (2010b): Sexpol – Die Linke, der Sex und die Politik. *Sezession* 36 (Juni 2010), S. 10-15.

Zastrow, Volker (2010): *Gender. Politische Geschlechtsumwandlung. Dritte Auflage.* Waltrup: Manuscriptum.

Zastrow, Volker (2006a): Gender Mainstreaming: Politische Geschlechtsumwandlung. Artikel auf der Website der FAZ vom 20. Juni 2006. URL: https://www.faz.net/aktuell/politik/gender-mainstreaming-politische-geschlechtsumwandlung-1327841.html?printPagedArticle=true#void [2018-11-08]

Zastrow, Volker (2006b): Gender Mainstreaming: Der kleine Unterschied. Artikel auf der Website der FAZ vom 7. Sept. 2006. URL: http://www.faz.net/aktuell/politik/gender-mainstreaming-der-kleine-unterschied-1329701.html?printPagedArticle=true#pageIndex_0 [2018-11-08]

Literatur

Adorno, Theodor W. (1970): Marginalien zu Theorie und Praxis. In: Ders.: *Stichworte. Kritische Modelle 2. 3. Auflage.* Frankfurt a.M.: Suhrkamp. S. 169-192.

Adorno, Theodor W. (1966/1971): Erziehung nach Auschwitz. In: Ders.: *Erziehung zur Mündigkeit. Vorträge und Gespräche mit Hellmut Becker 1959-1969. Herausgegeben von Gerd Kadelbach.* Frankfurt a.M.: Suhrkamp. S. 88-104.

Adorno, Theodor W. (1975): Theorie der Halbbildung. In: Ders.: *Gesellschaftstheorie und Kulturkritik.* Frankfurt a.M.: Suhrkamp. S. 66-94.

Adorno, Theodor W. (2002a): The Stars Down to Earth: The *Los Angeles Times* Astrology Column. In: Ders.: *The Stars Down to Earth.* New York: Routledge. S. 46-170.

Adorno, Theodor W. (2002b): Anti-Semitism and Fascist Propaganda. In: Ders.: *The Stars Down to Earth.* New York: Routledge. S. 218-231.

Adorno, Theodor W. & Becker, Hellmut (1966/1971): Erziehung – wozu? In: Adorno: *Erziehung zur Mündigkeit. Vorträge und Gespräche mit Hellmut Becker 1959-1969. Herausgegeben von Gerd Kadelbach.* Frankfurt a.M.: Suhrkamp. S. 105-119.

Ah-King, Malin (2014): *Genderperspektiven in der Biologie.* Marburg: Philips-Universität Marburg.

Alter, Charlotte (2016): How Donald Trump Turned 2016 Into a Referendum on Gender. Artikel auf der Homepage des *Time Magazine* vom 9. Oktober 2016. URL: http://time.com/4523900/donald-trump-gender/ [2018-10-15]

Appadurai, Arjun (2017): Demokratiemüdigkeit. In: Geiselberger, Heinrich (Hrsg.): *Die große Regression. Eine internationale Debatte über die geistige Situation der Zeit.* Berlin: Suhrkamp. S. 17-35.

Arendt, Hannah (1960): *Vita activa, oder: Vom tätigen Leben.* Stuttgart: W. Kohlhammer.

Arendt, Dorthe (2010): Hochzeit in Eutin: Die Herzogin heißt jetzt von Storch. Artikel auf der Website des Ostholsteiner Anzeigers vom 25. Okt. 2010, URL: https://www.shz.de/lokales/ostholsteiner-anzeiger/die-herzogin-heisst-jetzt-von-storch-id2586561.html [2019-01-14]

Areskoug, Linn (2016): Challenges and Reflections of Diversity Education. Vortrag, gehalten am 6.12.2016 an der Universität Hildesheim.

Autor_innenkollektiv & DGB-Jugend Niedersachsen / Bremen / Sachsen-Anhalt (Hg., 2011): *Geschlechterreflektierende Bildungsarbeit – (k)eine Anleitung. Haltungen – Hintergründe – Methoden.* Hannover. Druck: Fehldruck Erfurt.

Baader, Meike (2013): Diversity Education in den Erziehungswissenschaften: ›Diversity‹ as a buzzword. In: Katrin Hauenschild, Steffi Robak & Isabel Sievers (Hrsg.): *Diversity Education. Zugänge – Perspektiven – Beispiele.* Frankfurt a.M.: Brandes & Apsel.

Bassin, Max (2014): Europäische Rechte unterstützen die »Initiative Besorgte Eltern«. Artikel auf dem ZEITonline-Blog *Störungsmelder* vom 25. März 2014. URL: https://blog.zeit.de/stoerungsmelder/2014/03/25/europaische-rechte-unterstutzen-initiative-besorgte-eltern_15457 [2019-01-16]

Berlitz, M. (2003): *Analyse der Didaktik des interkulturellen Trainingsprogramms ‚Eine Welt der Vielfalt' unter erwachsenenpädagogischen Gesichtspunkten. Examensarbeit.* Norderstedt: GRIN.

Billmann, Lucie (Hrsg., 2015): Unheilige Allianz. Das Geflecht von christlichen Fundamentalisten und politisch Rechten am Beispiel des Widerstands gegen den Bildungsplan in Baden-Württemberg. Berlin: Rosa-Luxemburg-Stiftung.

Blech, Norbert (2016): Homo- und transphober Großprotest vor Landtagswahl »Demo für alle«: Ein Kampf gegen die »teuflische« Vielfalt. Artikel auf queer.de vom 29. Feb. 2016. URL: https://www.queer.de/detail.php?article_id=25666 [2018-11-09]

Boltanski, Luc (2007): Leben als Projekt. Prekarität in der schönen neuen Netzwerkwelt. *Polar # 2, 1/2007.* Online abrufbar unter URL: http://www.polar-zeitschrift.de/polar_02.php?id=69#69 [2018-03-05].

Bornstein, Kate (2013): *My New Gender Workbook.* New York: Routledge.

Bornstein, Kate (2016): *Gender Outlaw. On Men, Women, and the Rest of Us. Revised and updated.* New York: Vintage Books.

Bosen, Ralf (2018): Gewalt gegen Frauen: Zuhause droht die Gefahr. Artikel auf der Website der *Deutschen Welle* vom 25.11.2018, Permalink: https://p.dw.com/p/38j2W [2019-01-08]

Bourdieu, Pierre (1992): Sozialer Raum und symbolische Macht. Vortrag, gehalten an der Universität von San Diego im März 1986. In: Ders.: *Rede und Antwort.* Frankfurt a.M.: Suhrkamp. S 135-154.

Bremer, Helmut (2011): Symbolische Macht und politisches Feld. Der Beitrag der Theorie Pierre Bourdieus für die politische Bildung. In: Lösch, Bettina / Thimmel, Andreas (Hrsg.): *Kritische politische Bildung. Ein Handbuch.* Bonn: Bundeszentrale für politische Bildung. S. 181-192.

Brownstein, Ronald (2018): Donald Trump's culture war is running into the gender gap. Article on CNN.com, February 13. URL: https://edition.cnn.com/2018/02/13/politics/donald-trump-porter-culture-war-gender-gap/index.html [2018-10-15]

Broden, Anne & Mecheril, Paul (2010): Rassismus bildet. Einleitende Bemerkungen. In: Dies. (Hrsg.): *Rassismus bildet. Bildungswissenschaftliche Beiträge zu Normalisierung und Subjektivierung in der Migrationsgesellschaft.* Bielefeld: transcript. S. 7-23.

Burschel, Fritz (2009): Das Institut für Staatspolitik. Artikel im *Antifaschistischen InfoBlatt* 3/2009. Online abrufbar unter URL: https://www.antifainfoblatt.de/artikel/das-institut-f%C3%BCr-staatspolitik [2018-10-04]

Butler, Judith (1986): Sex and Gender in Simone de Beauvoir's Second Sex. *Yale French Studies, No. 72 (1986),* pp. 35-49.

Butler, Judith (1990/2002): *Gender Trouble. Feminism and the Subversion of Identity.* New York: Routledge.

Butler, Judith (2001): *Die Psyche der Macht: Das Subjekt der Unterwerfung.* Frankfurt a.M.: Suhrkamp.

Butler, Judith (2012): *Die Macht der Geschlechternormen und die Grenzen des Menschlichen. 2. Auflage.* Frankfurt a.M.: Suhrkamp.

Castro Varela, María do Mar & Mecheril, Paul (2005): Minderheitenangehörige und »professionelles Handeln«. Anmerkungen zu einem unmöglichen Verhältnis. In: Rudolf Leiprecht & Anne Kerber (Hrsg.): *Schule in der Einwanderungsgesellschaft. Ein Handbuch.* Wochenschau Verlag: Schwalbach, S. 406-419.

Çetin, Zülfukar & Voß, Heinz-Jürgen (2016): *Schwule Sichtbarkeit – schwule Identität. Kritische Perspektiven.* Gießen: Psychosozial-Verlag.

Child, David (2018): Who is Jair Bolsonaro, Brazil's far-right presidential candidate? Artikel auf AlJazeera.com vom 8. Okt. 2018. URL: https://www.aljazeera.com/news/2018/10/jair-bolsonaro-brazil-presidential-candidate-181007020716337.html [2018-10-15]

Combahee River Collective (1977): A Black Feminist Statement. In: Zillah Eisenstein (Ed.): *Capitalist Patriarchy and the Case for Socialist Feminism.* New York: Monthly Review Press. Pp. 210-218. Deutschsprachige Fassung in: Kelly, Natasha A. (2019): *Schwarzer Feminismus.* Münster: Unrast.

Cox, Laverne (2015): Ain't I a Woman? Rede, gehalten u.a. im Elgin Theatre in Toronto, Canada. Online abrufbar in Ausschnitten unter https://www.youtube.com/watch?v=PQkXnDkLW5Q und in einer längeren Version mit leicht verändertem Wortlaut unter https://lavernecox.com/speaking/ [2019-01-09]

Crenshaw, Kimberlé (1989): Demarginalizing the Intersection or Race and Sex: A Black Feminist Critique of Antidiscrimination Doctrine, Feminist Theory and Antiracist Politics. *University of Chicago Legal Forum 1989.* Pp. 139-167. Deutschsprachige Fassung in: Kelly, Natasha A. (2019): *Schwarzer Feminismus.* Münster: Unrast.

Culina, Kevin (2018): Verschwörungsdenken, Antifeminismus, Antisemitismus. Die Zeitschrift *Compact* als antifeministisches Diskursorgan. In: Juliane Lang & Ulrich Peters (Hrsg.): *Antifeminismus in Bewegung. Aktuelle Debatten um Geschlecht und sexuelle Vielfalt.* Hamburg: Marta Press. S. 91-116.

Czollek, Leah Carola; Perko, Gudrun & Weinbach, Heike (2012): *Praxishandbuch Social Justice und Diversity. Theorien, Training, Methoden, Übungen.* Weinheim: Beltz Juventa.

Datta, Neil (2018): *Restoring the Natural Order. The religious extremists' vision to mobilize European societies against human rights on sexuality and reproduction.* Brussels: European Parliamentary Forum on Population and Development.

Debus, Katharina & Stuve, Olaf (2013): Die Verlustspur des Subjekts – eine Methode zur Reflexion zweigeschlechtlicher Geschlechterkonstruktionen. *journal für lehrerInnenbildung, 1/2013 [Themenheft: Equity und Equality. Chancengleichheit und Chancengerechtigkeit im Bildungssystem: Eine Spurensuche],* S. 47-52.

Debus, Katharina (2014a): Rechtsextremismus als Suche nach Handlungsfähigkeit? Subjektive Funktionalität von Verhalten als Ausgangspunkt von Rechtsextremismusprävention. In: Dies. & Vivien Laumann (Hrsg.): *Rechtsextremismus, Prävention und Geschlecht. Vielfalt_Macht_Pädagogik.* Düsseldorf: Hans-Böckler-Stiftung. S. 61-99.

Debus, Katharina (2014b): Von versagenden Jungen und leistungsstarken Mädchen. Geschlechterbilder als Ausgangspunkt von Pädagogik. In: Dies. & Vivien Laumann (Hrsg.): *Rechtsextremismus, Prävention und Geschlecht. Vielfalt_Macht_Pädagogik.* Düsseldorf: Hans-Böckler-Stiftung. S. 105-149.

Debus, Katharina (2015): Du Mädchen! Funktionalität von Sexismus, Post- und Antifeminismus als Ausgangspunkt pädagogischen Handelns. In: Hechler, Andreas & Stuve, Olaf (Hrsg.): *Geschlechterreflektierte Pädagogik gegen Rechts.* Opladen: Budrich. S. 79-99.

Decker, Oliver (2018): Flucht ins Autoritäre. In: Ders. & Elmar Brähler (Hrsg.): *Flucht ins Autoritäre. Rechtsextreme Dynamiken in der Mitte der Gesellschaft. Die Leipziger Autoritarismus-Studie 2018.* Gießen: Psychosozial-Verlag. S. 15-64.

Decker, Oliver; Schuler, Julia & Brähler, Elmar (2018): Das autoritäre Syndrom heute. In: Decker & Brähler (Hrsg.): *Flucht ins Autoritäre. Rechtsextreme Dynamiken in der Mitte der Gesellschaft. Die Leipziger Autoritarismus-Studie 2018.* Gießen: Psychosozial-Verlag. S. 117-156.

Degele, Nina (2003) Happy together: Soziologie und Gender Studies als paradigmatische Verunsicherungswissenschaften. *Soziale Welt 54,* S. 9-29.

Degele, Nina (2008): *Gender/Queer Studies. Eine Einführung.* Paderborn: Wilhelm Fink.

Demirović, Alex (2011): Bildung und Gesellschaftskritik. Zur Produktion kritischen Wissens. In: Löscher, Bettina & Thimmel, Andreas (Hrsg.): *Kritische politische Bildung. Ein Handbuch.* Bonn: Bundeszentrale für politische Bildung. S. 65-76.

Dietze, Gabriele: Anti-Genderismus intersektional lesen. *Zeitschrift für Medienwissenschaft – ZfM 13, 2/2015,* S. 125-127.

Dormal, Michel/Mauer, Heike (2018): Das Politisierungsparadox. Warum der Rechtspopulismus nicht gegen Entpolitisierung und Ungleichheit hilft. *Femina Politica Jg. 27, Bd. 1,* S. 22–34.

van Dijk, Teun A. (2009): Critical Discourse Studies: A Socio-Cognitive Approach. In: Ruth Wodak & Michael Meyer (Ed.): *Methods of Critical Discourse Analysis. 2nd edition.* L.A. (Cal.): Sage.

Eggers, Maureen Maisha (2010): Diversität als marktförmige Regulierung von Differenzmarkierungen. In: Anne Broden & Paul Mecheril (Hrsg.): *Rassismus bildet. Bildungswissenschaftliche Beiträge zur Normalisierung und Subjektivierung in der Migrationsgesellschaft.* Bielefeld: Transcript. S. 59-85.

English, Fanita (1980): *Transaktionsanalyse. Gefühle und Ersatzgefühle in Beziehungen.* Hamburg: ISKOPress.

Emcke, Carolin (2016a): *Gegen den Hass.* Frankfurt: S. Fischer.

Emcke, Carolin (2016b): *Wie wir begehren. 5. Auflage.* Frankfurt: Fischer Taschenbuch.

Ergün-Hamaz, Mutlu (2013): *Kara Günlük. Die geheimen Tagebücher des Sesperado.* Münster: Unrast.

Fedders, Jonas (2018): »Die Rockefellers und Rothschilds haben den Feminismus erfunden.« Einige Anmerkungen zum Verhältnis von Antifeminismus und Antisemitismus. In: Juliane Lang & Ulrich Peters (Hrsg.): *Antifeminismus in Bewegung. Aktuelle Debatten um Geschlecht und sexuelle Vielfalt.* Hamburg: Marta Press. S. 213-232.

Foucault, Michel (1977): *Überwachen und Strafen. Die Geburt des Gefängnisses.* Frankfurt a.M.: Suhrkamp.

Foucault, Michel (1983): *Der Wille zum Wissen. Sexualität und Wahrheit, Bd. I.* Frankfurt a.M.: Suhrkamp.

Fourth World Conference on Women (1996): Report of the Fourth World Conference on Women, Beijing, 4-15 September 1995. New York: United Nations.

Fraser, Nancy (2017): Vom Regen des progressiven Neoliberalismus in die Traufe des reaktionären Populismus. In: Geiselberger, Heinrich (Hrsg.): *Die große Regression. Eine internationale Debatte über die geistige Situation der Zeit.* Berlin: Suhrkamp. S. 77-91.

Freud, Sigmund (1921/1999): Massenpsychologie und Ich-Analyse. In: *Gesammelte Werke – chronologisch geordnet: Dreizehnter Band.* Frankfurt a.M.: Fischer Taschenbuch. S. 71-161.

Freud, Sigmund (1923/1999): Das Ich und das Es. In: *Gesammelte Werke – chronologisch geordnet: Dreizehnter Band.* Frankfurt a.M.: Fischer Taschenbuch. S. 235-289.

Freud, Sigmund (1930/1999): Das Unbehagen in der Kultur. In: Ders.: *Gesammelte Werke. Vierzehnter Band.* Frankfurt a.M.: Fischer. S. 419-506.

Freund, Sina Isabel (2017): *»White men saving white women from brown men«. The »No means No law« as a guard for white supremacy.* Dissertation (Master's degree) im Studiengang Postcolonial Culture and Global Policy an der University of London. Unveröffentlichtes Manuskript.

Freytag, Tatjana (2008): *Der unternommene Mensch. Eindimensionalisierungsprozesse in der gegenwärtigen Gesellschaft.* Weilerswist: Velbrück Wissenschaft.

Frohn, Dominic; Meinhold, Florian & Schmidt, Christina (2017): *»Out im Office?!« Sexuelle Identität und Geschlechtsidentität, (Anti-)Diskriminierung und Diversity am Arbeitsplatz.* Köln: IDA | Insitut für Diversity und Antidiskriminierungsforschung.

Funke, Manuel; Schularick, Moritz & Trebesch, Christoph (2015): The political aftermath of financial crises: Going to extremes. Published on VOX, CEPR Policy Portal, on Nov. 21, 2015. URL: https://voxeu.org/article/political-aftermath-financial-crises-going-extremes [2018-10-03]

General Assembly (1987): Report of the economic and social council for 1997. Preliminary version. Records of the General Assembly, Fifty-second Session, Supplement No. 3 (A/52/3/Rev.1). New York: United Nations.

Glaser, Enrico; Hellwig, Marius; Rafael, Simone; Rahner, Judith; Riebe, Jan; & Spikker, Rachel (2018): Länderfallstudie Deutschland. In: Gutsche, Elisa (Hrsg., 2018): *Triumpf der Frauen? The Female Face of the Far Right in Europe.* Berlin: Friedrich-Ebert-Stiftung. S. 26-48.

Graefe, Stefanie (2011): Eine Kritik dessen, wer wir sind. Foucault Denken der »Regierung« - eine Herausforderung für die politische Bildung. In: Lösch, Bettina / Thimmel, Andreas (Hrsg.): Kritische politische Bildung. Ein Handbuch. Bonn: Bundeszentrale für politische Bildung. S. 169-180.

Graff, Agnieszka & Korolczuk, Elżbieta (2017): »Worse than communism and Nazism put together«: War on gender in Poland. In: Kuhar, Roman & Paternotte, David (Ed.): *Anti-Gender Campaigns in Europe. Mobilizing Against Equality.* London: Rowman & Littlefield International. Pp. 175-193.

Gramelt, Katja (2010): *Der Anti-Bias-Ansatz. Zu Konzept und Praxis einer Pädagogik für den Umgang mit (kultureller) Vielfalt.* Wiesbaden: Verlag für Sozialwissenschaften.

Green, Erica; Benner, Katie & Pear, Robert (2018): ›Transgender‹ Could Be Defined Out Of Existence Under Trump Administration. Artikel in der Online-Ausgabe der New York Times vom 21. Oktober 2018. URL: https://www.nytimes.com/2018/10/21/us/politics/transgender-trump-administration-sex-definition.html?action=click&module=RelatedCoverage&pgtype=Article&region=Footer[2018-10-22]

Groß, Eva; Zick, Andreas & Krause, Daniela (2012): Von der Ungleichwertigkeit zur Ungleichheit: Gruppenbezogene Menschenfeindlichkeit. *Aus Politik und Zeitgeschichte 16-17, 2012,* S. 11-18.

Günther, Meike (2015): Zur intersektionalen Verfasstheit von Bildern des Ein- und Ausschlusses. In: Andreas Hechler & Olaf Stuve (Hrsg.): *Geschlechterreflektierte Pädagogik gegen Rechts.* Opladen: Budrich. S. 284-302.

Gutsche, Elisa (Hrsg., 2018): *Triumpf der Frauen? The Female Face of the Far Right in Europe.* Berlin: Friedrich-Ebert-Stiftung.

Haarmann, Moritz Peter & Lange, Dirk (2016): Emanzipation als Kernaufgabe politischer Bildung. Überlegungen zum Beutelsbacher Konsens. In: Benedikt Widmaier & Peter Zorn (Hrsg.): *Brauchen wir den Beutelsbacher Konsens? Eine Debatte der politischen Bildung.* Bonn: Bundeszentrale für politische Bildung. S. 166-170.

Hafeneger, Benno; Jestädt, Hannah; Klose, Lisa-Marie & Lewek, Philine (2018): *AfD in Parlamenten. Themen, Strategien, Akteure.* Frankfurt a.M.: Wochenschau-Verlag.

Haig, David (2004): The Inexorable Rise of Gender and the Decline of Sex: Social Change in Academic Titles, 1945–2001. *Archives of Sexual Behavior, Vol. 33, No. 2, April 2004. Pp. 87–96.*

Hannemann, Isabelle (2018): Prüderie, Homophobie, Anti-Gender-Mainstreaming. Der Kampf der Neuen Rechten gegen das Ziel Gleichstellung. [unveröffentlichtes Manuskript zum Vortrag in der Ada-und-Theodor-Lessing-Volkshochschule Hannover am 29.11.2017 in der Reihe Anti-Genderismus: Familie, Sexualität und Geschlecht als Austragungsort gesellschaftlicher Kämpfe.] www.isabellehannemann.net

Hark, Sabine (2009): Queer Studies. In: Christina von Braun & Inge Stephan (Hrsg.): *Gender @ Wissen. 2. Auflage.* Köln: Böhlau. S. 309-2327.

Hark. Sabine (2014): Kontingente Fundierungen: Über Feminismus, *Gender* und die Zukunft der Geschlechterforschung. In: Anne Fleig (Hrsg.): *Die Zukunft von Gender. Begriff und Zeitdiagnose.* Frankfurt: Campus. S. 51-75.

Hark, Sabine / Villa, Paula-Irene (2015). »Eine Frage an und für unsere Zeit«. Verstörende Gender Studies und symptomatische Missverständnisse. In: Dies. (Hrsg.): *Anti-Genderismus. Sexualität und Geschlecht als Schauplätze aktueller politischer Auseinandersetzungen.* Bielefeld: transcript.

Haug, Frigga (1987): Erfahrungen in die Krise führen, oder: Wozu brauchen die Lernenden die Lehrer? In: AG »Gewerkschaftliche Schulung und Lehrerfortbildung« (Hrsg.): *Wi(e)der die Anpassung. Texte der Kritischen Psychologie zu Schule und Erziehung.* Lüneburg: GEW. S. 20-29.

Hechler, Andreas & Stuve, Olaf (Hrsg., 2015): *Geschlechterreflektierte Pädagogik gegen Rechts.* Opladen: Budrich.

Hechler, Andreas & Stuve, Olaf (2015a): Einleitung. In: Dies. (Hrsg.): *Geschlechterreflektierte Pädagogik gegen Rechts.* Opladen: Budrich. S. 7-42.

Hechler, Andreas & Stuve, Olaf (2015b): Weder ›normal‹ noch ›richtig‹: Geschlechterreflektierte Pädagogik als Grundlage einer Neonazismusprävention. In: Dies. (Hrsg.): *Geschlechterreflektierte Pädagogik gegen Rechts.* Opladen: Budrich. S. 44-72.

Heine, Frederic & Sablowski, Thomas (2013): *Die Europapolitik des deutschen Machtblocks und ihre Widersprüche. Eine Untersuchung der Positionen deutscher Wirtschaftsverbände zur Eurokrise.* Berlin: Rosa-Luxemburg-Stiftung. Online veröffentlicht unter URL: https://www.rosalux.de/fileadmin/rls_uploads/pdfs/Studien/RLS_Studien_Europapolitik.pdf [2018-09-11]

Heitmeyer, Wilhelm (2018): Wachsender Autoritarismus: »Kein Mensch kann auf Dauer ohne Anerkennung leben«. Interview von Sebastian Gierke auf der Homepage der Süddeutschen Zeitung vom 15. Nov. 2018. URL: https://www.sueddeutsche.de/politik/wachsender-autoritarismus-kein-mensch-kann-auf-dauer-ohne-anerkennung-leben-1.4203226 [2018-11-26]

Hirseland, Andreas & Schneider, Werner (2006): Wahrheit, Ideologie und Diskurse. Zum Verhältnis von Ideologiekritik und Diskursanalyse. In: Dieselben, Rainer Keller & Willy Viehöver (Hrsg.): *Handbuch sozialwissenschaftliche Diskursanalyse. Band 1: Theorien und Methoden. 2., aktualisierte und erweiterte Ausgabe.* Wiesbaden: VS. S. 377-406.

Hobler, Dietmar; Klenner, Christina; Pfahl, Svenja; Sopp, Peter & Wagner, Alexandra (2017): Wer leistet unbezahlte Arbeit? Hausarbeit, Kindererziehung und Pflege im Geschlechtervergleich. Aktuelle Auswertungen aus dem WSI GenderDatenPortal. *WSI-Report Nr. 35, April 2017.* Düsseldorf: Hans-Böckler-Stiftung.

Hofbauer, Ines & Ludwig, Gundula (2006): Neue Perspektiven für soziale Gerechtigkeit? Eine kritische Analyse sozial- und gleichstellungspolitischer Leitlinien der Europäischen Union. In: Ursula Degener & Beate Rosenzweig (Hrsg.): *Die Neuverhandlung sozialer Gerechtigkeit. Feministische Analysen und Perspektiven.* Wiesbaden: Verlag für Sozialwissenschaften. S. 201-220.

Hofmeister, Heather (2016): Gender and Science. A Trial of Suspects Guilty for Causing Women's Underrepresentation in Science Careers. In: Nina Baur, Christina Besio, Maria Norkus, Grit Petschick (Hrsg.): *Wissen – Organisation – Forschungspraxis. Der Makro-Meso-Mikro-Link in der Wissenschaft.* Weinheim: Beltz Juventa. S. 626-670.

Holzkamp, Klaus (1987a): »Die Menschen sitzen nicht im Kapitalismus wie in einem Käfig.« Interview von Heiko Ernst und Claus Koch. In: AG »Gewerkschaftliche Schulung und Lehrerfortbildung« (Hrsg.): *Wi(e)der die Anpassung. Texte der Kritischen Psychologie zu Schule und Erziehung.* Lüneburg: GEW. S. 7-12.

Holzkamp, Klaus (1987b): Was kann man von Karl Marx über Erziehung lernen? In: AG »Gewerkschaftliche Schulung und Lehrerfortbildung« (Hrsg.): *Wi(e)der die Anpassung. Texte der Kritischen Psychologie zu Schule und Erziehung.* Lüneburg: GEW. S. 38-45.

Holzkamp, Klaus (1995): *Lernen. Eine subjektwissenschaftliche Grundlegung. Studienausgabe.* Frankfurt / Main: Campus Verlag.

Holzkamp, Klaus (2004): Wider den Lehr-Lern-Kurzschluß. Interview zum Thema ›Lernen‹. Zuerst erschienen 1996 in Rolf Arnold (Hrsg.) *Lebendiges Lernen.* In: Faulstich, Peter; Ludwig, Joachim (Hrsg.): *Expansives Lernen.* Baltmannsweiler: Schneider-Verlag Hohengehren. S. 29-38.

Honneth, Axel (1994): *Kampf um Anerkennung. Zur moralischen Grammatik sozialer Konflikte.* Frankfurt a.M.: Suhrkamp.

Horkheimer, Max & Adorno, Theodor W. (1947/1973): *Dialektik der Aufklärung.* Frankfurt a.M.: Fischer.

Hradil, Stefan (2006): Soziale Milieus – eine praxisorientierte Forschungsperspektive. *Aus Politik und Zeitgeschichte 44-45/2006.* Online abrufbar auf der Seit der Bundeszentrale für Politische Bildung. URL: https://www.bpb.de/apuz/29429/soziale-milieus-eine-praxisorientierte-forschungsperspektive?p=all [2018-09-20]

Hufer, Klaus-Peter (2011): Emanzipation: Gesellschaftliche Veränderung durch Erziehung und politische Bildung – ein Rückblick auf eine nach wie vor aktuelle Leitidee. In: Lösch, Bettina & Thimmel, Andreas (Hrsg.): *Kritische politische Bildung. Ein Handbuch.* Bonn: Bundeszentrale für politische Bildung. S. 13-24.

Hufer, Klaus-Peter (2015): Zwischen Aktion und Reflexion. Handlungsorientierung in der Erwachsenenbildung. *Polis2/2015, S. 8-11.*

Hufer, Klaus-Peter (2016): Beutelsbach und kein Ende? Anmerkungen aus der Sicht eines Erwachsenenbildners. In: Benedikt Widmaier & Peter Zorn (Hrsg.): *Brauchen wir den Beutelsbacher Konsens? Eine Debatte der politischen Bildung.* Bonn: Bundeszentrale für politische Bildung. S. 217-223.

Intersex Society of North America (o.D.): What's wrong with the way intersex has traditionally been treated? Eintrag in der Rubrik Frequently Asked Questions auf der Homepage der ISNA. URL: http://www.isna.org/faq/concealment [2018-11-08]

I.L.A.-Kollektiv (2017): *Auf Kosten Anderer? Wie die imperiale Lebensweise das Gute Leben für Alle verhindert.* München: oekom.

Jäger, Siegfried (2001): Diskurs und Wissen. Theoretische und methodische Aspekte einer Kritischen Diskurs- und Dispositivanalyse. In: Reiner Keller, Andreas Hirseland, Werner Schneider & Willy Viehöver (Hrsg.): *Handbuch sozialwissenschaftliche Diskursanalyse. Band 1: Theorien und Methoden. 2., aktualisierte und erweiterte Auflage.* Wiesbaden: VS.

Jagose, Annamarie (2001): *Queer Theory. Eine Einführung.* Berlin: Querverlag.

Jaquard, Albert (1996): Ein unwissenschaftlicher Begriff. *UNESCO-Kurier Nr. 3/1996.* 7. Jahrgang. S. 18-21.

Jones, Steve (2006): *Antonio Gramsci.* New York: Routledge.

Kämper, Gabriele (2005): *Die männliche Nation. Politische Rhetorik der neuen intellektuellen Rechten.* Köln: Böhlau.

Kämpf, Katrin M. (2015): Eine ›Büchse der Pandora‹? Die Anrufung der Kategorie Pädophilie in aktuellen antifeministischen and antiqueeren Krisen-Diskursen. In: Hark, Sabine & Villa, Paula-Irene (Hrsg.): *Anti-Genderismus: Sexualität und Geschlecht als Schauplätze aktueller politischer Auseinandersetzungen.* Bielefeld: transcipt. S. 109-128.

Kasüschke, Dagmar (2008): Geschlechtsbezogene Wissenskonzepte von Kindern unter sechs Jahren. Ein Problemaufriss. In: Rendtorff, Barbara & Prengel, Annedore [Hrsg.]: *Kinder und ihr Geschlecht.* Opladen: Budrich. S. 191-202.

Kebir, Sabine (1991): *Antonio Gramscis Zivilgesellschaft. Alltag, Ökonomie, Kultur, Politik.* Hamburg: VSA.

Kemper, Andreas (2014a): Keimzelle der Nation? Familien- und geschlechterpolitische Positionen der AfD – eine Expertise. E-Paper, herausgegeben von der Friedrich-Ebert-Stiftung. Abrufbar unter URL: http://library.fes.de/pdf-files/dialog/10641-20140414.pdf [2017-03-26]

Kemper, Andreas (2014b): Keimzelle der Nation – Teil 2. Wie sich in Europa Parteien und Bewegungen für konservative Familienwerte, gegen Toleranz und Vielfalt und gegen eine progressive Geschlechterpolitik radikalisieren. E-Paper, herausgegeben von der Friedrich-Ebert-Stiftung. Abrufbar unter URL: http://library.fes.de/pdf-files/dialog/11163.pdf [2017-03-26]

Kemper, Andreas (2016): Die AfD und ihr Verständnis von Geschlecht und Sexualität. In: Henningsen, Anja; Tuider, Elisabeth & Timmermanns, Stefan (Hrsg.): *Sexualpädagogik kontrovers.* Weinheim: Beltz Juventa. S. 142-158.

Klein, Alexandra (2017): Verwahrlosung und Pornografie. Pädagogische und mediale Problematisierungen jugendlicher Sexualität. In: Dies. & Elisabeth Tuider (Hrsg.): *Sexualität und Soziale Arbeit.* Baltmannsweiler: Schneider Verlag Hohengehren.

Kováts, Eszter & Põim, Maari (Ed., 2015): Gender as symbolic glue. The Position And Role Of Conservative And Far Right Parties In The Anti-Gender Mobilizations In Europe. Budapest: Foundation for European Progressive Studies & Friedrich-Ebert-Stiftung.

Kramer, Bernd (2015): Wer sind die »besorgten Eltern«? Artikel auf Spiegel Online vom 12.02.2015. URL: http://www.spiegel.de/lebenundlernen/schule/besorgte-eltern-und-ihr-seltsamer-protest-gegen-sexualkundeunterricht-a-1017578.html [2019-01-16]

Kraut, Steff & Krasniqi, Nadezda (2017): Rassismus und Whitewashing im Namen von Queer. Für eine intersektionale queere Praxis. In: Karsten Klenkies & Maximilian Waldmann (Hrsg.): *Queer Pädagogik. Annäherungen an ein Forschungsfeld.* Bad Heilbrunn: Julius Klinkhardt. S. 113-140.

Langin, Katie (2018): Fake news spreads faster than true news on Twitter—thanks to people, not bots. Artikel auf der Website des Magazins *Science* vom 8. März 2018. doi:10.1126/science.aat5350

Laskowski, Wolfgang (2018): Publizistische Zellteilung: ›Cato‹ und ›Sezession‹. *Der rechte Rand, Ausgabe 172 (Mai/Juni 2018).* Online abrufbar unter URL: https://www.der-rechte-rand.de/archive/3699/cato-sezession/ [2018-10-04]

Lehnert, Esther (2010): »Angriff auf Gender Mainstreaming und Homo-Lobby« – der moderne Rechtsextremismus und seine nationalsozialistischen Bezüge am Beispiel der Geschlechterordnung. In: Dies., Robert Claus & Yves Müller (Hrsg.): ›*Was ein rechter Mann ist...*‹ *Männlichkeiten im Rechtsextremismus.* Berlin: Karl Dietz Verlag / Rosa Luxemburg Stiftung. S. 89-99.

Lösch, Bettina & Thimmel, Andreas (2011): Einleitung. In: Dies. (Hrsg.): *Kritische politische Bildung. Ein Handbuch.* Bonn: Bundeszentrale für politische Bildung. S. 7-10.

Lösch, Bettina (2016): Warum diese Angst vor dem politischen Dissens? Zur Demokratisierung gehören der Streit um Alternativen und die Kritik am Bestehenden. In: Benedikt Widmaier & Peter Zorn (Hrsg.): *Brauchen wir den Beutelsbacher Konsens? Eine Debatte der politischen Bildung.* Bonn: Bundeszentrale für politische Bildung. S. 224-232.

Löwenthal, Leo (1990): *Falsche Propheten. Studien zum Autoritarismus. Schriften, Band 3.* Frankfurt a.M.: Suhrkamp.

Luxemburg, Rosa (1916): *Die Krise der Sozialdemokratie. Teil 1: Sozialismus oder Barbarei?* Veröffentlicht in der Online-Bibliothek *Stimmen der proletarischen Revolution,* URL: http://www.mlwerke.de/lu/luf_1.htm [2018-09-11]

Lyotard, Jean-François (1979/2012): *Das postmoderne Wissen. Ein Bericht. 7., unveränderte Auflage.* Wien: Passagen-Verlag. Orig. französisch: *La condition postmoderne.* Paris 1979.

Marcuse, Herbert (1963): Das Veralten der Psychoanalyse. In: Ders.: *Kultur und Gesellschaft II.* Frankfurt a.M.: Suhrkamp.

Marcuse, Herbert (1966): Repressive Toleranz. In: Ders., Robert Paul Wolff & Barrington Moore: *Kritik der reinen Toleranz.* Frankfurt a.M.: Suhrkamp. Online zugänglich auf der Seite der TU Dresden (2007), URL: https://tu-dresden.de/gsw/phil/iphil/phidi/ressourcen/dateien/breitenstein/mat/ws07/marcuse_repressivetoleranz.pdf [2019-01-07]

Marx, Karl & Engels, Friedrich (MEW): Manifest der Kommunistischen Partei. In: Dies.: *Werke. Band 4. 7. Auflage 1971, unveränderter Nachdruck der 1. Auflage 1961.* Berlin/DDR: Karl Dietz Verlag.

Marx, Karl & Engels, Friedrich (MEW): *Zur Kritik der Politischen Ökonomie.* In: Dies.: *Werke. Band 13. 7. Auflage 1971, unveränderter Nachdruck der 1. Auflage 1961.* Berlin/DDR: Karl Dietz Verlag.

Maurer, Susanne (2018): Hedwig Dohms »Die Antifeministen«. In: *Aus Politik und Zeitgeschichte, 68. Jahrgang, 17/2018, 23. April 2018: Antifeminismus. S. 40-46.*

Mayer, Stefanie; Ajanovic, Edma & Sauer, Birgit (2018): Geschlecht als Natur und das Ende der Gleichheit. Rechte Angriffe auf Gender als Element autoritärer politischer Konzepte. *Femina politica 1/2018, 27. Jahrgang,* S. 47-61.

Mayer, Stefanie & Sauer, Birgit (2017a): »Gender ideology« in Austria: Coalitions around an empty signifier. In: Kuhar, Roman & Paternotte, David (Ed.): *Anti-Gender Campaigns in Europe. Mobilizing Against Equality.* London: Rowman & Littlefield International. Pp. 23-40.

Mayer, Stefanie & Sauer, Birgit (2017b): »...queer as in ›fuck you‹«. Anti-Genderismus und die queer-feministische Herausforderung. *Ariadne Nr. 71*, Mai 2017, S, 54-61.

McCall, Leslie (2005). The Complexity of Intersectionality. *Signs, 30*(3), 1771-1800. doi:10.1086/426800.

McRobbie, Angela (2016): *Top Girls. Feminismus und der Aufstieg des neoliberalen Geschlechterregimes. 2., unveränderte Auflage.* Wiesbaden: VS.

Mecheril, Paul (2007): Diversity: Die Macht des Einbezugs. Artikel im Dossier *Diversity Management* auf der Seite *Heimatkunde* der Heinrich-Böll-Stiftung. URL: https://heimatkunde.boell.de/2007/01/18/diversity-die-macht-des-einbezugs [2019-01-09]

Mecheril, Paul & Haagen-Wulff, Monica van der (2016): Bedroht, angstvoll, wütend. Affektlogik der Migrationsgesellschaft. In: María Do Mar Castro Varela & Paul Mecheril (Hrsg.): *Die Dämonisierung des Anderen. Rassismuskritik der Gegenwart.* Bielefeld: transcript. S. 119-142.

Meiritz, Annett (2013): Der Quark der FDP. Artikel im Wahlkampf-Blog 2013 auf Spiegel Online vom 27.08. URL: http://www.spiegel.de/politik/deutschland/wahlspot-mit-bruederle-fdp-nutzt-dasselbe-bildmaterial-wie-npd-a-918900.html [2018-10-15]

Meisterhans, Nadja (2017): Das Unbehagen im Neoliberalismus. Postideologisches Denken und Rechtspopulismus – eine heimliche Liaison? *Psychologie & Gesellschaftskritik Nr. 163/164, Heft 3/4-2017, 41. Jahrgang.* S. 109-130.

Messerschmidt, Astrid (2016): Differenzreflexive Kritik machtkonformer Bildung. *In: Stefan Müller & Janne Mende (Hrsg.): Differenz und Identität. Konstellationen der Kritik. Weinheim: Beltz Juventa. S. 166-180.*

Meulenbelt, Anja (1986): *Wie Schalen einer Zwiebel, oder: Wie wir zu Frauen und Männern gemacht werden.* München: Verlag Frauenoffensive.

Meyer, Thomas (2018): Anschwellender Revolutionsgesang. Über die alten und neuen Rechten. Beitrag in der Reihe Essay und Diskurs im Deutschlandfunk vom 23.09.2018. Manuskript online verfügbar unter URL: https://www.deutschlandfunk.de/konservative-revolution-anschwellender-revolutionsgesang-1-2.1184.de.html?dram:article_id=426551 [2018-09-28]

Möller, Kurt (2017): »Gruppenbezogene Menschenfeindlichkeit« (GMF) oder Pauschalisierende Ablehnungskonstruktionen (PAKOS)? Welches Konzept führt wissenschaftlich und praktisch wohin? In: Landeszentrale für Politische Bildung Baden-Württemberg (Hrsg.): *Dokumentation: Gruppenbezogene Menschenfeindlichkeit und Rassismuskritik.* Stuttgart. S. 25-40.

Müller, Marion (2018): Von Haaren, Hormonen und anderen Körperzellen: Zur Konstruktion der Unvergleichbarkeit der Geschlechter im Sport. In: Gero Bauer, Regina Ammicht Quinn & Ingrid Hotz-Davies (Hrsg.): *Die Naturalisierung des Geschlechts. Zur Beharrlichkeit der Zweigeschlechtlichkeit.* Bielefeld: transcript. S. 181-200.

Münch, Richard (1973): *Gesellschaftstheorie und Kulturkritik.* Hamburg: Hoffman und Campe.

Myers, Kristen & Miller, Kirk (2017): »Massive« Masculinity and the Mainstreaming of the Alt-Right in the West. Artikel auf dem *Gender & Society* blog vom 16. März 2017. URL: https://gendersociety.wordpress.com/2017/03/16/massive-masculinity-and-the-mainstreaming-of-the-alt-right-in-the-west/#more-4540 [2018-10-15]

Negt, Oskar (2011): *Der politische Mensch. Demokratie als Lebensform. 2. Auflage.* Göttingen: Steidl.

Nolda, Sigrid (2001): Vom Verschwinden des Wissens in der Erwachsenenbildung. *Zeitschrift für Pädagogik 47 (2001) 1, S. 101-120.* urn:nbn:de:0111-opus-52635

Notz, Gisela (2015): *Kritik des Familismus. Theorie und soziale Realität eines ideologischen Gemäldes.* Stuttgart: Schmetterling-Verlag.

O'Boyle, Brendan (2016): Jair Bolsonaro: Pro-Torture, Anti-Gay and Brazil's Future President? Web Exclusive für *Americas Quarterly* vom 19. April 2016. URL: https://www.americasquarterly.org/content/jair-bolsonaro-pro-torture-anti-gay-and-brazils-future-president [2018-10-15]

Pascal, Blaise (1907): *Pensées. Édition nouvelle revue sur les manuscrits at les meilleurs textes avec une introduction et des notes par Victor Giraud.* Paris: Librairie Bloud. Digitized by the Internet Archive in 2010 with funding from University of Ottawa.

Paternotte, David & Kuhar, Roman (2017): »Gender ideology« in movement: Introduction. In: Dies. (Hrsg.): *Anti-Gender Campaigns in Europe. Mobilizing Against Equality.* London: Rowman & Littlefield International. S. 1-22.

Petersen, Janna & Hindemith, Stella (2015): Die Kampagne »Volkstod« – das aktuelle Thema des demographischen Wandels wird umgedeutet. *In: Landesfrauenrat Mecklenburg-Vorpommern e.V. (Hrsg.): Frauen und Rechtsextremismus in Mecklenburg-Vorpommern. Eine Broschüre des Vereins »Lola für Demokratie in Mecklenburg-Vorpommern e.V.« in Kooperation mit der Amadeu Antonio Stiftung. S. 55-60.*

Pető, Andrea (2018): Attack on Freedom of Education in Hungary. The case of gender studies. Blog-Eintrag für das Department of Gender Studies der London School of Economics and Political Science. URL: http://blogs.lse.ac.uk/gender/2018/09/24/attack-on-freedom-of-education-in-hungary-the-case-of-gender-studies/ [2018-10-26]

Pohl, Kerstin & Will, Stephanie (2016): Der Beutelsbacher Konsens: Wendepunkt in der Politikdidaktik? In: Benedikt Widmaier & Peter Zorn (Hrsg.): *Brauchen wir den Beutelsbacher Konsens? Eine Debatte der politischen Bildung.* Bonn: Bundeszentrale für politische Bildung. S. 39-67.

Prengel, Annedore (2006): *Pädagogik der Vielfalt. Verschiedenheit und Gleichberechtigung in Interkultureller, Feministischer und Integrativer Pädagogik. 3. Auflage.* Wiesbaden: Verlag für Sozialwissenschaften.

Prengel, Annedore & Rendtorff, Barbara (2008): Kinder und ihr Geschlecht – Vielschichtige Prozesse und punktuelle Erkenntnisse. In: Dies. (Hrsg.): *Kinder und ihr Geschlecht.* Opladen u.a.: Budrich. - (Jahrbuch Frauen- und Geschlechterforschung in der Erziehungswissenschaft; 4). S. 11-26.

Reichenbach, Roland (2014): Schulkritik. Eine »metaphorologische« Betrachtung. In: Fatke, Reinhard & Oelkers, Jürgen (Hrsg.): *Das Selbstverständnis der Erziehungswissenschaft: Geschichte und Gegenwart. Beiheft 60 der Zeitschrift für Pädagogik.* Weinheim: Beltz Juventa. S. 226-240.

Reimer, Katrin (2013): Zwischen Anpassung und kritischem Gesellschaftsverständnis. Perspektiven außerschulischer Bildung zu Rassismus und Rechtsextremismus. *Das Argument* (302/2013), S. 413-425.

Rosenstreich, Gabriele Dina (2011): Antidiskriminierung und/als/trotz... Diversity Training. In: María do Mar Castro Varela & Nikita Dhawan (Hrsg.): *Soziale (Un)Gerechtigkeit. Kritische Perspektiven auf Diversity, Intersektionalität und Antidiskriminierung.* Berlin: LIT-Verlag. S. 230-244.

Sager, Christin (2018): Zur Pädagogisierung kindlicher Sexualität. Diskursivierungen über die »kindliche Unschuld«, die »Befreiung der kindlichen Sexualität« und die »Frühsexualisierung der Kinder«. *Widerstände. Zeitschrift für Sozialismus im Bildungs-, Gesundheits- und Sozialbereich. Nr. 148, 38. Jg.* S. 11-28.

Scheibel, Lisa (o.D.): Gender-Mainstreaming. Artikel auf der Homepage der Amadeu-Antonio-Stiftung. URL: https://www.amadeu-antonio-stiftung.de/verschwoerung/gender-mainstreaming/ [2018-09-28]

Schlichting, Hauke Jan (2018): *Emanzipation. Reaktivierung eines Begriffs für die politische Bildung.* Abschlussarbeit zur Erlangung des akademischen Grades Bachelor of Arts (B.A.) an der Universität Hildesheim.

Schmincke, Imke (2015): Das Kind als Chiffre politischer Auseinandersetzung am Beispiel neuer konservativer Protestbewegungen in Frankreich und Deutschland. In: Hark, Sabine & Villa, Paula-Irene (Hrsg.): *Anti-Genderismus: Sexualität und Geschlecht als Schauplätze aktueller politischer Auseinandersetzungen.* Bielefeld: transcipt. S. 93-108.

Serano, Julia (2007): *Whipping Girl. A Transsexual Woman on Sexism and the Scapegoating of Femininity.* Berkeley: Seal Press.

Serrao, Marc Felix (2018): Hauptsache, radikal: Wie der Verleger Götz Kubitschek die AfD auf seinen Kurs bringt. Artikel auf der Homepage der Neuen Zürcher Zeitung vom 14.09.2018. Online abrufbar unter URL: https://www.nzz.ch/international/hauptsache-radikal-wie-der-verleger-goetz-kubitschek-die-afd-auf-seinen-kurs-bringt-ld.1419162 [2018-10-04]

SFBB – Sozialpädagogisches Fortbildungsinstitut Berlin-Brandenburg und Bildungsinitiative Queerformat im Rahmen der Initiative »Berlin tritt ein für Selbstbestimmung und Akzeptanz sexueller und geschlechtlicher Vielfalt« (Hrsg., 2018): *Murat spielt Prinzessin, Alex hat zwei Mütter und Sophie heißt jetzt Ben: Sexuelle und geschlechtliche Vielfalt als Themen frühkindlicher Inklusionspädagogik. Handreichung für pädagogische Fachkräfte der Kindertagesbetreuung.* Berlin.

Siri, Jasmin & Lewandowski, Marcel (2015): Alternative für Frauen? Rollen, Netzwerke, geschlechterpolitische Positionen in der Alternative für Deutschland (AfD). E-Paper der Heinrich Böll Stiftung. Abrufbar unter URL: https://www.boell.de/sites/default/files/policypaper_siri_lewandowsky.pdf [2017-03-16]

Siri, Jasmin (2016): Geschlechterpolitische Positionen der Partei Alternative für Deutschland. In: Häusler, Alexander (Hrsg., 2016): *Die Alternative für Deutschland. Programmatik, Entwicklung und politische Verortung.* Wiesbaden: Springer VS. S. 69-80.

Studt, Marcel (2016): Rolf Schmiederers pragmatische Wende? Zur Bedeutung des Radikalenerlasses für die Geschichte der politischen Bildung in den 1970er-Jahren. In: Benedikt Widmaier & Peter Zorn (Hrsg.): *Brauchen wir den Beutelsbacher Konsens? Eine Debatte der politischen Bildung.* Bonn: Bundeszentrale für politische Bildung. S. 87-95.

Tripp, Ina (2016): Untersuchung der Bedeutung von Diversity Management für die qualitative und quantitative Sicherung des ingenieurwissenschaftlichen Fachkräftebedarfs am Beispiel von KMU der Windenergie. Dissertation, vorgelegt an der Uni Bremen. Online unter URL: https://d-nb.info/1114869171/34 [2019-01-25]

Uchoa, Pablo (2018): Jair Bolsonaro: Why Brazilian women are saying #NotHim. Artikel für BBC.com vom 21. September 2018. URL: https://www.bbc.com/news/world-latin-america-45579635 [2018-10-15]

Uhlig, Tom (2018): Bollwerk für Juden und Jüdinnen in Deutschland? Antisemitismus in der AfD. Artikel für die Website *Belltower News* der Amadeu-Antonio-Stiftung vom 24.09.2018. URL: http://www.belltower.news/artikel/bollwerk-f%C3%BCr-juden-und-juedinnen-deutschland-antisemitismus-der-afd-14279 [2018-10-02]

Villa, Paula Irene (2001): Soziale Konstruktion: Wie Geschlecht gemacht wird. In: Sabine Hark (Hrsg.): *Dis/Kontinuitäten: Feministische Theorie.* Opladen: Leske & Budrich. S. 17-23.

Voß, Heinz-Jürgen (2011): *Gesch(l)echt. Wider die Natürlichkeit.* Stuttgart: Schmetterling-Verlag.

Voß, G. Günter & Pongratz, Hans K. (1998): Der Arbeitskraftunternehmer. Eine neue Grundform der Ware Arbeitskraft? *Kölner Zeitschrift für Soziologie und Sozialpsychologie*, Jhg. 50 (1), S. 131-158.

Wehling, Hans-Georg (1977/2016): Konsens à la Beutelsbach? Nachlese zu einem Expertengespräch. Textdokumentation aus dem Jahre 1977 in: Benedikt Widmaier & Peter Zorn (Hrsg.): *Brauchen wir den Beutelsbacher Konsens? Eine Debatte der politischen Bildung.* Bonn: Bundeszentrale für politische Bildung. S. 19-27.

Weiß, Volker (1993): *Wißbegierde und Geständniszwang: Die Formierung der sexuellen Identität.* Pfaffenweiler: Centaurus.

Weiß, Volker (2017): *Die autoritäre Revolte. Die Neue Rechte und der Untergang des Abendlandes.* Bonn: Bundeszentrale für politische Bildung.

Wimbauer, Christine; Motakef, Mona & Teschlade, Julia (2015): Prekäre Selbstverständlichkeiten. Neun prekarisierungstheoretische Thesen zu Diskursen gegen Gleichstellungspolitik und Geschlechterforschung. In: Hark, Sabine & Villa, Paula-Irene (Hrsg.): *Anti-Genderismus: Sexualität und Geschlecht als Schauplätze aktueller politischer Auseinandersetzungen.* Bielefeld: transcipt. S. 41-57.

Winter, Sebastian (2013): Die schöne neue Welt der scheinbar zwanglosen Geschlechtsidentitäten: Postfordistische Entwürfe der Geschlechterdifferenz zwischen Gender Trainings und Soziobiologie. In: *Psychologie und Gesellschaftskritik 36/37 (2013), 4/1,* pp. 102-124. URN: http://nbn-resolving.de/urn:nbn:de:0168-ssoar-56575-2

Winter, Sebastian (2018a): Antigenderismus, Antisemitismus und Muslim_innenfeindlichkeit. Sozialpsychologische Überlegungen zum ideologischen Syndrom der extremen Rechten. Vortrag, gehalten in Bielefeld am 25.4.2018 – unveröffentlichtes Manuskript.

Winter, Sebastian (2018b): Gegen »närrischen Individualismus« und »Sexlust«. Zur affektiven Attraktivität der Imaginationen geschlechtlichen Heils im »Nationalen Widerstand«. Unveröffentlichtes Manuskript.

Witte, Kristin (2010): »Wir lehnen ihren Gender-Mist ab!« Gleichstellung und Feminismus als Feindbilder. In: *Landesfrauenrat Mecklenburg-Vorpommern e.V. (Hrsg.): Frauen und Rechtsextremismus in Mecklenburg-Vorpommern. Eine Broschüre des Vereins »Lola für Demokratie in Mecklenburg-Vorpommern e.V.« in Kooperation mit der Amadeu Antonio Stiftung. S. 17-28.*

Woelk, Ulrich (2018): »Zahlen lügen nicht« – ein gefährlicher Irrglaube. Politisches Feuilleton auf Deutschlandradio Kultur am 14.09.2018. Online unter URL: https://www.deutschlandfunkkultur.de/statistik-und-populismus-zahlen-luegen-nicht-ein.1005.de.html?dram:article_id=428012 [2018-11-08]

Wolterfsdorff, Volker alias Lore Logorrhöe (2003): Queer Theory und Queer Politics. UTOPIE kreativ, H. 156 (Oktober 2003), S. 914-923.

Wullweber, Joscha (2016): Das Subjekt und das Andere. Identität und Differenz in poststrukturalistischen Theorien. In: Stefan Müller & Janne Mende (Hrsg.): Differenz und Identität. Konstellationen der Kritik. Weinheim: Beltz Juventa. S. 127-144.

Zelnhefer, Siegfried (2008): Der Stürmer. Deutsches Wochenblatt zum Kampf um die Wahrheit. Artikel für das Historische Lexikon Bayerns vom 05.09.2008. URL: http://www.historisches-lexikon-bayerns.de/Lexikon/Der_Stürmer._Deutsches_Wochenblatt_zum_Kampf_um_die_Wahrheit [2018-11-09]

Žižek, Slavoj (2017): Die populistische Versuchung. In: Geiselberger, Heinrich (Hrsg.): *Die große Regression. Eine internationale Debatte über die geistige Situation der Zeit.* Berlin: Suhrkamp. S. 293-313.

Ines Pohlkamp

Genderbashing

Diskriminierung und Gewalt an den Grenzen der Zweigeschlechtlichkeit

424 Seiten | 24.00 € | ISBN 978-3-89771-305-5

›Neue‹ Existenzweisen der Geschlechter wie z.B. Transgender, Intersexuelle, Transsexuelle und Crossdresser_innen sind längst Alltag. Was bedeutet es, wenn geschlechtlich nonkonforme Personen von massiven Gewalt- und Diskriminierungswiderfahrnissen berichten, die gesellschaftlich unbekannt und/oder nicht anerkannt werden?
Die vorliegende Studie befasst sich mit dieser Leerstelle der Gewaltforschung. Geschlechtlich nonkonforme Personen, die sich selbst beispielsweise als ›Transgender‹, ›Interqueer‹, ›Queerer Transboy‹, ›Lesbian Boy‹, ›Transfrau‹, ›Transmann‹ oder ›Butch‹ verorten, berichteten in 18 qualitativen Interviews und in einer Gruppendiskussion von ihren Gewalt- und Diskriminierungswiderfahrnissen

RESPONS

Was tun bei sexualisierter Gewalt?

Handbuch für die Transformative Arbeit mit gewaltausübenden Personen

197 Seiten | 14.00 € | ISBN 978-3-89771-316-1

Was tun bei sexualisierter Gewalt? verbindet Ansätze aus der zweiten Frauen*Lesbenbewegung in Deutschland und transformative Gerechtigkeitsansätze wie ›community accountability‹ (›kollektive Verantwortungsübernahme‹) aus Frauen*-, Queer- und trans* of Color-Kontexten in den USA, um Anleitungen für selbstorganisierte und gemeinschaftliche Prozesse anzubieten, die betroffene Personen unterstützen und gewaltausübende Personen zur Verantwortung ziehen. Das Handbuch fokussiert insbesondere Letzteres und schlägt eine Transformative Arbeit vor. Diese bietet Personen, die sexualisierte Gewalt ausgeübt haben, einen längerfristigen Reflexions- und Veränderungsprozess an. Ziel ist es, die Perspektive der Betroffenen zu verstehen und zu achten, die eigene gesellschaftliche Positionierung und eigene Gewaltmuster zu reflektieren und das eigene Verhalten langfristig zu verändern.

UNRAST Verlag • Fuggerstr. 13 a • 48165 Münster

www.unrast-verlag.de • E-Mail: info@unrast-verlag.de